smart
사회복지사 1급
총정리문제집
[사회복지실천]

2020년 사회복지사 1급 시험 대비
기출문제에서 합격이 보인다!

smart

사회복지사 1급

최근 10년간 기출문제

총정리문제집

[사회복지실천]

김한덕 편저

에듀파인더
[edufinder.kr]

2020년 사회복지사 1급 시험 대비

스마트 사회복지사 1급 총정리문제집
사회복지실천

초판 인쇄   2019년 11월 25일
초판 발행   2019년 11월 30일

편저자   김한덕
발행인   권윤삼
발행처   (주) 연암사

등록번호   제16-1283호
주소   서울특별시 마포구 양화로 156, 1609호
전화   (02)3142-7594
FAX   (02)3142-9784

값은 뒤표지에 있습니다. 잘못된 책은 바꾸어 드립니다.

ISBN 979-11-5558-063-9   14330
     979-11-5558-060-8   (전3권)

연암사의 책은 독자가 만듭니다.
독자 여러분들의 소중한 의견을 기다립니다.
트위터 @yeonamsa
이메일 yeonamsa@gmail.com

이 도서의 국립중앙도서관 출판시도서목록(CIP)은 서지정보유통지원시스템 홈페이지(http://seoji.nl.go.kr)와
국가자료공동목록시스템(http://www.nl.go.kr/kolisnet)에서 이용하실 수 있습니다.
(CIP제어번호: CIP2019041658)

머리말

　2교시 시험과목인 사회복지실천 부문은 사회복지실천론, 사회복지실천기술론, 지역사회복지론으로 구성되어 있습니다. 사회복지실천론과 사회복지실천기술론은 사회복지사가 휴먼서비스를 제공하는 실천현장(사회복지기관, 시설, 민간복지단체 등)에서 클라이언트(Client)와의 상호작용과 실천기법들을 다루는 과목이며, 지역사회복지론은 클라이언트들이 거주하는 지역사회내의 체계와 효과적인 전달체계를 다루는 과목입니다.

　2교시 과목들의 주요 내용은 대부분 미국의 사회복지실천현장에서 자생적으로 발전된 현상들이나 이론들입니다. 따라서 공부할 때 우리나라의 실천현장과 비교하지 말고, 미국이라는 사회를 생각하면서 공부하면 쉽게 이해가 될 것입니다. 특히, 지역사회복지론을 공부할 때 흑인, 이민자 등 취약계층의 권익향상을 위해 사회복지사들을 중심으로 한 지역사회 실천가들의 노력이 반영된 부분이 많습니다.

　사회복지사 1급 시험은 어렵지도 쉽지도 않은 자격시험입니다. 스마트 사회복지사 1급 총정리 문제집은 최근 10년간의 기출문제를 총정리하여 쉽게 이해할 수 있도록 편집하였습니다. 여러분이 스마트 사회복지사 1급 시험대비 기본서와 총정리 기출문제집을 2회독 이상한다면 충분히 사회복지사 1급 합격이라는 영광을 안을 수 있을 것입니다. 합격의 영광은 수험생 본인의 마음자세에 달려 있습니다. '나는 반드시 합격한다' 는 신념으로 최선을 다한다면 단기간에 합격할 수 있습니다.

　여러분의 합격을 진심으로 기원합니다!!

총정리 문제집의 특징 및 학습방법

문제집의 특징

1) 최근 10여년 간(2010~2019) 출제된 기출문제들을 분석하고 총정리하였다.
2) 기출문제를 단순히 회차별로 수록한 시중교재와는 달리 기본서 단원별로 최근 출제된 문제 우선 순으로 정리함으로써 최근의 출제경향과 흐름을 한눈에 파악할 수 있도록 하였다.
3) 해설은 초보수험자도 이해할 수 있도록 쉽게 설명하였으며, 오답노트와 보충노트를 통해 충분히 이해할 수 있도록 편집하였다.
4) 출제될 가능성이 높은 예상문제를 별표(★★)로 표시하여 시험 직전에는 별표가 많은 문제만 정리하여도 합격할 수 있도록 고려하였다.

학습방법

1) 기본서를 빠르게 1회 숙독하여 전체적인 구성을 이해한다. 시간이 있으면 동영상 강의를 들으면서 공부하는 것을 추천한다.
2) 기본서 부문과 연계해서 기출문제를 2회 풀어본다. 자신이 어렵다고 생각하는 부문이나 어려운 문제를 이해하는데 시간을 허비하지 않도록 한다. 그 이유는 알고 있거나 보통 수준의 문제만 틀리지 않으면 충분히 합격할 수 있기 때문이다.
3) 자격고시는 과목별 과락(40점 미만) 없이 60점 이상이면 합격하기 때문에 전략적인 공부, 즉 선택과 집중이 중요하다. 본인이 자신 있는 과목을 3개정도 선택해서 고득점(80점)하도록 집중하고, 아주 어려운 과목은 과락만 되지 않도록 기출문제 중심으로 정리한다.

차 례

사회복지실천론

사회복지실천기술론

지역사회복지론

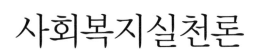

사회복지실천론

제1장 사회복지실천의 개념, 목적과 정의

중요도 ★★★

01) 사회복지 전문직에 관한 설명으로 옳은 것을 모두 고른 것은?

> ㄱ. 전문적인 이론체계를 갖고 있음
>
> ㄴ. 개인의 변화와 사회적 변화에 관심을 둠
>
> ㄷ. 미시 및 거시적 개입방법을 모두 이해해야 함
>
> ㄹ. 타 분야 전문가와 협업을 위해 고유한 정체성의 발전이 불필요함

① ㄱ, ㄴ   ② ㄱ, ㄷ   ③ ㄴ, ㄷ   ④ ㄱ, ㄴ, ㄷ   ⑤ ㄱ, ㄷ, ㄹ

해설

그린우드(greenwood)가 제시한 전문직 속성은 체계적인 이론, 전문적 권위, 사회적 인가, 전문직 문화, 윤리 강령 등이 있다.

ㄹ: 사회복지사는 타 분야와 전문적 협업을 많이 해야 한다. 그러나 고유한 정체성 발전이 불필요한 것이 아니라 사회복지 전문직
의 정체성을 확립하고 발전시켜서 타 전문직과 효과적인 협업이 필요하다.   정답 ④

중요도 ★★★★

02) 사회복지실천의 목적과 기능으로 옳지 않은 것은?

① 사회정의의 증진   ② 클라이언트의 삶의 질 증진

③ 클라이언트의 가능성과 잠재력 개발   ④ 개인과 사회 간 상호유익한 관계 증진

⑤ 개인이 조직에게 효과적으로 순응하도록 원조

해설

NASW가 제시한 사회복지실천의 기능 중 '조직이 사람에게 반응하도록 한다'는 사회복지실천 조직이 클라이언트에게 반응적인
조직이 되도록 한다는 뜻이다. 이는 조직이 클라이언트의 인간적 존엄성을 존중하면서 적절한 절차나 기준에 의해 서비스를 제공
하는지 모니터하고 문제가 있으면 시정을 요구한다는 것이다.

보충노트

사회복지실천의 목적

▶ 사회적 자원이나 서비스, 기회 등 환경체제가 원활하게 상호작용을 할 수 있도록 원조한다.

▶ 다양한 사회복지 기관: 시설 또는 조직이 클라이언트에게 보다 좋은 서비스가 제공되도록 효과적, 효율적으로 운영한다.

▶ 사회정책 개발, 분석, 대안의 향상을 목적으로 하는 실천활동이다.

▶ 생태체계적 관점에서 인간과 사회환경 간의 상호작용을 기초로 하여 스스로 문제해결능력과 대처 능력이 향상된다.

정답 ⑤

03) 민주주의(democracy)가 사회복지실천에 미친 영향으로 옳지 않은 것은?

① 서비스 제공자와 소비자의 동등한 관계 강조

② 최소한의 수혜자격 강조

③ 빈곤에 대한 사회적 책임 중시

④ 대상자의 서비스 선택권 강조

⑤ 서비스 이용자의 정책결정 참여

해설

민주주의는 모든 인간은 평등하고 주인이 될 수 있다고 주장하는 이념이다.
- 수혜자격을 강조한 이념은 개인주의 이념이다.
- 개인주의는 개인권리 존중과 수혜자격 축소 원칙을 낳고 엄격한 자격요건하에서 최소한의 서비스만 제공한다는 흐름에 영향을 주었다.

정답 ②

04) 사회복지실천의 개입수준과 활동이 바르게 연결된 것은?

① 중시적(mezzo) 실천: 사례관리대상에게 주거환경 개선을 위한 청소서비스 제공

② 미시적(micro) 실천: 사회복지관에서 후원자 개발을 위한 행사 진행

③ 거시적(macro) 실천: 공공부조서비스의 적격성을 파악하기 위한 욕구사정 실시

④ 중시적(mezzo) 실천: 지역사회보장협의체에서 기관실무자 네트워크 회의 소집

⑤ 미시적(micro) 실천: 지역 특성에 맞는 주민 대상 프로그램 개발을 위한 지역조사 실시

해설

중시적 실천: Micro와 Macro 중간수준. 지역사회조직, 지역사회 복지실천을 중간수준 중시적 실천이라 함. 기관이나 조직 내부, 기관이나 조직 간 상호작용 등에 개입하는 실천 활동, 지역사회보장협의체에서 기관실무자 네트워크 회의를 소집하는 것은 집단 수준의 활동이므로 중시적 혹은 중범위적 실천이다.
① 미시적(micro) 실천, ② 거시적(macro) 실천, ③ 미시적(micro) 실천, ⑤ 거시적(macro) 실천

정답 ④

05) 미시적 실천을 모두 고른 것은?

ㄱ. 위탁가정 아동 방문	ㄴ. 노숙인 보호를 위한 모금 활동
ㄷ. 정신장애인 재활 상담	ㄹ. 직업재활 대상자를 위한 자원 개발

① ㄹ   ② ㄱ, ㄷ   ③ ㄴ, ㄹ   ④ ㄱ, ㄴ, ㄷ   ⑤ ㄱ, ㄴ, ㄷ, ㄹ

해설

미시적 실천은 클라이언트를 직접적으로 대면하여 개입하는 방식으로

ㄱ. 위탁가정 아동 방문

ㄷ. 정신장애인 재활 상담은 개인을 대상으로 하는 실천이기 때문에 미시적 실천이다.

ㄴ. ㄹ은 거시적 실천이며 간접 실천이다.

정답 ②

중요도 ★★★   (14회 기출)

06) 사회복지실천의 목표로 옳은 것을 모두 고른 것은?

> ㄱ. 권위적 관계의 고수   ㄴ. 사회복지사의 사적 이익 추구
>
> ㄷ. 이중관계(dual relationship)의 지향   ㄹ. 클라이언트의 삶의 질 향상 제고

① ㄱ, ㄴ, ㄷ   ② ㄱ, ㄷ   ③ ㄴ, ㄹ   ④ ㄹ   ⑤ ㄱ, ㄴ, ㄷ, ㄹ

해설

사회복지 실천의 궁극적인 목표는 사람들의 삶의 질 향상으로, 사회 변화와 무관하며 궁극적 목적이다. 개인과 사회 간 서로 유익한 상호작용을 촉진, 회복시키는 것이다.

ㄷ. 이중관계는 사회복지사와 클라이언트 간의 전문적 관계 이외의 다른 차원의 관계 유지 즉, 정서적 또는 성적 관계이다.

정답 ④

중요도 ★★★   (13회 기출)

07) 사회복지실천의 수준에 따른 예로 옳은 것은?

① 미시적(micro) 실천 – 모금 활동

② 미시적(micro) 실천 – 후원자 개발 및 관리

③ 중시적(mezzo) 실천 – 사회기술훈련 제공

④ 거시적(macro) 실천 – 급여대상자 사후관리

⑤ 거시적(macro) 실천 – 사회복지정책 분석 및 평가

해설

클라이언트 체계의 크기에 따라 구분하는 것은 미시적, 중시적, 거시적 구분방식이다.

거시적 실천은 클라이언트의 삶에 영향을 미치는 지역사회나 전체 사회, 혹은 국가의 복지정책개발, 정책분석 및 평가, 정책 대안 발굴 및 제시, 집단 옹호행정, 자금모금, 자원개발 등이다.

①, ② 거시적 실천

③, ④ 미시적 실천

정답 ⑤

중요도 ★★★★

08) 전미사회복지사협회(NASW)가 제시한 사회복지실천의 기능으로 옳지 않은 것은?

① 사회정책과 환경정책에 영향을 미친다.

② 사람들이 자원을 획득하도록 원조한다.

③ 개인이 조직의 요구에 부응하도록 돕는다.

④ 사람들의 역량을 확대하고 대처능력 향상을 돕는다.

⑤ 조직 간의 상호관계에 영향력을 행사한다.

해설

개인이 조직의 요구에 부응하도록 돕는 것이 아니라 조직이 사람에게 부응토록 하는 것이다.

정답 ③

중요도 ★★★★

09) 직접 실천에 해당하지 않는 것은?

① 장애인의 취업상담　　　　　　② 독거어르신 재가방문

③ ADHD 아동 지원정책 개발　　④ 치매어르신 주간보호 제공

⑤ 정신장애인 사회기술훈련 실시

해설

직접 실천은 사회복지사가 클라이언트를 직접 변화시킴으로써 클라이언트의 문제해결을 도모하는 실천 방식. 간접실천은 클라이언트를 둘러싼 환경체계에 개입하여 환경을 변화시켜 클라이언트의 문제를 해결하는 실천 방식이다. 아동 지원정책개발은 간접실천이다.

정답 ③

중요도 ★★★★

10) 사회복지실천의 이념적 배경으로 옳지 않은 것은?

① 인도주의는 빈곤이나 장애를 클라이언트의 책임으로 돌렸다.

② 이타주의는 타인을 위하여 봉사하는 정신으로 실천되었다.

③ 개인주의는 수혜자격의 축소를 가져왔다.

④ 민주주의는 클라이언트의 자기결정권의 강조를 가져왔다.

⑤ 사회진화론은 사회통제의 기능을 갖는다.

해설

인도주의는 자선조직협회의 우애방문원 활동에 영향을 미쳤으나, 타인을 위한 봉사정신으로 실천되었다. 개인주의는 권리와 책임을 강조했기 때문에 빈곤이나 장애의 책임이 개인에게 있다고 보았다.

정답 ①

11) 간접실천의 예를 모두 고른 것은?

> ㄱ. 아동학대 예방을 위한 홍보 활동   ㄴ. 학교폭력 예방을 위한 자원봉사자 모집
> ㄷ. 희귀질환 아동을 위한 모금 활동   ㄹ. 장애아동 양육을 위한 부모 상담

① ㄱ, ㄴ, ㄷ   ② ㄱ, ㄷ   ③ ㄴ, ㄹ   ④ ㄹ   ⑤ ㄱ, ㄴ, ㄷ, ㄹ

해설

간접 실천은 사회복지사가 클라이언트를 대변하지 않고 지역사회에서 환경체계에 개입하여 서비스를 제공하는 제도, 기구, 정책 등 사회적 지지체계나 자원을 발굴 또는 연계하는 방법을 활용하는 실천 방식이다. 간접 실천은 클라이언트를 둘러싼 환경을 변화시킴으로써 클라이언트의 문제를 해결한다.
ㄹ은 직접 실천이다.   정답 ①

12) 사회복지실천의 예술적 속성(A)과 과학적 속성(B)이 잘못 짝 지어진 것은?

① A: 창의적 사고, B: 경험적 사실의 수집   ② A: 적합한 가치, B: 실험적 조사
③ A: 직관적인 능력, B: 이론적 설명   ④ A: 건전한 판단력, B: 객관적 관찰
⑤ A: 기술훈련, B: 사회적 관심

해설

사회복지실천의 예술적 속성(예술적 기반): 예술성은 클라이언트의 정서적 측면에 개입하는 사회복지사의 심리적 특성이나 능력을 적절히 활용하는 것이다.
과학적 기반: 과학성은 효과적인 개입을 위해서 사회현상이나 사회적 조건과 문제, 사회정책과 프로그램을 다양한 이론과 지식에 바탕을 두고 이를 적용 · 활용하는 것을 의미한다. 사회현상, 사회적 조건과 문제, 사회정책과 프로그램, 사회복지 전문직, 다양한 실천이론과 관련된 지식에 바탕을 두고 이를 적용 · 활용하는 것이다.
A: 기술 훈련은 과학적 속성, B: 사회적 관심은 예술적 속성이다.   정답 ⑤

13) 사회복지실천 이념에 관한 설명으로 옳지 않은 것은?

① 사회진화론에 근거한 사회복지실천은 인보관 활동에서 찾아볼 수 있다.
② 다양화 경향은 다양한 계층과 문제를 인정하는 계기가 되었다.
③ 우애방문자들은 취약계층에게 인도주의적 서비스를 제공하고자 하였다.
④ 시민의식의 확산으로 주는 자 중심에서 받는 자 중심의 서비스로 전환되었다.
⑤ 개인주의 사상은 엄격한 자격요건 하에서 최소한의 서비스만 제공하는 경향을 낳기도 하였다.

사회진화론은 사회통제적 측면에서 나타났으며, 이는 자선조직협회의 봉사활동에서 두드러지게 나타났다.

정답 ①

(10회 기출)

14) 사회복지실천의 목적으로 옳지 않은 것은?

① 개인의 문제해결능력과 대처능력을 향상시킨다.

② 개인과 환경 간 불균형 발생 시 문제를 감소하도록 돕는다.

③ 개인과 환경 간의 상호작용에 초점을 두고 사회정책을 개발한다.

④ 개인의 욕구 충족을 위해 전적인 책임을 갖고 지속적으로 지원한다.

⑤ 개인과 환경 간의 상호 유익한 관계를 증진시킨다.

사회복지실천의 목적은 개인, 가족, 집단, 조직, 지역 사회가 목적을 달성하고, 고통을 완화하고 자원을 활용할 수 있도록 도와 이들의 사회기능을 촉진 회복 유지시키는 것이다.
④ 전적인 책임을 지는 것은 온정주의적으로 클라이언트의 희망이나 자유를 방해하는 것이다.

정답 ④

(9회 기출)

15) 사회복지실천의 이념적 배경 중 사회통제와 관련이 깊은 것은?

① 인도주의   ② 이타주의   ③ 민주주의

④ 사회진화론   ⑤ 다원주의론

사회통제적 측면에서 시작된 것은 빈민법(구빈법)부터라고 볼 수 있는데 이것은 다윈의 사회진화론의 이념과 관련이 깊다.

정답 ④

(9회 기출)

16) 직접적 실천의 예는?

① 지역현안 문제 해결을 위해 공청회 개최

② 지역모금 활성화를 위한 홍보활동 전개

③ 외부 프로그램지원사업 신청

④ 성매매 피해 여성을 위한 직업기술교육 제공

⑤ 결식아동 지원을 위한 예산확보운동 참여

직접실천은 사회복지사가 직접적인 클라이언트와의 접촉을 통해 서비스를 제공하는 것으로 ④ 성매매 피해 여성을 위해 직업기술교육을 제공하는 것은 직접 실천에 해당한다.

①, ②, ③, ⑤는 간접 실천에 해당한다.

정답 ④

(8회 기출)

중요도 ★★★★

17) 사회정의 향상을 위한 사회복지 기능에 해당하는 활동은?

① 위기 사례 발굴

② 다문화가족 인식 개선 활동

③ 가출청소년 상담

④ 지역 내 서비스 기관 실무자들의 사례회의

⑤ 학대아동 쉼터 연계

포플이 제시한 사회복지실천기능

1. 클라이언트의 사회적 기능증진 – 가출청소년 거리상담, 자아존중감 향상을 위한 집단상담, 가족기능회복을 위한 가족치료 등

2. 사회정의향상 기능 – 임금체불 노동자를 위한 옹호활동, 다문화가족에 대한 인식개선활동 등이 있다.

NASW가 제시한 사회복지실천기능

1. 역량확대, 문제해결능력과 대치능력을 향상시킨다.

2. 필요한 자원획득을 돕는다.

3. 조직이 사람에게 반응하도록 한다.

4. 개인과 환경과의 상호관계를 촉진한다.

5. 조직과 제도간의 상호관계에 영향력을 행사한다.

6. 사회정책과 환경정책에 영향을 미친다.

정답 ②

중요도 ★★★★　　　　　　　　　　　　　　　　　　　　　　　　　(17회 기출)

01) 사회복지사의 가치갈등이나 윤리적 딜레마에 관한 설명으로 옳지 않은 것은?

① 윤리기준은 지속적으로 변화된다.

② 가치갈등에 대응하는 첫 단계는 가치갈등의 존재를 인식하는 것이다.

③ 윤리적 결정에 따른 결과의 모호성으로 윤리적 딜레마가 발생할 수 있다.

④ 기관의 목표가 클라이언트 이익에 위배될 때 가치 상충으로 윤리적 딜레마가 발생할 수 있다.

⑤ 윤리적 결정을 위해 로웬버그와 돌고프(F. Loewenberg & R. Dolgoff)의 일반결정 모델을 활용할 수 있다.

해설

가치상충은 사회복지사가 두 개 이상의 대립적 혹은 경쟁적 가치에 직면했을 때 윤리적 갈등에 빠지는 것으로 윤리적 갈등이 가장 빈번하게 일어날 수 있는 상황이다.

사회복지사가 기관에 대한 의무와 클라이언트에 대한 의무 사이에서 갈등하게 되는 경우는 의무 상충에 해당한다.

정답 ④

중요도 ★★　　　　　　　　　　　　　　　　　　　　　　　　　　(17회 기출)

02) 사회복지사 윤리에 관한 설명으로 옳은 것을 모두 고른 것은?

> ㄱ. 사회복지사는 원조과정에서 자신의 이익을 위해 행동해서는 안 됨
> ㄴ. 로웬버그와 돌고프의 윤리원칙 준거틀은 생명보호를 최우선으로 함
> ㄷ. 윤리강령은 윤리적 갈등이 생겼을 때 법적제재의 근거를 제공함
> ㄹ. 사회복지사는 국가자격이므로 사회복지사 윤리강령은 국가가 채택함

① ㄱ, ㄴ　　　② ㄱ, ㄷ　　　③ ㄱ, ㄴ, ㄷ　　　④ ㄱ, ㄴ, ㄹ　　　⑤ ㄴ, ㄷ, ㄹ

해설

ㄱ. 한국 사회복지사 윤리강령 중 클라이언트에 대한 윤리기준이다.

ㄴ. 로웬버그와 돌고프의 윤리원칙 준거틀

1. 생명보호의 원칙, 2. 평등과 불평등의 원칙, 3. 자율과 자유의 원칙, 4. 최소해악의 원칙, 5. 삶의 질의 원칙, 6. 사생활 보호와 비밀보장의 원칙, 7. 진실성과 정보공개의 원칙

ㄷ: 윤리강령은 법적 구속력이 없다.

ㄹ: 윤리강령은 사회복지사협회에서 제정하고 개정한다. 　　　　　　　　　　　　　　　　　　정답 ①

03) 한국 사회복지사 윤리강령에서 동료에 대한 윤리기준으로 옳지 않은 것은?

① 슈퍼바이저는 사회복지사의 개인적 문제가 클라이언트에게 부정적 영향을 미칠 경우 그를 직접 치료하여 해결해야 한다.

② 사회복지사가 전문직 판단과 실천이 미흡하여 문제가 야기했을 때에는, 적절한 조치를 취해 클라이언트의 이익을 보호해야 한다.

③ 슈퍼바이저는 전문적 기준에 의해 공정히 책임을 수행하며, 사회복지사 수련생 및 실습생에 대한 평가는 저들과 공유해야 한다.

④ 사회복지사는 사회복지 전문인의 이익과 권익을 증진시키기 위해 동료와 협력해야 한다.

⑤ 슈퍼바이저는 개인적인 이익의 추구를 위해 자신의 지위를 이용해서는 안 된다.

해설

①은 사회복지사 윤리강령에 없는 내용으로 동료에 대한 윤리기준에도 없다. 또한 일방적으로 사회복지사의 개인적 문제가 클라이언트에게 부정적 영향을 미칠 경우 슈퍼바이저가 직접 치료하기보다는 다른 전문가로부터 치료를 받을 수 있도록 하는 것이 옳다.
정답 ①

04) 사회복지윤리위원회에 관한 설명으로 옳은 것을 모두 고른 것은?

> ㄱ. 한국사회복지사협회는 사회복지윤리위원회를 구성하여 사회복지윤리실천의 질적 향상을 도모하여야 한다.
> ㄴ. 사회복지윤리위원회는 윤리강령을 위배하거나 침해하는 행위를 접수받아, 공식적 절차를 통해 대처하여야 한다.
> ㄷ. 사회복지사는 기관의 부당한 정책이나 요구에 대응하고 즉시 사회복지윤리위원회에 보고해야 한다.
> ㄹ. 사회복지사는 한국사회복지사협회의 윤리적 권고와 결정을 존중하여야 한다.

① ㄱ, ㄴ　　　② ㄱ, ㄹ　　　③ ㄴ, ㄷ　　　④ ㄱ, ㄴ, ㄹ　　　⑤ ㄱ, ㄴ, ㄷ, ㄹ

해설

ㄱ, ㄴ, ㄹ은 모두 '사회복지윤리위원회의 구성과 운영'에 관한 내용이고, ㄷ은 '기관에 대한 윤리기준'에 해당된다.
정답 ⑤

05) 레비(c. Levy)가 제시한 사회복지 전문직의 가치 중 수단에 관한 가치에 해당하는 것은?

① 소속의 욕구   ② 전설적 변화에 대한 능력과 열망

③ 자기결정권 존중   ④ 상호책임성

⑤ 인간의 공통된 욕구

해설

레비가 제시한 사회복지 전문직의 가치 중 수단에 관한 가치(=수단 우선 가치)는 서비스를 수행하는 방법과 수단, 도구에 대한 가치로서 사람 우선 가치를 실현하는 방법에 해당하는 것은 자기결정권 존중이다.   정답 ③

06) 우리나라 사회복지사 윤리강령의 내용에 해당하지 않는 것은?

① 사회복지사는 사회환경을 개선하고 사회정의를 증진시키기 위한 사회정책의 수립 · 발전 · 입법 · 집행을 요구하고 옹호해야 한다.

② 클라이언트를 대상으로 연구하는 사회복지사는 저들의 권리를 보장하기 위해 자발적이고 고지된 동의를 얻어야 한다.

③ 사회복지사는 클라이언트의 지불능력에 상관없이 서비스를 제공해야 하며 이를 이유로 차별대우를 해서는 안 된다.

④ 사회복지사는 어떠한 상황에서도 클라이언트와 부적절한 성적 관계를 가져서는 안 된다.

⑤ 사회복지사는 기관의 부당한 정책이나 요구에 대하여 전문직의 가치와 지식을 근거로 이에 대응하고 즉시 시 · 군 · 구에 보고해야 한다.

해설

사회복지사는 기관의 부당한 정책이나 요구에 대하여 전문직의 가치와 지식을 근거로 이에 대응하고 즉시 시 · 군 · 구에 보고해야 하는 것이 아니라 사회복지윤리위원회에 보고해야 한다.   정답 ⑤

07) 가치와 윤리에 관한 설명으로 옳지 않은 것은?

① 가치는 좋고 바람직한 것에 대한 믿음이다.

② 윤리는 옳고 그름을 판단하는 도덕적 지침이다.

③ 가치와 윤리는 불변의 특징을 지닌다.

④ 가치는 신념과 관련이 있고, 윤리는 행동과 관련이 있다.

⑤ 사회복지사 윤리강령은 법적 구속력을 가지지 않는 특징이 있다.

해설

가치는 행동의 좋고 나쁨, 바람직하고 바람직하지 못한가의 도덕적 판단 기준이 되고, 윤리는 사회적 의식의 한 형태로 인간이 마땅히 따라야 하는 규범의 총체, 무엇이 옳고 그른가를 판단하는 도덕적 지침을 말한다. 그 시대의 사회적, 문화적 가치관과 윤리관에서 비롯되므로 불변의 특징을 지닌다는 것은 옳지 않다.   정답 ③

08) 로웬버그와 돌고프(Lowenberg & Dolgoff)가 제시한 윤리적 의사결정의 우선순위를 순서대로 바르게 나열한 것은?

> ㄱ. 생명보호의 원칙   ㄴ. 자기결정의 원칙
> ㄷ. 삶의 질 향상의 원칙   ㄹ. 정보개방의 원칙

① ㄱ→ㄴ→ㄷ→ㄹ   ② ㄱ→ㄷ→ㄹ→ㄴ   ③ ㄴ→ㄱ→ㄹ→ㄷ
④ ㄷ→ㄴ→ㄱ→ㄹ   ⑤ ㄹ→ㄱ→ㄷ→ㄴ

해설

로웬버그와 돌고프(Lowenberg & Dolgoff)의 윤리적 의사결정 우선순위: ① 생명보호의 원칙 ② 평등과 불평등의 원칙 ③ 자기결정의 원칙 ④ 최소해악의 원칙 ⑤ 삶의 질 향상의 원칙 ⑥ 사생활보호와 비밀보장의 원칙 ⑦ 성실의 원칙(진실성과 정보공개의 원칙)   정답 ①

09) 보호시설 입소를 원하지 않는 클라이언트와 시설 입소가 클라이언트에게 도움이 된다고 여기는 사회복지사 간에 상충되는 가치의 연결로 옳은 것은?

① 자기결정 – 사생활보호   ② 비밀보장 – 진실성 고수   ③ 자기결정 – 온정주의
④ 사생활보호 – 평등주의   ⑤ 진실성 고수 – 온정주의

해설

자기결정과 온정주의에 대한 설명이다.   정답 ③

10) 레비(C. Levy)가 구분한 사회복지 전문직 가치로 옳은 것은?

① 수단 우선 가치, 결과 우선 가치, 해결 우선 가치
② 수단 우선 가치, 결과 우선 가치, 평가 우선 가치
③ 사람 우선 가치, 결과 우선 가치, 수단 우선 가치
④ 사람 우선 가치. 평가 우선 가치, 해결 우선 가치
⑤ 사람 우선 가치, 결과 우선 가치, 평가 우선 가치

레비(C. Levy)는 사회복지 전문직 가치를 사람 우선 가치, 결과 우선 가치, 수단 우선 가치의 3가지 범주로 나누었다.
- 사람 우선 가치(인간에 대한 바람직한 생각): 전문직 수행의 대상인 사람 자체에 대해 전문직이 갖추어야 할 가치
- 결과 우선 가치(인간을 위한 바람직한 결과): 인간에게 바람직한 결과가 무엇인지를 알려주는 가치
- 수단 우선 가치(인간을 다루는 바람직한 도구): 서비스를 수행하는 방법과 수단, 도구에 대한 가치   정답 ③

중요도 ★★   (12회 기출)

11) 사회복지실천의 전문적 관계에 관한 설명으로 옳지 않은 것은?

① 사회복지사는 관계의 전반적 과정에 대하여 전문적 책임을 진다.

② 사회복지사는 목적의식을 가지고 관계를 유지한다.

③ 관계 형성을 주도하는 것은 클라이언트이다.

④ 초기 단계는 다음 단계로의 진행에 영향을 준다.

⑤ 관계는 시간적 제한을 가진다.

관계형성을 주도하는 것은 사회복지사이다.   정답 ③

중요도 ★★★   (12회 기출)

12) 클라이언트의 권리를 보호하는 '고지된 동의(informed consent)'에 관한 설명으로 옳지 않은 것은?

① 클라이언트에게 서비스의 한계점에 대해 분명히 알린다.

② 고지된 동의는 서비스 제공 이후에 받는다.

③ 고지된 동의의 형태에는 구두 또는 서면 등이 있다.

④ 클라이언트에게 서비스와 관련된 위험성을 분명히 알린다.

⑤ 클라이언트에게 서비스의 목적과 내용을 명확히 알린다.

고지된 동의(informed consent)는 '사전 동의'라고도 한다. 현재의 클라이언트 또는 앞으로 클라이언트가 될 가능성이 있는 사람으로부터 정보를 수집하거나 서비스를 제공하고자 할 때 클라이언트로부터 반드시 사전 동의를 얻어야 한다는 원칙이다.
이는 사회복지실천 과정에서 클라이언트가 자신이 받을 서비스의 내용이나 선택, 그리고 사실과 정보에 대해 사전에 설명을 듣고 이해한 상태에서 동의해야 한다는 것으로 서비스를 제공하기 전에 동의를 받아야 한다.   정답 ②

중요도 ★★★   (12회 기출)

13) 클라이언트와 전문적 관계에서 사회복지사의 진실성 증진을 위한 노력으로 옳지 않은 것은?

① 올바른 자기인식   ② 자신의 감정에 대한 정직성

③ 타인에 대한 관심과 수용의 내면화   ④ 문제해결을 위해 클라이언트와 연합

⑤ 말과 행동의 일치

진실성 증진은 자기인식, 자신의 감정에 대한 정직성, 타인에 대한 관심과 수용이 내면화, 말과 행동의 일치가 중요하다.

정답 ④

14) 사회복지실천의 이념적 배경으로 옳지 않은 것은?

① 인도주의는 빈곤이나 장애를 클라이언트의 책임으로 돌렸다.

② 이타주의는 타인을 위하여 봉사하는 정신으로 실천되었다.

③ 개인주의는 수혜자격의 축소를 가져 왔다.

④ 민주주의는 클라이언트의 자기결정권의 강조를 가져 왔다.

⑤ 사회진화론은 사회통제의 기능을 갖는다.

빈곤이나 장애를 개인의 무능함으로 돌렸다.

정답 ①

15) 다음 사례에서 윤리적 결정의 철학적 근거는?

> 17세 여고생 A는 학교사회복지사에게 비밀보장을 요구하며 상담을 요청하였고 사회복지사는 비밀보장을 약속했다. A는 현재 임신 10주째로 부모와 교사에게 알리지 않고 출산을 할 수 있도록 도와달라고 요구하였다. 그러나 사회복지사는 A와 태아의 건강과 복지를 위해 비밀보장의 약속을 어기고 부모에게 알리기로 결심하였다.

① 윤리적 개인주의   ② 윤리적 상대주의   ③ 윤리적 종교주의

④ 윤리적 절대주의   ⑤ 윤리적 민주주의

윤리적 상대주의는 선과 악, 옳고 그름은 주관적 상대적이고 절대적인 것은 없다. 도덕적 기준이 더 나은지 판단할 수 있는 독립적 기준이 없기 때문에 도덕 기준이 다른 도덕 기준보다 더 나을 것도 못할 것도 없다. 도덕적 기준은 문화 사회 역사에 의존한다. 보편적이며 절대적인 도덕 기준이란 존재하지 않는다.

정답 ②

16) 장애인복지관의 사회복지사에게 사회복지사의 이모가 지적장애를 가진 자신의 딸을 클라이언트로 개입해 줄 것을 요청하였다. 이때 발생할 수 있는 윤리적 쟁점은?

① 진실성 고수   ② 전문적 관계 유지   ③ 클라이언트의 알권리

④ 규칙과 정책의 준수   ⑤ 제한된 자원의 공정한 분배

사회복지실천의 윤리적 쟁점 중 전문가의 한계(범위)에 대한 딜레마의 문제로 사회복지 실천에서 이중관계란 '사회복지사가 자신의 성적 · 경제적 · 사회적 욕구를 충족시키기 위해 클라이언트와의 관계에서 서비스 제공자라는 전문가 역할 이외의 또 다른 역할에 관여하고 있는 상태'를 의미한다. 이모의 자는 사회복지사와 사촌 간이다. 이는 전문적 관계 이전에 사적 관계가 형성되어 있기 때문에 이중관계가 된다. 이럴 경우 전문적 도움 이상의 것을 요구받으면 윤리적 갈등이 발생할 수 있다.

정답 ②

중요도 ★★★   (11회 기출)

17) 윤리강령의 기능이 아닌 것은?

① 사회복지사들의 윤리적 민감성을 고양시켜 윤리적 실천을 제고한다.
② 실천현장에서 윤리적 갈등이 생겼을 때 지침을 제공한다.
③ 사회복지사 스스로 자기규제를 함으로써 전문성을 확보한다.
④ 사회복지사의 비윤리적 실천으로부터 클라이언트를 보호한다.
⑤ 전문직의 행동기준과 원칙을 제시하여 법적 제재의 힘을 갖는다.

해설

전문적 가치는 독특한 실천 활동과 관련하여 요구되는 것으로 활동의 평가와 책임이 따르나 법적 제재는 갖지 않는다.   정답 ⑤

중요도 ★★   (10회 기출)

18) 사회복지사의 자기인식에 관한 설명으로 옳은 것은?

① 자신의 장점보다 단점을 더 잘 파악해야 한다.
② 개인적 가치관보다 전문적 가치관을 더 분명히 인식해야 한다.
③ 클라이언트의 모든 문제를 해결해야 한다는 자세를 가져야 한다.
④ 자신의 경험보다 클라이언트의 경험을 더 중요하게 생각해야 한다.
⑤ 자신의 신념, 태도, 행동습관을 알고 있어야 한다.

해설

전문가로서 자기인식이란 자신과 자신의 목표에 관하여 깊이 숙고하고, 자신을 믿고 존중해야 한다. 또한 복잡한 원조 활동을 관찰할 수 있는 능력을 말한다.   정답 ⑤

중요도 ★★   (10회 기출)

19) 다음 윤리기준은 '한국사회복지사 윤리강령' 중 어디에 속하는가?

> 사회복지사는 클라이언트의 종교 · 인종 · 성 · 연령 · 국적 · 결혼상태 · 성 취향 · 정신, 신체적 장애 · 기타 개인적 선호, 특징, 조건, 지위 등을 이유로 차별 대우를 하지 않는다.

① 기본적 윤리기준   ② 클라이언트에 대한 윤리기준
③ 동료에 대한 윤리기준   ④ 사회에 대한 윤리기준
⑤ 기관에 대한 윤리기준

해설

기본적 윤리기준 중 전문가로서의 자세에 해당한다.   정답 ①

중요도 ★★★   (9회 기출)

20) 사회복지실천 윤리에 관한 설명으로 옳지 않은 것은?

① 가치와 조화를 이루어야 한다.
② 전문적 실천 활동의 지침을 제공한다.
③ 사회복지사의 올바른 판단과 결정을 위한 믿음 체계이다.
④ 사회복지분야에서는 취약계층의 권리 보호를 위해 특히 강조된다.
⑤ 서로 다른 가치관들 사이의 관계 정립을 위해 필요하다.

해설

윤리는 옳고 그름에 대한 판단을 말하며, 가치는 믿음이나 신념을 말한다. 올바른 판단과 결정을 위한 '믿음체계'가 아니라 지침이나 행동기준 또는 원칙이다.

정답 ③

중요도 ★★★   (9회 기출)

21) 사회복지의 가치와 윤리에 관한 설명 중 옳은 것을 모두 고른 것은?

> ㉠ 가치는 좋고 바람직한 것에 대한 지침이다.
> ㉡ 사회복지 가치에는 인간의 존엄성, 인간의 자율성이 있다.
> ㉢ 윤리는 어떤 행동의 옳고 그름에 대한 판단기준이다.
> ㉣ 사회복지 가치는 윤리에 기반을 두고 있다.

① ㉠, ㉡, ㉢   ② ㉠, ㉢   ③ ㉡, ㉣   ④ ㉣   ⑤ ㉠, ㉡, ㉢, ㉣

해설

가치는 '무엇이 좋고 바람직한 것'으로 도덕적 판단기준이다. 윤리는 '무엇이 맞고 옳은가', 가치는 방향제시, 윤리는 행동원칙이나 지침을 제공한다. 윤리는 가치에서 나오기 때문에 가치와 조화를 이루어야 한다. ㉣은 반대로 설명하고 있다.

보충노트

전미사회복지사협회(NASW, 1995)가 제시한 기본가치

개인의 가치와 존엄성, 개인에 대한 존경, 개인의 변화가능성에 대한 가치, 클라이언트의 자기결정권, 비밀보장, 사생활 보장, 적절한 자원과 서비스제공, 역량강화, 동등한 기회의 보장, 비차별성, 다양성 존중 등이다.

정답 ①

(8회 기출)

중요도 ★★★

22) 한국사회복지사 윤리강령에 대한 내용으로 옳지 않은 것은?

① 사회복지사의 권익 옹호
② 전문자격기준
③ 기간의 부정한 정책이나 요구에 대한 합법적 대응
④ 사회환경 개선과 사회정의 증진을 위한 노력
⑤ 클라이언트의 사생활 보호

해설

사회복지사 전문자격기준은 『사회복지사업법』에 규정되어 있다.

정답 ②

(8회 기출)

중요도 ★★★

23) 로웬버그와 돌고프의 윤리결정원칙 중 우선시되는 원칙을 순서대로 나열한 것은?

㉠ 사생활 보호의 원칙	㉡ 자율성의 원칙
㉢ 생명보호의 원칙	㉣ 평등과 불평등의 원칙

① ㉠ → ㉡ → ㉢ → ㉣   ② ㉡ → ㉠ → ㉢ → ㉣
③ ㉠ → ㉣ → ㉢ → ㉡   ④ ㉢ → ㉣ → ㉡ → ㉠
⑤ ㉠ → ㉢ → ㉣ → ㉡

해설

윤리적 의사결정의 우선순위는 생명보호의 원칙 → 평등과 불평등의 원칙 → 자율성과 자유의 원칙 → 최소해악의 원칙 → 삶의 질 원칙 → 사생활 보호와 비밀보장의 원칙 → 진실성의 원칙(성실의 원칙)이다.

정답 ④

25

(17회 기출)

중요도 ★★★★★

01) 다음에서 설명하는 사회복지실천 접근이 등장하기 전의 일을 발생한 순서대로 바르게 연결한 것은?

> • 사회복지실천의 공통된 원리에 기반하여 원조함
>
> • 펄만(H.Perlman)의 문제해결모델이 대표적 예임
>
> • 다양해지는 사회문제에 분화된 접근으로 대응할 수 없다는 인식에 기초함

① 리치몬드(M. Richmond)의 사회진단 출간 – 기능주의 등장 – 진단주의 등장

② 리치몬드의 사회진단 출간 – 기능주의 등장 – 한국 사회복지사업법 제정

③ 일반주의 실천의 확대 – 리치몬드의 사회진단 출간 – 한국 사회복지사업법 제정

④ 기능주의 등장 – 사회복지실천 3대 방법론 분화 – 플렉스너(A.Flexner)의 사회복지직 전문성 비판

⑤ 플렉스너의 사회복지직 전문성 비판 – 리치몬드의 사회진단 출간 – 사회복지실천 3대 방법론으로 분리

해설

제시된 문제의 내용은 통합적 접근 방법이므로 그 이전에 역사적 사실을 보면 된다.
⑤ 플렉스너의 사회복지직 전문성 비판(1915년) – 리치몬드의 사회진단 출간(1917년) – 사회복지실천 3대 방법론 분화(1930년대)

정답 ⑤

(16회 기출)

중요도 ★★★★

02) 사회복지 전문직에 관한 설명으로 옳지 않은 것은?

① 서구에서 전문직 교육과정이 시작된 것은 19세기 후반이다.

② 실천의 가치와 지식은 방법(methods)을 통해 현장에서 구현된다.

③ 한국 사회복지사의 자격 및 처우에 관한 사항은 사회복지사업법에 근거한다.

④ 플렉스너(A.Flexner)는 체계적 이론과 전문적 권위, 윤리강령 등을 전문직의 속성으로 물었다.

⑤ 밀포드(Milford) 회의에서 사회복지실천의 공통요소를 제시하였다.

그린우드는 〈전문직의 속성 1975〉에서 체계적 이론, 윤리강령, 사회적 승인, 전문직 분화 등의 5개 기본 요소를 전문직의 속성으로 제시하였다.

플렉스너(의과대학 교수, 평론가)는 1915년 〈사회사업은 전문직인가?〉라는 발표를 통해서 사회사업은 교육적인 기술 등이 없으므로 전문직이 아니라 혹평했다.

정답 ④

03) 사회복지실천의 전문화 과정에서 기능주의와 진단주의에 관한 설명으로 옳은 것은?

① 기능주의의 대표적인 학자는 메리 리치몬드(M. Richmond)이다.

② 기능주의는 과거의 심리사회적 문제가 현재의 기능에 영향을 미친다는 관점을 갖는다.

③ 기능주의는 인간의 성장 가능성과 자유의지를 강조한다.

④ 진단주의는 시간 제한적이고 과제중심적인 단기개입을 선호한다.

⑤ 진단주의는 기관의 기능과 서비스를 최대한 활용하여 문제를 해결하는 것을 선호한다.

기능주의 학파는 1930년대 대공황 이후 등장했다. 〈성장의 심리학〉으로 인간의 성장 가능성을 중시, CT의 내부의 힘을 강조하였다. 이 힘은 건전한 성장을 위한 의지를 형성하는데 인간의 성장 가능성과 자유의지를 강조한다.

정답 ③

04) 사회복지실천의 역사에 관한 설명으로 옳지 않은 것은?

① 우애방문자들은 빈곤가정을 방문하면서 상담 및 교육, 교화하는 역할을 수행한다.

② 우애방문자들은 빈민구제에 도덕적 잣대를 적용하여 빈민을 통제하고자 하였다.

③ 우애방문자들의 개입대상은 개인이나 가족이었다.

④ 자선조직협회는 연구와 조사를 통해 사회제도를 개혁해야 한다는 기본개념을 가졌다.

⑤ 인보관 운동은 빈곤의 원인을 산업화의 결과로 보았다.

연구와 조사를 통해 환경개선 교육 등 사회제도를 개혁해야 한다는 기본개념을 가진 것은 인보관 운동이다.

정답 ④

05) 사회복지실천 전문직으로서의 발전과정에서 플렉스너(A.Flexner)의 비판에 대한 반응에 해당하지 않는 것은?

① 리치몬드(M. Richmond)가 사회진단(Social Diagnosis)을 출간하였다.

② 밀포드(Milford) 회의에서 개별사회사업 방법론을 기본으로 하는 사회복지실천의 공통요소가 정리되어 발표되었다.

③ 미국사회복지사협회(America Asso-ciation of Social Workers)가 설립되었다.

④ 의사인 카보트(R.Cabot)가 메사추세츠 병원에 의료사회복지사를 채용하였다.

⑤ 사회복지사들이 치료자로서의 역할을 강조하면서 위상을 높이고자 하였다.

해설

플렉스너 연설은 1915년이며, 의사인 카보트(R.Cabot)가 메사추세츠 병원에 의료사회복지사를 정식으로 채용한 것은 1905년이다. 이는 플렉스너의 비판에 대한 반응으로 볼 수 없다. 플렉스너 연설 이전에도 사회복지전문직화를 위한 움직임은 있었다.

정답 ④

06) 한국의 사회복지실천의 역사에 관한 설명으로 옳은 것은?

① 1987년부터 사회복지전문요원이 공공영역에 배치되었다.

② 2000년에 사회복지사 1급 제1회 국가시험이 시행되었다.

③ 2002년부터 노인장기요양보험제도가 실시되었다.

④ 1975년 한국외원단체협의회(KAVA)가 탄생하였다.

⑤ 1931년 태화여자관이 설립되었다.

해설

① 1987년 사회복지전문요원 시행(7급 별정직, 동사무소에서 생활보호접수 업무)
② 2003년 4월 사회복지사 1급 제1회국가시험이 실행
③ 2008년 7월 노인 장기요양보험제도 실시
④ 1952년 3월 KAVA(한국외원단체협의회 설립)
⑤ 1921년 서울에 태화 기독교사회복지관 설립

정답 ①

07) 사회복지실천의 발달과정을 순서대로 바르게 나열한 것은?

ㄱ. 한국의 사회복지사업법이 제정되었다.

ㄴ. 리치몬드(M.Richmond)의 사회진단이 출간되었다.

ㄷ. 밀포드(Milford)회의에서 개별사회사업의 공통요소를 정리하였다.

ㄹ. 펄만(H.Perlman)의 문제해결모델이 등장하였다.

① ㄴ → ㄷ → ㄹ → ㄱ ② ㄴ → ㄹ → ㄱ → ㄷ

③ ㄴ → ㄹ → ㄷ → ㄱ ④ ㄹ → ㄱ → ㄴ → ㄷ

⑤ ㄹ → ㄴ → ㄱ → ㄷ

해설

리치몬드의 사회진단1917년 – (ㄷ) 밀포드 회의에서 개별사회사업의 공통요소 정리(1929년) – 펄만의 문제해결모델등장(1957년)
– (ㄹ) 한국의 사회복지 사업법 제정(1970년)

정답 ①

중요도 ★★★★   (14회 기출)

08) 자선조직협회와 인보관에 관한 내용으로 옳지 않은 것은?

① 인보관은 집단사회사업의 태동에 영향을 주었다.

② 자선조직협회는 개별사회사업의 태동에 영향을 주었다.

③ 자선조직협회는 빈곤의 원인을 개인의 나태함과 게으름 등으로 보았다.

④ 인보관은 지역주민과 함께 거주하면서 사회개혁을 시도하였다.

⑤ 자선조직협회는 도덕적 의무를 강조하여 모든 빈민에게 도움을 제공하였다.

해설

자선조직협회는 기독교적 도덕성을 강조하여 빈곤의 원인은 개인의 나태함, 게으름에 있다고 하는 보수적 관점으로 개별적 서비
스를 실시하였으나, 모든 빈민에게 제공한 것은 아니다(가치 있는 빈민에게만).

정답 ⑤

중요도 ★★★★   (13회 기출)

09) 우리나라 사회복지실천의 발달과정을 순서에 따라 나열한 것으로 옳은 것은?

ㄱ. 최초의 한국사회사업가협회가 탄생하였다.

ㄴ. 대학에서 정규 사회복지 교육이 시작되었다.

ㄷ. 사회복지전문요원제도가 시작되었다.

ㄹ. 사회복지사 1급 국가시험이 시작되었다.

① ㄱ → ㄴ → ㄷ → ㄹ ② ㄱ → ㄴ → ㄹ → ㄷ

③ ㄴ → ㄱ → ㄷ → ㄹ ④ ㄴ → ㄱ → ㄹ → ㄷ

⑤ ㄱ → ㄹ → ㄷ → ㄴ

ⓛ 1947년 대학에서 정규 사회복지교육
㉠ 1965년 한국사회복지사협회
ⓒ 1987년 사회복지 전문요원제도
㉣ 2003년 사회복지사 1급 국가 시험제도

정답 ③

중요도 ★★★★   (13회 기출)

10) 자선조직협회에 관한 설명으로 옳지 않은 것은?

① 수혜자격을 심사하였다.
② 과학적 자선을 시작하였다.
③ 영국 런던에서 시작되었다.
④ 환경개선 교육을 강조하였다.
⑤ 우애방문자(friendly visitors)가 활동하였다.

해설

④는 인보관 운동에 관한 설명이다. 빈곤의 원인을 사회구조적 문제 또는 산업화의 착취의 결과로 본 것은 인보관 운동이다.

정답 ④

중요도 ★★★   (12회 기출)

11) 기능주의 학파와 진단주의 학파에 관한 설명으로 옳은 것은?

① 진단주의 학파는 미국의 대공황 이후 등장하였다.
② 기능주의 학파는 인간의 성장 가능성을 중시하였다.
③ 기능주의 학파는 클라이언트의 생활력(life history)을 강조하였다.
④ 진단주의 학파는 현재의 경험과 개인의 동기에 대한 이해를 중시하였다.
⑤ 두 학파 간의 논쟁은 1970년대에 와서 비로소 종식되었다.

해설

기능주의는 인간 성장 가능성을 중시함. 성장할 수 있는 클라이언트 내부의 힘에 대한 믿음인 '성장의 심리학'이다. 지금 여기에 초점을 두면서 인간과 인간, 인간과 사회 환경과의 관계를 중시한다.

정답 ②

중요도 ★★★★   (12회 기출)

12) 우리나라 사회복지 관련 국가자격제도에 관한 설명으로 옳은 것은?

① 사회복지사 자격은 1급과 2급으로 운영되고 있다.
② 정신보건사회복지사는 사회복지사 1급 소지자에 한해 응시자격이 주어진다.
③ 노인복지에 관한 관심의 증가로 노인사회복지사 자격제도가 시행되고 있다.
④ 사회복지사 1급 국가시험은 한국사회복지협의회가 관장하고 있다.
⑤ 1997년부터 학교사회복지사 자격시험이 실시되고 있다.

① 사회복지사자격 1급, 2급, 3급(2018년부터 1급, 2급임)
② 정신보건사회복지사는 사회복지사 1급소지자로 1년 이상 수련을 마친 자로 2급 인정
③ 노인사회복지사 자격은 민간자격임(요양보호사가 국가 자격임)
④ 1급 국가시험은 보건복지부 장관이 시행(현, 한국 산업인력공단에 위탁)
⑤ 2005년 학교사회복지사 자격시험제도 시작(한국학교사회사업가실천가협회)

오답노트

사회복지사 자격은 1급, 2급, 3급으로 운영(2018년부터는 1급, 2급으로 운영되고 있으니, 현시점 기준으로는 생각하면 정답이나 12회에는 오답이었음), 노인사회복지사 자격은 없고, 사회복지사 자격제도가 운영되고 있으며, 사회복지사 1급 시험은 국가자격시험이다. 2005년 학교사회복지사 제도가 운영되었다. 정답 ②

중요도 ★★★ (12회 기출)

13) 전미사회복지사협회(NASW)가 제시한 사회복지실천의 기능으로 옳지 않은 것은?

① 사회정책과 환경정책에 영향을 미친다.
② 사람들이 자원을 획득하도록 원조한다.
③ 개인이 조직의 요구에 부응하도록 돕는다.
④ 사람들의 역량을 확대하고 대처능력 향상을 돕는다.
⑤ 조직 간의 상호관계에 영향력을 행사한다.

해설

개인이 조직의 요구에 부응하도록 돕는 것은 조직사회 요구이며 사회복지실천기능에서는 조직이 개인의 욕구에 부응해야 한다. 정답 ③

중요도 ★★ (12회 기출)

14) 우리나라 사회복지 실천현장의 역사에 관한 설명으로 옳은 것은?

① 사회복지전담공무원은 2000년대 중반부터 공공영역에서 활동하기 시작하였다.
② 건강가정지원센터는 2000년도 중반부터 운영되기 시작하였다.
③ 종합사회복지관은 1990년대 설립되기 시작하였다.
④ 정신보건사회복지사 자격제도는 2000년대 중반부터 실시되었다.
⑤ 한국사회복지사협회는 1990년대 후반에 설립되었다.

해설

① 1987년 사회복지전문요원
② 건강가정기본법(2005년 시행)
③ 1983년 사회복지사업법개정으로 사회복지관 운영 지원근거마련
④ 1995년 정신보건법제정(정신보건 사회복지사 자격규정)
⑤ 1967년 한국사회사업가협회 탄생(1997년 공식적 법적단체 등록) 정답 ②

15) 인보관 운동과 관계있는 것을 모두 고른 것은?

가. 우애 방문	나. 연구 조사	다. 자산 조사	라. 함께 거주

① 가, 나, 다   ② 가, 다   ③ 나, 라   ④ 라   ⑤ 가, 나, 다, 라

해설

인보관 운동은 빈민가에서 함께 거주하고 자산조사를 통하여 빈민 해결에 중점을 두었다.
구제대상을 선별하기 위해 자산조사를 실시한 것은 자선조직협회이다.   정답 ③

16) 우리나라 사회복지실천의 역사에서 가장 최근의 일은?

① 정신보건사회복지사제도 시행   ② 사회복지전문요원제도 신설
③ 한국사회복지사협회 창립   ④ 한국사회사업교육연합회 창립
⑤ 태화여자관 설립

해설

① 1995년에 정신보건법제정 1997년 초에 시행
② 사회복지전문요원 신설(1987년)
③ 한국사회복지사 협회(1967년)
④ 한국사회사업교육연합회(1965년)
⑤ 태화여자관(1921년)   정답 ①

17) 그린우드(Greenwood)가 제시한 전문직의 속성을 모두 고른 것은?

ㄱ. 체계적 이론	ㄴ. 전문적 권위
ㄷ. 사회적 인가	ㄹ. 전문직 문화

① ㄱ, ㄴ, ㄷ   ② ㄱ, ㄷ   ③ ㄴ, ㄹ
④ ㄹ   ⑤ ㄱ, ㄴ, ㄷ, ㄹ

해설

그린우드가 제시한 전문직 속성(5개 기본요소)
① 체계적 이론 ② 전문적 권위 ③ 사회적 승인 ④ 전문가 윤리강령 ⑤ 전문직 문화
     정답 ⑤

18) 다음에서 설명하는 것은?

> • 실천가와 클라이언트가 함께 노력할 일치점을 알아본다.
> • 인간은 스스로 창조하고 재창조할 수 있는 힘을 갖고 있다.
> • 사회복지기관은 실천가의 활동을 위한 초점, 방향, 내용을 제공한다.
> • 클라이언트의 잠재적 성장 가능성을 높이기 위해 실천가·클라이언트 관계를 활용한다.

① 행동주의 실천   ② 진단주의 실천   ③ 집단주의 실천
④ 기능주의 실천   ⑤ 개인주의 실천

해설

기능주의는 학문적 연구에서 진단주의 실천과 대립하는데, 인간의 성장과 가능성을 중시하고 지금&여기(HERE&NOW)에 초점. 인간과 인간, 인간과 사회환경의 관계를 중심으로 분석하였다.

정답 ④

19) 한국 사회복지실천의 역사에 관한 설명으로 옳은 것은?

① 한국전쟁 이후 외원단체들의 지원은 재가중심의 사회복지를 발전시켰다.
② 1997년 사회복지사업법의 개정으로 2001년부터 사회복지사 1급 국가시험이 실시되었다.
③ 1980년대 후반부터 사회복지전담공무원이 배치되었고, 1990년대 후반에 사회복지전문요원으로 명칭이 변경되었다.
④ 1980년대 초반에 개정된 사회복지사업법에서 사회복지관의 설립·운영을 지원하는 근거가 마련되었다.
⑤ 정신보건사회복지사와 학교사회복지사는 1990년대 후반부터 법정 국가자격이 되었다.

해설

① 외원단체들의 자원은 시설중심의 사회사업이 발전
② 2003년부터 사회복지사 1급 시험 실시
③ 1987년부터 사회복지전문요원배치, 1992년 사회복지전임 공무원
④ 1983년 사회복지사업법개정으로 사회복지기관 설립운영 기관 근거 마련됨
⑤ 1995년 정신보건법 개정, 정신보건사회복지사는 국가자격, 학교사회복지사는 국가자격 아님

정답 ④

중요도 ★★★

20) 사회복지실천의 발달과정을 순서대로 바르게 나열한 것은?

> ㄱ. 통합적 접근방법 필요성 대두
> ㄴ. 우애방문자 활동에 대한 급여 제공
> ㄷ. 진단주의 학파와 기능주의 학파의 접근방법 통합
> ㄹ. 개별사회사업, 진단사회사업, 지역사회조직 방법론으로 분화 및 발전

① ㄴ → ㄱ → ㄹ → ㄷ   ② ㄴ → ㄷ → ㄱ → ㄹ

③ ㄴ → ㄹ → ㄷ → ㄱ   ④ ㄹ → ㄴ → ㄷ → ㄱ

⑤ ㄹ → ㄴ → ㄱ → ㄷ

해설

ㄱ. 사회복지실천방법론 통합기(1950~1970)
ㄴ. 유급 종사자를 고용한 것은 1900년대 전후
ㄷ. 펄만의 문제해결모델 진단주의와 기능주의 학파의 절충 시기(1957)
ㄹ. 사회복지실천 3대 방법론 확립기(1920~1950년대)   정답 ③

중요도 ★★★★

21) 자선조직협회의 활동과 관계가 없는 것은?

① 구빈법   ② 우애방문자   ③ 인도주의

④ 개별사회사업   ⑤ 사회옹호

해설

①, ②, ③, ④는 자선조직협회와 관계, ⑤ 사회옹호는 인보관운동과 관계된다.   정답 ⑤

중요도 ★★★★

22) 인보관에 대한 설명으로 옳은 것은?

① 지역주민 대상의 사회교육   ② 중복적인 구제활동 조정

③ 수혜자격 심사를 통한 지원   ④ 가정방문을 통한 사례개입

⑤ 빈민의 도덕적 문제 교정

해설

인보관 운동은 지역주민들 간에 서로 배우고, 가르치고, 돕는 것을 기본으로 했다. 인보관 운동은 빈곤이 개인문제라기보다 사회문제이며 사회가 주체가 되어 이를 해결해야 한다고 주장하며 사회적 환경의 변화가 필요하다는 주장이 뒷받침되었다.   정답 ①

제4장 사회복지실천 현장·대상 및 역할

01) 이용시설 – 간접서비스기관 – 민간기관의 예를 순서대로 바르게 나열한 것은?

① 지역아동센터 – 사회복지협의회 – 주민센터

② 장애인복지관 – 주민센터 – 지역사회보장협의체

③ 청소년쉼터 – 사회복지관 – 사회복지공동모금회

④ 사회복지관 – 노인보호전문기관 – 성폭력피해상담소

⑤ 다문화가족지원센터 – 사회복지공동모금회 – 한국사회복지사협회

해설

① 주민센터(공공기관)
② 주민센터(공공기관), 지역사회보장 협의체(공공민간 혼합기관)
③ 청소년쉼터(생활시설), 사회복지관(직접서비스)
④ 노인보호전문기관(직접서비스기관)
⑤ 다문화가족복지원센터(이용시설) – 공동모금회(간접서비스기관) – 한국사회복지협의회(민간기관)

정답 ⑤

02) 사회복지사 역할에 관한 설명으로 옳지 않은 것은?

① 옹호자: 클라이언트 권익 보호

② 계획자: 변화과정 기획

③ 연구자: 개입효과 평가

④ 교육자: 지식과 기술 전수

⑤ 중개자: 조직이나 집단의 갈등 해결

해설

⑤ 조직이나 집단의 갈등해결은 협상가 또는 중재자 역할이며, 중개자 역할은 도움이 필요한 개인이나 집단을 지역사회의 서비스와 연결하는 것이다.

정답 ⑤

중요도 ★★★★★

03) 사회복지사의 역할에 관한 설명으로 옳은 것을 모두 고른 것은?

> ㄱ. 중개자(broker): 가족이 없는 중증장애인에게 주거시설을 소개해 주는 것
> ㄴ. 중재자(mediator): 갈등으로 이혼위기에 처한 부부관계에 개입하여 상호 만족스러운 합의점을 도출하는 것
> ㄷ. 옹호자(advocate): 장애학생의 교육권 확보를 위해 학교 당국에 편의시설을 요구하는 것
> ㄹ. 조력자(enabler): 알코올중독자가 자신의 문제를 깨닫고 금주방법을 찾도록 도와주는 것

① ㄱ, ㄴ   ② ㄱ, ㄴ, ㄷ   ③ ㄱ, ㄷ, ㄹ

④ ㄴ, ㄷ, ㄹ   ⑤ ㄱ, ㄴ, ㄷ, ㄹ

해설

ㄱ: 중개자(broker): 도움이 필요한 개인, 가족, 집단을 지역사회의 서비스를 연결해주는 것

ㄴ: 중재자(mediator): 양자 간의 갈등이나 의견 차이에 개입하여 타협, 조정을 통해 합의점을 도출

ㄷ: 옹호자(advocate): 클라이언트를 대신하여 클라이언트의 개인이나 가족의 권리를 옹호하고 정책적 변화를 모색하는 활동을 대변해 주는 것

ㄹ: 조력자(enabler): 클라이언트가 자기 스스로 효과적인 문제를 해결할 수 있는 능력을 개발하고 향상시키며 필요한 자원을 찾아낼 수 있도록 돕는 것

정답 ⑤

중요도 ★★★★

04) 사회복지실천 현장 중 생활시설로만 구성된 것은?

① 재가노인복지시설, 장애인지역사회재활시설

② 장애인직업재활시설, 아동보호치료시설

③ 노인의료복지시설, 자립지원시설

④ 정신요양시설, 자활지원센터

⑤ 장애인주간보호시설, 성폭력피해자보호시설

해설

- 노인의료복지시설: 노인요양시설, 노인요양공동생활가정, 노인전문병원
- 자립지원시설: 아동복지법상 아동복지시설에서 퇴소한 자에게 취업준비기간 또는 취업 후 일정 기간 보호함으로써 자립을 지원하는 것을 목적으로 하는 생활 시설

정답 ③

05) 사회복지실천 현장 중 보건복지부가 주무부처인 시설은?

① 청소년쉼터   ② 자립지원시설

③ 청소년상담복지센터   ④ 다문화가족지원센터

⑤ 건강가정지원센터

해설

① 청소년 쉼터와 ③ 청소년상담복지센터는 '청소년복지지원법' 상 청소년 복지시설로 '여성가족부' 소관임
② '아동복지법' 상 자립자원시설은 아동복지시설로 '보건복지부' 소관임
④ 다문화가족지원센터는 '가족지원법' 상 시설로 '여성가족부' 소관임
⑤ 건강가정지원센터는 '건강가정기본법' 상 시설로 '여성가족부' 소관임

정답 ②

06) 생활시설에 해당하는 것은?

① 아동보호치료시설   ② 아동보호전문기관   ③ 영유아보육시설
④ 지역아동센터   ⑤ 가정위탁지원센터

해설

아동보호치료시설은 아동에게 보호 및 치료 서비스를 제공하는 시설로써 불량행위를 하거나 할 우려가 있는 아동으로 보호자가 없거나, 친권자나 후견인이 입소를 신청하면 가정법원, 지방법원소년부지원에서 보호 위탁된 아동을 입소시켜 치료와 선도를 통하여 건전한 사회인으로 육성하는 것과 정서적, 행동적 장애로 인하여 부모로부터 일시 격리되어 치료받을 필요가 있는 아동을 보호, 치료하는 시설로써 생활시설을 말한다.

정답 ①

07) 사회복지실천의 2차 현장은?

① 사회복지관   ② 보호관찰소   ③ 노인복지관
④ 장애인복지관   ⑤ 자활지원센터

해설

보호관찰소, 주민센터, 학교 등은 2차 현장이다.

보충노트

사회복지실천의 1차 현장은 사회복지서비스를 제공하기 위한 현장으로서 사회복지관, 노인복지관 등이 해당한다. 2차 현장은 기관의 목적은 따로 있으며, 필요에 의해 부분적으로 사회복지서비스를 제공하는 기관이다.

정답 ②

중요도 ★★★★

08) 사회복지실천 현장에 관한 설명으로 옳지 않은 것은?

① 청소년쉼터는 생활시설이다.

② 노인요양시설은 이용시설이다.

③ 지역아동센터는 이용시설이다.

④ 사회복지공동모금회는 민간기관이다.

⑤ 쪽방상담소는 이용시설이다.

해설

노인요양시설은 치매 중풍 등 노인성 질환 등으로 도움을 필요로 하는 노인을 입소시켜 급식 · 요양 등 편의를 제공함으로 목적으로 하는 생활시설이다.

정답 ②

중요도 ★★★★★

09) 다음 사례에서 사회복지사가 수행한 개입역할로 모두 옳은 것은?

> 가족에 의해 강제로 입소되었던 장애인이 거주 시설에서 퇴소하기를 요청함에 따라 (ㄱ) 퇴소 상담을 실시하였다. 이후 가족들을 설득하여 (ㄴ) 지역사회 내 다양한 주거 관련 정보를 안내하고, (ㄷ) 공동생활가정에 입주할 수 있도록 연계하였다.

① ㄱ: 조력자, ㄴ: 중재자, ㄷ: 교사

② ㄱ: 중개자, ㄴ: 중재자, ㄷ: 계획가

③ ㄱ: 조력자, ㄴ: 교사, ㄷ: 중개자

④ ㄱ: 중개자, ㄴ: 옹호자, ㄷ: 계획가

⑤ ㄱ: 교사, ㄴ: 옹호자, ㄷ: 조력자

해설

• 조력자: 자기 스스로 문제를 해결할 수 있는 능력을 기르고 필요한 자원을 찾아낼 수 있도록 돕는 역할, 가족상담을 실시한 것은 조력자 역할
• 교사: 사회적 기능이나 문제해결능력이 향상될 수 있도록 교육적인 프로그램이나 정보를 제공하고, 적응기술을 익히도록 가르치는 역할, 지역사회 내 주거 관련 정보를 안내하는 것은 교사 역할
• 중개자: 도움이 필요한 개인이나 집단을 지역사회의 서비스와 연결하는 역할, 공동생활가정에 입주할 수 있도록 연계하는 것은 중개자 역할

정답 ③

10) 유용한 자원에 대한 정보나 이용 능력이 부족한 클라이언트를 위해 사회복지사가 수행하는 역할이 아닌 것은?

① 사례관리자(case manager) ② 옹호자(advocate) ③ 조력자(enabler)

④ 중개자(broker) ⑤ 조직분석가(analyst)

해설

조직분석가는 체계를 유지하고 강화하는 기능으로서, 기관의 구조 및 정책 절차 내에서 서비스 전달에 부정적인 영향을 미치는 요인을 분석하고 파악하고 발견하여 지적하는 역할을 한다.

정답 ⑤

11) 사회복지 실천현장 중 1차 현장이면서 동시에 이용시설로만 구성된 것은?

① 노인복지관, 아동상담소, 종합병원

② 보호관찰소, 사회복지관, 정신보건센터

③ 학교, 정신보건센터, 사회복지관

④ 부랑인시설, 청소년쉼터, 보건소

⑤ 지역자활센터, 지역아동센터, 장애인복지관

해설

지역자활센터, 지역아동센터, 장애인복지관은 1차 현장이며 이용시설이다.

정답 ⑤

12) 사회복지 실천현장에 관한 설명으로 옳은 것을 모두 고른 것은?

> ㄱ. 장애인주간보호시설은 이용시설이다.
>
> ㄴ. 보호를 필요로 하는 아동을 입소시켜 돌보는 시설을 아동양육시설이라고 한다.
>
> ㄷ. 지역아동센터는 민간기관이다.
>
> ㄹ. 건강가정지원센터의 소관부처는 보건복지부이다.

① ㄱ, ㄴ, ㄷ ② ㄱ, ㄷ ③ ㄴ, ㄹ

④ ㄹ ⑤ ㄱ, ㄴ, ㄷ, ㄹ

해설

ㄱ, ㄴ, ㄷ은 옳은 설명이며, ㄹ 건강가정지원센터는 여성가족부 소관이다.

정답 ①

13) 다음 사례에서 사례관리자의 역할은?

한부모 가정 내 알코올 중독자인 아버지는 심신의 쇠약과 경제적 무능력 상태에서 중학교 2학년 딸과 생활하고 있다. 딸이 재학 중인 학교의 사회복지사는 딸의 가정환경을 사정하는 과정에서 아버지와 면담을 하였다. 아버지는 어떻게든 딸을 돌봐야겠다는 생각에 자신의 상황을 변화시키려는 의지는 갖고 있으나, 어디서부터 시작해야 할지 모르고 있었다. 학교사회복지사의 의뢰를 받은 사례관리자가 아버지의 욕구를 사정해 본 결과 알코올 의존에서 벗어나기, 직업 활동이 가능할 정도의 체력회복, 직업 훈련, 취업정보의 획득 등의 욕구가 확인되었다. 아버지의 동의하에 사례관리자는 그에게 지역사회 내 병원, 직업훈련시설, 자활후견기관, 동주민센터, 단주모임(AA) 등을 안내하여 차례로 서비스를 받게 하였다.

① 중재자 (mediator)　　② 옹호자 (advocate)　　③ 중개자 (broker)
④ 기획가 (planner)　　⑤ 조성자 (enabler)

해설

서비스 또는 다른 기관과 연계하여 클라이언트에게 정보를 제공하는 것은 중개자 역할임

정답 ③

14) 사회복지 실천현장의 예와 분류의 연결로 옳은 것은?

① 노인전문병원 – 1차 현장이며 생활시설　　② 사회복지관 – 2차 현장이며 이용시설
③ 정신보건센터 – 1차 현장이며 생활시설　　④ 청소년쉼터 – 2차 현장이며 이용시설
⑤ 노인복지관 – 1차 현장이며 이용시설

해설

① 2차 현장 ② 1차 현장 ③ 2차 현장 생활시범 ④ 1차 현장 생활 시설 ⑤ 노인복지관 – 1차 현장이며 이용시설이다.

정답 ⑤

15) 사회복지사의 기능과 역할의 연결이 옳지 않은 것은?

① 직접 서비스 기능 – 상담가　　② 체계 연결 기능 – 사례관리자
③ 체계 유지 기능 – 팀 성원　　④ 체계 개발 기능 – 옹호자
⑤ 체계 강화 기능 – 촉진자

④ 체계 개발 기능 – 기관의 서비스를 확대 개선하기 위해 체계 개발에 관련된 역할 수행, 프로그램 개발자, 기획가 등이며 옹호자는 체계와 연결하기 기능에 해당된다.   정답 ④

중요도 ★★★★   (11회 기출)

16) 사회복지실천 현장의 분류기준과 그 예로 옳은 것은?

① 1차 현장 – 보건소   ② 이용시설 – 공동생활가정
③ 민간기관 – 지역아동센터   ④ 공공기관 – 사회복지협의회
⑤ 생활시설 – 노인주간보호시설

① 보건소는 2차 현장
② 공동생활 가정은 생활시설
③ 지역아동센터는 지역사회 아동의 보호, 교육, 건전한 놀이와 오락의 제공, 보호자와 지역사회의 연계 등 아동의 건전육성을 위하여 종합적인 아동복지서비스를 제공하는 시설로서 사회복지서비스의 전달에 관심이 많은 민간기관이다.
④ 사회복지협의회는 민간기관
⑤ 주간보호시설은 이용시설   정답 ③

중요도 ★★★   (11회 기출)

17) 직접실천에 해당하지 않는 것은?

① 장애인 취업상담   ② 독거어르신 재가방문
③ ADHD아동 지원정책 개발   ④ 치매어르신 주간보호 제공
⑤ 정신장애인 사회기술훈련 실시

정책 개발은 간접 실천이다. 정책방안 및 제도적 정비에 해당한다.   정답 ③

중요도 ★★★   (11회 기출)

18) 지역사회복지관의 사회복지사는 심각한 정서장애를 보이는 아동을 지역사회정신보건센터로 의뢰하려고 한다. 아동과 어머니에게 이를 설명하는 사회복지사의 접근방법으로 옳지 않은 것은?

① 지역사회정신보건센터로 의뢰하려는 이유를 설명한다.
② 지역사회정신보건센터에서 실시하는 프로그램에 대한 정보를 제공한다.
③ 필요한 서비스가 제공되는 다른 기관에 대한 정보도 제공하여 클라이언트가 선택하도록 한다.
④ 지역사회정신보건센터로 가면 모든 문제가 해결된다는 기대를 갖게 한다.
⑤ 의뢰로 인해 클라이언트가 버림받았다는 느낌을 갖지 않도록 배려한다.

사회복지사는 클라이언트에게 모든 문제가 해결된다는 기대를 갖게 하는 것은 바람직하지 못하다.

정답 ④

19) 사회복지사 역할의 예로 옳은 것은?

① 옹호자: 미등록 이주노동자 자녀가 교육 받을 수 있도록 관계법 개정 제안

② 중재자: 학교폭력 가해학생에게 분노조절 프로그램 소개

③ 협상가: 자원봉사자의 역량 강화를 위해 새미나 실시

④ 상담가: 거동 불편 노인에게 밑반찬서비스 연계

⑤ 중개자: 돌봄서비스를 받고 있는 노인과 직원 간 갈등 해결

미등록 이주노동자의 자녀가 교육을 받을 수 있도록 관계법 개정을 제안하는 것은 클라이언트의 권리를 옹호하고 정책 변화를 모색하는 활동이므로 옹호자의 역할에 속한다.
② 중개자 역할 ③ 훈련가 역할 ④ 중개자 역할 ⑤ 중재자 역할

정답 ①

20) 실천현장에 관한 설명으로 옳은 것은?

① 정신건강복지보건센터 - 만성 정신 장애인을 위한 치료 · 요양시설

② 지역아동센터 - 지역 내 비행아동의 교정 및 선도 · 보호시설

③ 노인보호전문기관 - 노인 학대 관련 업무를 수행하기 위해 지방자치단체가 설치한 시설

④ 가정위탁지원센터 - 맞벌이 부부의 아동을 낮 동안 맡아 돌보는 가정을 지원하는 시설

⑤ 공동생활가정 - 청소년의 건전한 인격 형성을 위해 일시적으로 공동생활을 체험하게 하는 시설

① 정신 건강복지센터는 2016년 정신 장애인복지 서비스 수혜, 알코올 및 약물 남용 중독 방지를 위한 시설
② 지역아동센터는 아동 양육시설
③ 노인보호전문기관은 노인학대를 예방하기 위한 시설
④ 가정위탁 지원센터는 생활시설로 입양전이나 임시 보호
⑤ 보호를 필요로 하는 아동에게 가정과 같은 주거여건과 보호를 제공하는 것을 목적으로 하는 시설

정답 ③

21) 사회복지실천 현장에 관한 설명으로 옳은 것은?

① 노인복지관 – 재가 노인복지 서비스를 제공하는 이용시설

② 사회복지협의회 – 사회복지행정을 담당하는 공공기관

③ 동주민센터 – 국민기초생활보장 업무를 담당하는 사회복지 1차 현장

④ 장애인복지관 – 사회복귀 및 요양서비스를 제공하는 생활시설

⑤ 아동보호전문기관 – 학대 피해 아동의 보호 · 양육 서비스를 제공하는 양육시설

해설

노인복지관은 노인의 교양 · 취미생활 및 사회참여활동 등에 대한 각종 정보와 서비스를 제공하고, 건강증진 및 질병예방과 소득보장 · 재가복지서비스 등 노인의 복지증진에 필요한 서비스를 제공함을 목적으로 하는 이용시설이다.

정답 ①

22) 미시수준에서 클라이언트에게 직접적인 대면서비스를 제공하는 사회복지사의 역할을 모두 고른 것은?

ㄱ. 행동가	ㄴ. 교사
ㄷ. 촉진자	ㄹ. 상담가

① ㄱ, ㄴ, ㄷ   ② ㄱ, ㄷ   ③ ㄴ, ㄹ

④ ㄹ   ⑤ ㄱ, ㄴ, ㄷ, ㄹ

해설

ㄱ-행동가는 거시차원, ㄷ-촉진자는 중범위 차원에 해당한다.

보충노트

개입수준에 따른 사회복지사의 역할

① 미시차원 – 조력자, 중개자, 옹호자, 교사

② 중범위차원 – 촉진자, 중재자, 훈련가

③ 거시차원 – 계획가, 행동가, 현장개입가

정답 ③

제5장 통합적 관점

01) 체계이론이 사회복지실천에 미친 영향으로 옳지 않은 것은?

① 사고의 틀을 개인중심에서 전체체계로 확대하도록 유도함

② 경계, 환류, 엔트로피 등 기능적인 체계를 설명하는 개념을 제시함

③ 문제현상에 대한 분석틀과 구체적 개입방법을 제시함으로써 적응적 변화를 유도함

④ 사회현상을 분석함에 있어 체계를 둘러싼 변수들이 상호관련된 전체라는 시각을 갖게 함

⑤ 동귀결성(equifinality)과 다중귀결성(multifinality)은 실천의 다양한 영향을 설명할 수 있게 함

해설

체계이론에 기반한 접근은 개인, 집단, 지역사회에 대한 개입을 포함하는 통합적, 총체적 접근이므로 어떤 하나의 특정한 개입만을 강조하지 않고 같은 목표를 성취하기 위해서 여러 가지 방법이 있을 수 있다는 동등결과성 등의 개념을 통해 다양한 개입방법을 제시한다. 문제현상에 대한 분석틀과 구체적 개입방법을 제시하기보다는 다양한 개입방법과 접근을 한다.　　　정답 ③

02) 병리관점과 비교한 강점관점의 특징으로 옳은 것은?

① 클라이언트의 문제에 초점을 둠

② 사회복지사는 클라이언트 삶의 전문가임

③ 변화를 위한 자원은 전문가의 지식과 기술임

④ 실천의 초점을 과거에서 현재와 미래로 전환함

⑤ 강점은 용기와 낙관주의 같은 개인 내적인 요소로 한정함

해설

강점관점에서는 더 나은 미래를 위해 현재 할 수 있는 것을 발견하고 활용하며 문제가 어떻게 생기고 발전했는지 과거 위주의 탐색에서 현재와 미래로 실천의 초점이 이동했다.

오답노트

① 치료의 초점은 가능성

② 개인, 가족, 지역사회가 클라이언트 삶의 전문가

③ 자원은 개인, 가족, 지역사회의 장점, 능력 적응 기술

⑤ 개인 내적 요소로 한정하지 않는다.   정답 ④

03) 임파워먼트모델에 관한 설명으로 옳은 것을 모두 고른 것은?

> ㄱ. 임파워먼트는 개인, 대인관계, 제도적 차원에서 이루어짐
> ㄴ. 클라이언트를 문제해결의 협력적 파트너로 인정함
> ㄷ. 클라이언트를 위해 자원을 동원하거나 권리를 옹호함
> ㄹ. 모델의 이념적 근원은 레이놀즈(B. Reynolds)의 활동에서 찾을 수 있음

① ㄱ, ㄴ   ② ㄴ, ㄷ   ③ ㄷ, ㄹ   ④ ㄱ, ㄴ, ㄷ   ⑤ ㄱ, ㄴ, ㄷ, ㄹ

해설

역량강화모델은 인보관 운동에서 이념적 근원을 찾을 수 있다.

정답 ④

04) 콤튼과 갤러웨이(B. Compton & B. Galaway)의 6체계에 관한 설명으로 옳지 않은 것은?

① 표적체계: 목표달성을 위해 변화가 필요한 체계
② 클라이언트체계: 서비스나 도움을 필요로 하는 체계
③ 변화매개체계: 목표달성을 위해 사회복지사가 상호작용하는 체계
④ 전문가체계: 변화매개체계에 영향을 미치는 교육체계나 전문가단체
⑤ 의뢰-응답체계: 서비스를 요청한 체계와 그러한 요청으로 서비스기관에 오게 된 체계

해설

변화매개체계는 계획적 변화를 목적으로 고용되어 있는 '돕는 사람' 즉 사회복지사와 사회복지사가 속한 기관이다.
목표달성을 위해 사회복지사가 상호작용하는 체계는 행동체계이다.

정답 ③

05) 음주상태에서 아내에게 폭력을 가하던 남편이 이웃 주민의 신고로 경찰을 통해 중독 관리 통합지원센터에 의뢰되었다. 핀커스와 미나한(Pincus & Minahan)의 4체계 모델에서 변화매개체계는?

① 남편   ② 아내   ③ 경찰   ④ 이웃 주민   ⑤ 중독치료 전문가

변화매개체계는 사회복지사와 사회복지사를 고용하고 있는 기관 및 조직이므로 중독치료 전문가가 변화매개체계이다.

정답 ⑤

06) 강점관점에 관한 설명으로 옳은 것을 모두 고른 것은?

ㄱ. 클라이언트를 희생자로 인식한다.

ㄴ. 대표적인 학자로 샐리비(D. saleebey)와 밀리(K. miley)가 있다.

ㄷ. 외상, 학대, 질병 등과 같은 힘겨운 일들을 도전과 기회로 고려한다.

ㄹ. 개입의 초점은 클라이언트의 역기능과 증상의 영향을 감소시키는 것이다.

① ㄴ   ② ㄷ   ③ ㄴ, ㄷ

④ ㄱ, ㄴ, ㄷ   ⑤ ㄴ, ㄷ, ㄹ

강점관점에서는 개인을 기질과 재능, 자원을 가진 자로 본다. 개인을 진단에 따른 증상을 가진 자로 규정하는 것은 강점관점과 반대되는 병리적 관점의 특징이다.

정답 ③

07) 임파워먼트 모델에서 사회복지사의 활동으로 옳지 않은 것은?

① 활용 가능한 자원 확보

② 역량강화를 위한 실천가 중심의 개입

③ 클라이언트와 사회복지사의 역할 정하기

④ 권리와 함께 클라이언트의 책임 강조

⑤ 클라이언트 감정의 구체화

역량강화는 개인이 삶의 지위를 향상시키기 위하여 개인적, 대인관계적 혹은 정치적으로 힘을 키우는 과정을 의미한다. 용어의 정의에서 알 수 있듯이 클라이언트가 중요하고 클라이언트가 중심이 된다. 따라서 역량강화를 위해 실천가가 개입하는 것이 아니라 클라이언트 중심의 개입을 한다.

정답 ②

08) 통합적 방법의 특징으로 옳지 않은 것은?

① 실천의 유용한 이론적 틀로서 생태체계적 관점에 기초한다.

② 개인과 체계 간의 상호작용에 초점을 둔다.

③ 사회복지사는 미시적 수준에서부터 거시적 수준의 실천까지 다양한 체계에 개입한다.

④ 인간에 초점을 두거나 환경에 초점을 두는 2궤도 접근이다.

⑤ 일반주의(generalist) 실천에서 활용하는 접근방법이다.

해설

자선조직협회 활동의 접근과 인보관 운동의 접근에서 비롯된 접근법은 자선조직협회는 개인의 역기능과 문제에 초점을 두어 개인을 변화시키려고 했고 인보관 운동은 문제의 원인과 해결을 사회 및 환경에서 찾으려고 했는데 이를 2궤도 접근이라고 한다. 통합적 접근은 생태체계관점에 기초하고 개인에 초점을 두는 기능주의 궤도, 환경과 구조에 관심을 갖는 원인론적 궤도로 이분화하지 않으며 이 두 접근을 통합하여 개인과 체계 간의 상호작용에 초점을 둔다. 일반주의 관점은 각 방법의 공통성, 통합성을 지향하는 것으로 광범위한 지식과 기술을 지니고 문제를 포괄적으로 사정하고 해결하는 실천을 말한다.　　　　　　　정답 ④

09) 통합적 접근 방법에서 사회복지사의 활동 원칙이 아닌 것은?

① 클라이언트와 협동 노력 강조

② 병리보다 강점을 강조

③ 다양한 모델과 기술을 활용

④ 경험적으로 검증된 개입방법을 우선 적용

⑤ 이론에 기초한 개입원리와 기법보다 직관과 창의적 방법 중시

해설

이론에 기초한 개입원리와 기법을 중시하되 어느 하나의 이론에 국한하지 않고 이론과 개입을 개방적으로 선택하고 체계적 관점을 취함으로써 이론과 과학에 근거한 실천을 한다. 다만 클라이언트의 문제에 따라 다양한 개입방법을 활용한다.　　　　　　　정답 ⑤

10) 강점관점에 관한 설명으로 옳지 않은 것은?

① 개인을 진단에 따른 증상을 가진 자로 규정한다.

② 개입의 초점이 가능성에 있다.

③ 외상과 학대 경험은 클라이언트에게 도전과 기회의 원천이 될 수 있다.

④ 모든 환경 속에는 활용 가능한 자원이 있다.

⑤ 사회복지사와 클라이언트의 협동작업이 이루어질 때 클라이언트에게 최선의 도움이 주어질 수 있다.

강점관점에서는 개인을 기질과 재능, 자원을 가진 자로 본다. 개인을 진단에 다른 증상을 가진 자로 규정하는 것은 강점관점과 반대되는 병리적 관점의 특징이다.

정답 ①

(14회 기출)

11) 강점관점에 관한 내용으로 옳은 것은?

ㄱ. 의료모델의 강조	ㄴ. 역량강화(empowerment)의 활용
ㄷ. 전문가 중심주의	ㄹ. 희망과 용기의 강조

① ㄱ, ㄴ, ㄷ   ② ㄱ, ㄷ   ③ ㄴ, ㄹ
④ ㄹ   ⑤ ㄱ, ㄴ, ㄷ, ㄹ

강점관점은 모든 인간은 자신의 삶의 질을 향상시키는 데 필요한 강점을 이미 소유하고 있고, 문제나 어려움에 직면했을 때 문제를 해결할 수 있는 능력과 힘을 갖고 있다고 보는 관점이다. 클라이언트가 가진 역량을 발견하고 활용할 수 있도록 원조하므로 역량강화를 활용한다. 병리와 문제가 아니라 희망과 용기를 강조한다.

정답 ③

(14회 기출)

12) 핀커스와 미나한(Pincus & Minahan)이 제시한 '변화매개체계'에 관한 설명으로 옳은 것은?

① 목표달성을 위해 사회복지사와 공동으로 노력하는 모든 체계를 의미한다.
② 목표달성을 위해 변화시킬 필요가 있는 대상을 의미한다.
③ 사회복지사와 사회복지사가 속한 기관을 의미한다.
④ 서비스나 도움을 필요로 하는 사람들을 의미한다.
⑤ 법원, 경찰 등에 의해 강제로 의뢰가 이루어진 사람들을 의미한다.

③ 변화매개체계: 도움을 주는 사람(사회복지사), 변화를 목적으로 고용되어 있는 사람, 고용하고 있는 기관 및 조직
① 행동체계 ② 표적체계 ④ 클라이언트체계 ⑤ 클라이언트체계

정답 ③

(14회 기출)

13) 콤튼과 갤러웨이(Compton & Galaway)의 사회복지실천 구성 체계 중 다음 사례에서 언급되지 않은 체계는?

> 정신보건사회복지사 A는 고등학생이 아들의 지속적인 음주문제를 도와달라는 어머니 B의 요청으로 그녀의 아들 C와 상담하였다. C는 학생으로서 자신의 음주 심각성을 인지하고 있지만 함께 어울리는 친구들의 압력을 거부할 수 없다고 하였다. 따라서 A는 학교사회복지사와 협력하여 C의 친구들을 함께 치료에 참여시키는 방안을 모색하고 있다.

① 행동체계   ② 변화매개체계   ③ 클라이언트체계
④ 표적체계   ⑤ 전문체계

해설

① 학교사회복지사, ② 정신건강사회복지사 A, ③ 어머니 B, ④ 아들 C, ⑤ 전문체계는 전문가 단체, 전문가를 육성하는 교육체계, 전문적 실천의 가치와 사회적 인가를 의미한다.

정답 ⑤

중요도 ★★★★   (13회 기출)

14) 생태체계 관점에 관한 설명으로 옳지 않은 것은?

① 맥락적 사고를 한다.
② 다체계적 접근을 한다.
③ 인간과 환경 간의 균형을 강조한다.
④ 사회구조 개선을 위한 개입방법을 제시한다.
⑤ 문제에 대한 포괄적인 이해의 틀을 제공한다.

해설

생태체계 관점은 이론에 개방적이므로 특정한 개입방법에 제한을 두지 않는다. 즉, 어떤 개입방법을 제시하지 않고 문제의 성격에 따라 개입방법을 다양하게 접근한다.

정답 ④

중요도 ★★★★   (13회 기출)

15) 체계이론의 주요 개념에 관한 설명으로 옳은 것은?

① 외부의 투입이 없으면 부적 엔트로피 또는 네겐트로피 상태가 된다.
② 항상성으로 인해 체계는 행동방식의 규칙성을 갖게 된다.
③ 산출은 체계의 변화방향을 설정하고 조정하는 핵심과정이다.
④ 다중종결은 동일한 목적을 달성하는 방법이 다양함을 의미한다.
⑤ 폐쇄체계는 체계의 정체성이 불분명하고 상호작용을 예측하기 어렵다.

항상성은 체계가 안정된 상태로 되돌아가려고 하는 경향을 의미한다. 항상성으로 인해 체계는 행동방식의 규칙성을 갖게 된다.

정답 ②

(13회 기출)

16) 상호작용 맥락을 이해하기 위한 PIE분류체계에 포함되지 않는 것은?

① 정신건강상 문제   ② 신체건강상 문제   ③ 사회기능상 문제

④ 가족구조상 문제   ⑤ 환경상 문제

가족구조상 문제는 PIE체계 요소에 포함되지 않는다.

정답 ④

(12회 기출)

17) 다음 내용에 적합한 실천 모델은?

> • 순환적 원인론 적용   • 환경 속의 인간 개념 활용
>
> • 공통의 문제해결 과정의 도출   • 서비스 분화 및 파편화 문제의 해결

① 통합적 모델   ② 해결중심모델   ③ 기능주의모델

④ 진단주의모델   ⑤ 인지행동모델

실천모델 중 통합적 모델 설명이다. 통합적 모델은 사회복지실천의 공통점을 묶어내고 생태체계적인 관점에 근거, CT에 대한 다양한 체계의 사정 및 접근을 통해 궁극적으로 기능향상을 돕는 원조 방법 중 하나이다.

정답 ①

(11회 기출)

18) 통합적 접근의 특성에 해당하는 것을 모두 고른 것은?

> ㄱ. 체계론적관점(systems perspective)
>
> ㄴ. 일반주의 접근(generalist approach)
>
> ㄷ. 다중체계 개입(multi-level intervention)
>
> ㄹ. 단선적 사고(linear thinking)

① ㄱ, ㄴ, ㄷ   ② ㄱ, ㄷ   ③ ㄴ, ㄹ   ④ ㄹ   ⑤ ㄱ, ㄴ, ㄷ, ㄹ

통합적 접근의 특징: 체계론적 관점, 일반주의 접근, 다중체계 개입, 생태계관점, 다양한 수준의 개입, 포괄적인 문제의 초점이론과 개입의 개방적 선택, 문제해결 과정, 순환적 인과성(=순환적 사고) 등이다. 통합적 접근의 특징은 단선적 사고가 아닌 순환적 사고라고 할 수 있다.

정답 ①

19) 펄만(Perlman)이 강조한 사회복지실천의 4가지 구성요소에 해당하지 않는 것은?

① 장소(Place) ② 사람(Person) ③ 문제(Problem)

④ 실천(Practice) ⑤ 과정(Process)

펄만의 4가지 구성요소는 장소(Place), 사람(Person), 문제(Problem), 과정(Process)이다.

정답 ④

20) 엔트로피(entropy)에 관한 설명으로 옳은 것은?

① 외부로부터 에너지 유입 없이 소멸되어 가는 상태

② 내부적으로 변화하면서 균형을 유지하려는 현상

③ 투입된 에너지를 적절하게 변형시켜 활용하는 과정

④ 시간이 경과함에 따라 반복적인 상호작용 유형이 형성되는 현상

⑤ 외부와 지속적으로 교류하는 체계 내에서 발생하는 스트레스 상태

엔트로피: 체계가 시간이 지남에 따라 에너지의 유입이 없어지면서 체계들의 분화가 적어지고 조직과 기능이 상실되거나 해체 되는 상태 혹은 경향을 말한다. 엔트로피는 폐쇄체계에서 나타난다.

정답 ①

21) 권한부여(empowerment)의 개념과 거리가 먼 것은?

① 클라이언트와의 협력 ② 다양한 계층에 대한 수용

③ 발전가능성에 대한 믿음 ④ 사회복지사의 주도적 개입

⑤ 독특성을 인정하는 개별화

클라이언트의 주도적 강점관점 관리, 권한부여 모델에서는 사회복지사와 클라이언트 간 협력과 파트너십, 소비자로서 능동적, 선택권을 부여받은 클라이언트로 보고 사회복지사의 주도적 개입은 옳지 않다.

역량강화모델(empowerment, 권한부여. 임파워먼트)
- 역량강화는 자신이 처한 상황을 스스로 개선하기 위한 행동을 취할 수 있도록 개인적, 대인관계적, 정치적 측면에서 힘을 키워 나가는 과정
- 역량강화는 CT가 자기 삶에 대한 결정과 행위에 있어 힘을 가질 수 있도록 원조하는 것
- 자신이 필요한 자원을 환경에서 얻을 수 있다는 것
- 자신이 삶의 주인이 되어 스스로 삶을 통제할 수 있도록 힘을 갖는 것

정답 ④

중요도 ★★★★   (10회 기출)

22) 콤튼과 갤러웨이(Compton & Galaway)가 분류한 실천체계를 모두 고른 것은?

ㄱ. 표적체계	ㄴ. 전문(가)체계
ㄷ. 변화매개체계	ㄹ. 옹호체계

① ㄱ, ㄴ, ㄷ   ② ㄱ, ㄷ   ③ ㄴ, ㄹ   ④ ㄹ   ⑤ ㄱ, ㄴ, ㄷ, ㄹ

콤튼과 갤러웨이는 6체계 모델을 제시하였는데 6체계는 클라이언트체계, 변화매개체계, 표적체계, 행동체계, 전문(가)체계, 의뢰 – 응답체계이다.

- 핀커스와 미나한의 4체계: 변화매개체계, 클라이언트체계, 표적체계, 행동체계
- 콤튼과 갤러웨이의 6체계: 4체계+전문체계, 의뢰−응답체계

정답 ①

중요도 ★★★   (10회 기출)

23) 통합적 접근방법의 등장 배경이 아닌 것은?

① 지나친 분화와 전문화로 인한 서비스의 파편화

② 사회복지 지식체계에 사회체계이론 도입

③ 자선조직협회 활동을 위한 표준화된 실천방법 필요

④ 클라이언트 문제는 여러 체계의 상호작용 결과라는 인식 확산

⑤ 다양한 실천방법의 공통요소는 '문제해결' 임을 발견

자선조직협회는 전문사회복지실천의 출현 시기인 19세기말에서 20세기 기초에 해당한다.
통합적 접근방법은 NASW가 1958년「사회사업 실천의 작업정리」보고서를 기점으로 한다.

정답 ③

중요도 ★★★

24) 통합적 접근방법에서 사회복지사가 직접 수행하지 않는 것은?

① 다양한 실천 모델의 적용

② 종합 심리검사의 실시 및 평가

③ 가족 특성 이해를 위한 가계도 작성

④ 클라이언트 주변체계의 자원 발굴 및 동원

⑤ 클라이언트 주변체계 이해를 위한 생태도 작성

해설

심리검사나 평가는 심리 상담 전문가가 실시하는 것으로 자료와 행동을 수량화하는데 유용한 방법이나 심리검사에 대한 이론적 기반 및 지식을 충분히 갖추어야 효과적으로 활용할 수 있다.

정답 ②

중요도 ★★★

25) 통합적 접근방법이 사회복지실천에 미친 영향이 아닌 것은?

① 전통적 실천방법을 해제하고 새로운 실천방법을 제시하였다.

② 사회복지 전문직의 정체성 확립에 기여하였다.

③ 사회복지실천을 구성하는 공통점이 도출하였다.

④ 클라이언트 욕구에 따른 맞춤형 원조가 가능하게 되었다.

⑤ 개인, 가족, 지역사회 등 다양한 체계에 대한 사정과 개입이 가능하게 되었다.

해설

통합적 접근의 등장배경은 실천현장에 다양한 욕구와 문제를 지닌 클라이언트에게 적절한 서비스를 제공하지 못할 정도로 지나치게 세분화되었으므로 실천 방법의 한계가 대두되었고 실천대상이나 문제별로 분화 및 전문화되어 있는 사회복지 공통기반을 정리한 것이다.

정답 ①

(17회 기출)
중요도 ★★★★★
01) 문화적 다양성과 사회복지실천에 관한 설명으로 옳은 것은?

① 다문화주의는 문화상대주의다.

② 다문화 사회복지실천에서 기술은 지식보다 중요하다.

③ 다문화주의는 사회통합을 위해 소수자의 동화를 유도한다.

④ 다문화 사회복지실천은 클라이언트의 차이점을 고려하지 않는 중립적 실천이다.

⑤ 사회복지사는 한국사회복지사 윤리강령에 명시된 다문화적 역량증진 의무를 준수해
  야 한다.

해설

문화적 상대주의는 모든 문화는 절대적으로 우월하거나 열등한 문화가 없으며 모두 상대적으로 고유한 가치를 지닌다는 것을 인정하는 관점이다.
정답 ①

(17회 기출)
중요도 ★★★★★
02) 다음 내용을 모두 충족하는 원조관계의 기본 요소는?

> • 사회복지사와 클라이언트의 책임감을 의미하는 것으로 관계의 목적을 이루기
>   위해 서로를 신뢰하고 일관된 태도를 유지함
> • 클라이언트는 문제와 상황에 솔직하게 말해야 하고, 사회복지사는 클라이언트
>   의 변화와 성장을 위해 노력해야 함

① 수용   ② 존중   ③ 일치성   ④ 헌신과 의무   ⑤ 권위와 권한

해설

헌신과 의무는 원조상황에 대한 책임감을 말한다. 클라이언트의 문제에 대해 사회복지사는 초점을 유지하는 것, 성장과 변화를 가져오는 관계를 유지하는 것을 말한다.
정답 ④

(17회 기출)
중요도 ★★★★★
03) 전문직 원조관계의 특성으로 옳은 것은?

① 사회복지사는 클라이언트에 비해 우월적 지위에 있다.

② 클라이언트에게 도움을 주기 위해 정해진 기간 동안 관계를 맺는다.

③ 사회복지사의 욕구에 부응하기 위해 상호 만족스러운 관계를 형성한다.

④ 관계의 전반적인 과정에 대해 사회복지사와 클라이언트가 공동으로 책임진다.

⑤ 전문적 관계를 통해 사회복지사는 클라이언트의 감정과 행동의 변화를 통제한다.

> **해설**
>
> 전문적 관계는 목적이 달성되거나 클라이언트의 동기, 능력, 원조자의 자원이 허용하는 한도에 도달하면 종결된다(시간제한적).
>
> 정답 ②

중요도 ★★★★★   (17회 기출)

04) 전문적 관계 기본 원칙 중 다음 내용 모두에 해당되는 것은?

> • 문제의 해결자가 사회복지사가 아닌 클라이언트임을 강조함
> • 법률에 따라 제한되는 경우를 제외하고 최대한 존중되어야 함
> • 사회복지사가 문제해결을 위해 다양한 대안을 알고 있어야 함

① 수용   ② 비밀보장   ③ 비심판적 태도
④ 통제된 정서적 관여   ⑤ 클라이언트의 자기결정권

> **해설**
>
> ⑤ 클라이언트의 자기결정권에 대한 설명이다. 사회복지실천 과정에서 스스로 선택하고 결정할 자유에 대한 클라이언트의 권리와 욕구를 인정하여 클라이언트가 모든 의사결정 과정에 참여하여 스스로 선책하고 결정하는 자유를 누리게 하는 것이다. 사회복지사는 문제해결을 위해 다양한 대안을 알고 있어야 한다.
>
> 정답 ⑤

중요도 ★★★★★   (16회 기출)

05) 전문적 관계의 기본 요소 중 자기 인식을 바탕으로 사회복지사의 감정과 반응을 있는 그대로 클라이언트에게 전달하는 능력은?

① 구체성   ② 공감   ③ 진실성
④ 헌신   ⑤ 민감성

> **해설**
>
> 전문적 관계 형성을 위해 사회복지사는 많은 능력을 필요로 한다. 진실성은 사회복지사가 자신의 진실 된 반응을 신뢰하고 그런 감정이나 반응을 있는 그대로 클라이언트에게 전달하는 능력이다.
>
> 정답 ③

중요도 ★★★★★

06) 사회복지사의 다문화 역량을 높이기 위한 활동으로 옳지 않은 것은?

① 소수인종에 대한 선입관이나 편견을 탐색한다.

② 사회적 차별에 맞서는 단체들의 활동을 분석한다.

③ 사회복지 전문직의 윤리적 행동지침을 이해한다.

④ 문화적 특성을 이해하기 위해 다양한 문화를 경험한다.

⑤ 동화의 중요성을 강조하는 문화상대주의에 대해 학습한다.

해설

• 다문화란 소수민족, 이민자 집단, 소수문화 집단의 정체성이 공존하는 것이다.
• 문화적 상대주의는 모든 문화는 절대적으로 우월하거나 열등한 문화가 없으며 모두 상대적으로 고유한 가치를 지닌다는 것을 인정하는 관점이다. 따라서 동화가 아닌 통합의 중요성을 강조하기 위해 문화상대주의에 대해 학습한다.

정답 ⑤

중요도 ★★★★★

07) 비스텍(F. Biesteck)의 관계의 원칙에 관한 설명으로 옳은 것은?

① 의도적 감정표현이란 클라이언트와의 라포 형성을 위해 사회복지사의 감정을 주의 깊게 표현하는 것이다.

② 수용이란 클라이언트의 행동변화를 위해 바람직한 가치를 받아들이도록 격려하는 것을 의미한다.

③ 개별화란 클라이언트가 속한 집단적 특성을 탐색하는 과정을 포함한다.

④ 비심판적 태도란 클라이언트의 자기결정능력이 부족한 경우에 판단을 유보하는 것이다.

⑤ 통제된 정서적 관여란 클라이언트가 자기이해를 통해 부정적 감정에 직면하도록 강화할 때 필요하다.

해설

개별화 원칙을 적용하기 위해 사회복지사는 특정 클라이언트 집단에 대한 편견과 선입견에서 벗어나야 한다. 클라이언트를 집단에 속한 사람으로 일반화하거나 범주화하지 않는다는 것인데, 클라이언트가 속한 집단적 특성을 탐색하여 정확하게 집단의 특성을 알아야 한다. 편견과 선입견으로 인해 클라이언트의 문제, 경험, 사고, 행동들에 대해 속단하게 되고 그들의 존엄성을 존중하지 않게 되어 객관적 시각을 잃게 된다.

정답 ③

중요도 ★★★★★

08) 실천관계의 기본 원칙과 그 예의 연결로 옳지 않은 것은?

① 수용 – 학교폭력 가해자의 행동에 대해 그 상황과 감정을 이해함

② 자기결정 – 학생의 자퇴 결정을 존중함

③ 개별화 – 따돌림 방지를 위해 다문화가정 학생의 사고방식과 생활유형을 개별적으로 조정함

④ 통제된 정서적 관여 – 피해학생의 분노와 공포감을 민감하게 이해하고 적절하게 반응함

⑤ 비밀보장 – 학생의 뜻에 따라 부모의 이혼사실을 교사에게 알리지 않음

해설

개별화 원조과정에서 클라이언트마다 개별적인 독특한 특성이 있다는 것을 이해하여 다른 사람과 동일하게 취급하고 적용하는 것이 아니다. 개별 클라이언트를 원조하는 내용과 방법을 차별적으로 사용하는 것이다. 개별화는 다문화가정 학생의 사고방식과 생활유형을 존중하고 아무런 편견 없이 학생의 문제를 돕는 것이다.

정답 ③

중요도 ★★★★   (15회 기출)

09) 전문적 원조관계의 기본 요소인 사회복지사의 문화적 민감성 관련 내용으로 옳은 것은?

① 문화적 다양성과 유사성을 인지하고 선호나 옳고 그름의 가치를 부여

② 자신의 문화를 중심에 두면서 타 문화를 이해하기 위해 의사소통

③ 출신국가, 피부색 간에 존재하는 권력적 위계관계 무시

④ 자신의 문화에 대한 인식에 기초하여 다문화 배경 클라이언트의 상황을 규정

⑤ 다문화 생활경험과 가치에 맞는 개입전략 개발

해설

⑤ 클라이언트는 다양한 문화에서 다양한 생활방식으로 생활해 왔다. 따라서 집단 내의 다양한 문화 속에서 그 차이점과 유사점을 인식하는 능력으로 다문화 경험과 가치에 맞는 개입전략을 개발하는 것은 민감성 관련 내용으로 옳다.

정답 ⑤

중요도 ★★★★   (15회 기출)

10) 바람직한 원조관계 형성에 방해가 되는 사회복지사의 행동은?

① 상황에 적절한 옷을 갖추어 입음

② 클라이언트의 비언어적 행동을 민감하게 관찰함

③ 클라이언트를 감동시키려고 노력함

④ 전문적 관계와 사적 관계의 경계를 분명히 함

⑤ 자신의 편견과 선입견을 인지함

진실성을 가지고 대하는 것은 필요하지만 클라이언트를 감동시키기 위한 태도는 오히려 클라이언트가 사회복지사에 대해 신뢰를 느끼지 못하게 할 수 있기 때문에 바람직하지 않다.   정답 ③

    (14회 기출)

11) 비스텍(F. Biesteck)이 제시한 '의도적인 감정표현'에 관한 설명으로 옳은 것은?

① 클라이언트의 가치관이나 특성을 심판하거나 비난하지 않는 것이다.

② 클라이언트가 스스로 선택하고 결정하도록 돕는 것이다.

③ 클라이언트의 감정에 민감성과 이해로 반응하는 것이다.

④ 클라이언트가 자신이 비난받게 될지 모르는 감정을 자유롭게 표현하도록 돕는 것이다.

⑤ 클라이언트를 개별적인 욕구를 지닌 존재로 이해하는 것이다.

자신의 감정을 표현하고 싶은 클라이언트의 욕구를 인식하여 클라이언트가 자신의 감정을 자유롭게 표현하도록 도와주는 것, 즉 부정적 감정이라도 비난이나 비판의 두려움 없이 자유롭게 표현하도록 해 주는 것이다.   정답 ④

    (14회 기출)

12) 클라이언트가 과거에 타인과의 관계에서 경험하였던 소망이나 두려움 등의 감정을 사회복지사에게 보이는 반응은?

① 불신   ② 양가감정   ③ 비자발성   ④ 전이   ⑤ 망상

전이는 정신분석이론에서 나온 개념으로, 클라이언트나 환자가 과거에 부모나 가족원 등 의미 있는 타인에게 경험했던 감정, 욕망, 기대 등을 사회복지사 혹은 치료자에게 나타내는 것이다.   정답 ④

    (13회 기출)

13) 비스텍(F. Biestek)이 제시한 관계의 기본 원칙과 설명이 옳게 연결된 것은?

① 개별화 – 편견이나 고정관념 없이 클라이언트 개인의 경험을 존중하는 것이다.

② 비심판적 태도 – 문제의 원인과 상황을 객관적으로 판단하지 않는 것이다.

③ 자기결정 – 클라이언트의 상황에 관계없이 모든 클라이언트의 선택권을 보장하는 것이다.

④ 의도적 감정표현 – 사회복지사 자신의 감정을 적극적으로 드러내는 것이다.

⑤ 통제된 정서적 관여 – 내적 통찰을 위해 클라이언트 자신의 감정 표현을 억제하도록 돕는 것이다.

모든 클라이언트는 다른 사람과 다르며 개별화는 클라이언트의 고유한 특성을 인정하고 이해하여 실천 원리와 방법을 차별적으로 사용하는 것이다. 편견이나 고정관념 없이 클라이언트 개인의 경험을 존중하는 것은 개별화 원칙이다.

정답 ①

중요도 ★★★★　　　　　　　　　　　　　　　　　　　　　　　　　　　　　　(12회 기출)

14) 클라이언트와의 전문적 관계에서 사회복지사의 진실성 증진을 위한 노력으로 옳지 않은 것은?

① 올바른 자기인식

② 자신의 감정에 대한 정직성

③ 타인에 대한 관심과 수용의 내면화

④ 문제해결을 위해 클라이언트와 연합

⑤ 말과 행동의 일치

사회복지사의 진실성은 클라이언트와의 관계에서 신중하고 진실하게 말하고 행동해야 하며 그 말과 행동한다는 것이다. 문제해결을 위해 특정 성원을 배제하고 다른 클라이언트와 연합하는 것은 진실성 증진을 위한 노력은 아니다.

정답 ④

중요도 ★★★　　　　　　　　　　　　　　　　　　　　　　　　　　　　　　(12회 기출)

15) 비밀보장의 예외에 해당되는 것을 모두 고른 것은?

> ㄱ. 법정으로부터 클라이언트의 정보공개명령을 받았을 때
> ㄴ. 클라이언트의 치료를 위해 전문가 회의를 할 때
> ㄷ. 클라이언트 자신이나 상대방의 생명에 위협이 될 때
> ㄹ. 제3자로부터 클라이언트에 관한 정보를 제공받았을 때

① ㄱ, ㄴ, ㄷ　　　　　　　② ㄱ, ㄷ　　　　　　　③ ㄴ, ㄹ

④ ㄹ　　　　　　　　　　⑤ ㄱ, ㄴ, ㄷ, ㄹ

비밀보장의 원칙이 제한되는 경우는 법정으로부터 CT정보공개명령, 비밀유지가 클라이언트나 타인의 생명을 위협하는 위기상황으로 생명보호가 우선일 경우, 슈퍼비전 등 클라이언트의 문제를 해결하기 위한 전문가 회의에서 정보를 공유해야 할 경우 등이다.

정답 ①

중요도 ★★★★

16) 관계의 기본원칙과 그 예로 적절하지 않은 것은?

① 개별화 – 동성애 집단에 대한 편견과 선입관에서 벗어나야 한다.

② 의도적 감정표현 – 클라이언트가 가지고 있는 죄책감을 표현할 수 있도록 격려한다.

③ 수용 – 클라이언트의 약물중독 태도나 행동을 허용한다.

④ 통제된 정서적 관여 – 학대부모를 비난하는 클라이언트의 감정에 과도하게 반응하지 않는다.

⑤ 비심판적 태도 – 가족과의 동반자살을 시도했다가 실패한 클라이언트를 비난하지 않는다.

해설

수용은 클라이언트를 있는 그대로 인정하고 받아들이는 것을 말한다. 수용한다고 클라이언트의 일탈태도나 행동을 허용한다는 것은 아니다. 사회복지사는 윤리와 법 전문적 가치에 의거하여 바람직한 것과 수용할 수 있는 것에 대한 기준을 가져야 한다.

정답 ③

중요도 ★★★

17) 사회복지사의 자기노출(self–disclo–sure) 시 적절하지 않은 것은?

① 자기노출의 내용과 감정이 일치해야 한다.

② 지나치게 솔직한 자기노출은 자제해야 한다.

③ 자기노출은 비윤리적이므로 피해야 한다.

④ 클라이언트의 반응에 따라 자기노출의 양과 형태를 조절해야 한다.

⑤ 자기노출의 긍정적 면과 부정적 면을 균형 있게 사용해야 한다.

해설

사회복지사의 자기노출(=자기개방)은 사회복지사가 자기 자신의 정보를 의도적이고 의식적으로 공개하는 것이다. 자기노출을 적절하게 사용하면 클라이언트와의 관계 형성에 도움이 될 수 있지만 사회복지사의 자기노출은 사적인 대화 내지 역 감정 전이가 유발 될 수 있으므로 주의해야 한다.

정답 ③

중요도 ★★★

18) 십대 미혼모 상담 시 사회복지사가 고려해야 할 전문적 관계 요소를 모두 고른 것은?

ㄱ. 권위와 권한	ㄴ. 헌신과 의무
ㄷ. 타인에 대한 관심	ㄹ. 진실성과 일치성

① ㄱ, ㄴ, ㄷ   ② ㄱ, ㄷ   ③ ㄴ, ㄹ   ④ ㄹ   ⑤ ㄱ, ㄴ, ㄷ, ㄹ

전문적 관계 형성을 위해 필요한 요소는 클라이언트에 대한 관심과 헌신과 의무, 권위와 권한, 진실성과 일치성, 수용, 권위와 권한, 감정이입, 민감성, 사회복지사의 자기개방, 사회복지사의 자아인식, 직면, 공감 등이다. 　　　　정답 ⑤

중요도 ★★★★★　　　　　　　　　　　　　　　　　　　　　　　　　　　(10회 기출)

19) 다음 사례에서 사회복지사가 고수해야 할 전문적 관계의 원칙을 모두 고른 것은?

> 반항적인 행동과 거친 말을 일삼는 비행청소년 P양은 사회복지사를 찾아와, 성폭력으로 심한 정신적 고통에 시달려 자살하고 싶다고 말했다. P양은 이 모든 일들을 누구에게도 알리지 말아 달라고 부탁하며 도움을 요청하였다.
>
> ㄱ. 수용　　　　　ㄴ. 비심판적 태도　　　　　ㄷ. 개별화　　　　　ㄹ. 비밀보장

① ㄱ, ㄴ, ㄷ　　　② ㄱ, ㄷ　　　③ ㄴ, ㄹ　　　④ ㄹ　　　⑤ ㄱ, ㄴ, ㄷ, ㄹ

ㄱ, 반항적인 행동과 거친 말을 일삼는 P를 있는 그대로 인정하고 존중하는 것은 수용이다.
ㄴ, P가 문제행동을 일으켰다. 하더라도 문제의 원인이나 책임을 심판하지 않는 것은 비심판적 태도이다.
ㄷ, 반항적인 행동과 거친 말을 일삼는 P를 '비행청소년'으로 범주화하지 않고 개인으로 대하는 것은 개별화의 원칙이다.

ㄹ, 성폭력과 자살충동은 비밀보장의 한계상황이나 생명보호가 우선되므로 비밀보장은 보장하기 어렵다.
　　　　정답 ①

중요도 ★★★　　　　　　　　　　　　　　　　　　　　　　　　　　　　(9회 기출)

20) 전문원조관계의 기본원칙에 부합하는 사회복지사의 행동은?

① 피어싱을 한 청소년에게 불량스럽게 보인다고 지적한다.
② 상담 중에 절망감을 표현하는 클라이언트에게 삼가하도록 한다.
③ 입소 중인 10대 미혼모의 핸드폰을 보관하여 불필요한 사용을 막는다.
④ 이혼한 여성 클라이언트와 함께 전 남편의 부도덕한 행동을 비난한다.
⑤ 이성문제로 고민하는 노인이 원하지 않을 경우 그 자녀들에게 알리지 않는다.

전문적 관계에서 알게 된 클라이언트에 관한 정보를 지켜주는 것은 비밀보장의 원칙이다.
비밀보장은 사회복지사의 윤리적 의무이며 효과적인 사회복지서비스를 위하여 필요하다.
　　　　정답 ⑤

중요도 ★★★   (17회 기출)

01) 다음 사례에서 사회복지사가 진행한 면접의 유형은?

> 학대의심 사례를 의뢰받은 노인보호전문기관의 사회복지사는 어르신을 만나 학대
> 의 내용과 정도를 파악하고 어르신의 정서 상태와 욕구를 확인하는 면접을 진행하
> 였다.

① 평가면접   ② 치료면접   ③ 정보수집면접
④ 계획수립면접   ⑤ 정서지원면접

해설

정보수집면접이다.
정보수집을 위한 면접의 목적은 클라이언트와 그의 상황을 이해하는 데 필요한 정보를 수집하는 것이다.

정답 ③

중요도 ★★★★   (17회 기출)

02) 다음에서 설명하는 면접기술은?

> • 클라이언트가 보여준 언행들의 의미와 관계에 대한 가설을 제시함
> • 클라이언트가 자신의 행동, 감정, 생각을 새로운 시각으로 볼 수 있게 함

① 해석   ② 요약   ③ 직면   ④ 관찰   ⑤ 초점화

해설

행동 저변의 단서를 발견하고 결정적 요인을 찾도록 돕는 기술은 해석기술이다.

정답 ①

중요도 ★★★   (16회 기출)

03) 사회복지사가 면접기술을 활용할 때 주의할 점으로 옳은 것은?

① 클라이언트로부터 사적 질문을 받을 경우 간단히 답하고 초점을 다시 돌리는 것이
  좋다.

② 한 번에 다양한 정보를 얻기 위해서는 중첩형 질문을 적극적으로 활용해야 한다.

③ 클라이언트의 침묵은 저항이므로 힘들더라도 대화를 지속하도록 촉구해야 한다.

④ 클라이언트가 받아들이기 어려운 경우에도 자기탐색을 위해 해석을 반복한다.

⑤ 바람직한 결정을 이끌어내기 위해 원하는 방향으로 유도질문을 하는 것이 중요하다.

해설

클라이언트로부터 사적 질문을 받을 경우 일상적인 맥락의 질문이나 사회적 수용 가능한 질문 일 경우 솔직하고 간결하게 대답하고 초점을 다시 돌리는 것이 좋다.

정답 ①

(16회 기출)

중요도 ★★★★

04) 사정을 위한 면접의 기능에 해당하지 않는 것은?

① 문제 상황에 대한 이해

② 클라이언트의 강점 파악

③ 문제해결과정의 장애물 탐색

④ 클라이언트의 욕구 우선순위 설정

⑤ 클라이언트 환경의 변화 촉진

해설

클라이언트 환경의 변화를 촉진하는 것은 치료적 면담 중 환경변화를 목적으로 하는 개입단계이며 주로 간접 개입 활동에 해당된다.

정답 ⑤

(15회 기출)

중요도 ★★★★

05) 직면(confrontation) 기법에 관한 설명으로 옳지 않은 것은?

① 클라이언트의 말과 행동 간에 모순이 있으나 클라이언트가 이를 부인하고 인정하기를 거부하는 경우에 사용될 수 있다.

② 클라이언트가 극심한 정서적 긴장 상태에 있을 때는 사용하지 않는 것이 좋다.

③ 클라이언트에게 방어적 반응을 불러일으킬 수 있다.

④ 클라이언트가 자신의 결정이나 행동이 실제로 합리적임에도 이에 대한 확신을 갖지 못하고 주저할 때 사용된다.

⑤ 클라이언트와의 신뢰관계가 충분히 형성된 뒤에 사용하는 것이 유용하다.

해설

클라이언트가 자신의 결정이나 행동이 실제로 합리적임에도 이에 대한 확신을 갖지 못하고 주저할 때 사용하는 것은 재보증(안심) 기법이다.

정답 ④

06) 면접과정에서의 질문으로 적절한 것을 모두 고른 것은?

중요도 ★★

> ㄱ. 부인은 남편의 행동에 대해 어떻게 대응하셨나요?
>
> ㄴ. 그 민감한 상황에서 왜 그런 말을 하셨지요?
>
> ㄷ. 이번처럼 갈등이 심각한 적은 몇 번 정도 되나요?
>
> ㄹ. 그때 아내의 반응은 어땠나요? 죄책감이 들지는 않았나요?

① ㄹ   ② ㄱ, ㄷ   ③ ㄴ, ㄹ

④ ㄱ, ㄴ, ㄷ   ⑤ ㄱ, ㄴ, ㄷ, ㄹ

해설

ㄱ과 ㄷ은 클라이언트의 대처 방식과 문제의 발생 빈도 등을 질문하는 것으로 적절하다.
ㄴ '왜'라는 질문으로 피해야 할 질문이다.
ㄹ 복합적 질문으로 피해야 할 질문이다.

정답 ②

중요도 ★★★★

07) 개입의 기법과 그에 관한 설명으로 옳은 것은?

① 타임아웃(time-out): 남에게 말하지 못한 문제를 클라이언트가 표현할 수 있도록 도와주는 기법이다.

② 환기(ventilation): 클라이언트가 자신의 문제를 보증하거나 합리화하여 변화를 거부할 때 사용하는 기법이다.

③ 재보증(reassurance): 사회복지사가 신뢰를 표현함으로써 클라이언트의 자신감을 향상시키는 기법이다.

④ 격려(encouragement): 클라이언트의 사고, 감정, 행동을 현재의 사건과 연결하여 명료화하는 기법이다.

⑤ 초점화(focusing): 클라이언트가 겪는 일이 자신만이 가지고 있는 문제가 아니라는 것을 인식하게 하는 기법이다.

해설

사회복지사가 클라이언트의 능력에 대해 신뢰를 표현하여 클라이언트의 불안과 불확실성을 제거하고 위안을 주는 기술은 재보증이다. 합리적인 생각과 결정에 대해 클라이언트가 의구심을 갖거나 자신 없어 할 때 사용하는 기술이다.

정답 ③

08) 사회복지면담에 관한 설명으로 옳지 않은 것은?

① 사회복지사에 관한 사적인 질문은 가능한 한 간결하게 답하고, 초점을 다시 클라이 언트에게로 돌린다.

② 클라이언트와의 신뢰관계가 충분히 형성된 후에 해석기술을 활용한다.

③ 클라이언트의 표현이 모호할 때는 오해를 최소화하기 위해 구체적 표현을 요청한다.

④ 클라이언트가 지나치게 말을 많이 하는 경우, 폐쇄형 질문만을 사용하여 초점을 모 으는 것이 필요하다.

⑤ 클라이언트의 비언어적 표현을 관찰할 때는 신중해야 한다.

해설

초점화 기술에 대한 설명이다. 클라이언트가 지나치게 말을 많이 하는 경우라고 하더라도 폐쇄형 질문만 사용함은 옳지 않다. 환 기를 시킬 수 있는 질문으로는 개방형 질문 중 구조화된 질문으로 주제를 제한하여 초점을 모아야 한다.   정답 ④

09) 문제상황에 대한 클라이언트의 관점을 변화시키기 위해 클라이언트가 부여하는 의미 를 수정하는 의사소통기법은?

① 환기(ventilation)   ② 재명명(reframing)   ③ 직명(confrontation)

④ 재보증(reassurance)   ⑤ 정보제공(informing)

해설

문제를 새로운 방식으로 이해하도록 돕는 것을 재명명이라 하며 재구조화, 재구성 혹은 재규정이라고도 한다.   정답 ②

10) 면접의 구조적 조건에 관한 설명으로 옳지 않은 것은?

① 클라이언트와의 거리는 가까울수록 효과적이다.

② 물리적인 환경이 열악한 경우 이에 대해 설명한다.

③ 클라이언트의 특성이나 사정에 따라 면접 장소는 유동적으로 정한다.

④ 클라이언트의 주의 집중 능력이나 의사소통 능력에 따라 면접시간을 조절한다.

⑤ 클라이언트의 긴장을 완화시키고 집중도를 높일 수 있는 편안한 의자를 제공한다.

해설

면접 시 앉아 있는 거리는 너무 멀면 사소한 변화를 잘 못보고 너무 가까워도 좋지 않다.

정답 ①

`중요도 ★★★`

11) 다음 설명에 해당되는 개입기술은?

> 합리적인 생각과 결정에 대해 클라이언트가 의구심을 갖거나 자신 없어 할 때 사용하는 기법

① 재보증   ② 재명명   ③ 수용   ④ 환기   ⑤ 일반화

`해설`

재보증은 클라이언트의 능력에 대해 사회복지사가 신뢰를 표현함으로써 클라이언트의 불안과 불확실성을 제거하고 위안을 주는 것은 재보증이다. 클라이언트를 안심시키는 것으로 사실상은 합리적이고 현실적인 생각과 결정에 대해 클라이언트가 의구심을 가지고 있을 때 사용한다.

정답 ①

`중요도 ★★`

12) 사회복지실천에서 면접의 특성을 모두 고른 것은?

> ㄱ. 개입목적에 따라 의사소통 내용이 제한됨
> ㄴ. 필요에 따라 여러 장소에서 수행됨
> ㄷ. 기관의 상황적 특성과 맥락에서 이뤄짐
> ㄹ. 특정한 역할 관계가 있음

① ㄱ, ㄴ, ㄷ   ② ㄱ, ㄷ   ③ ㄴ, ㄹ
④ ㄹ   ⑤ ㄱ, ㄴ, ㄷ, ㄹ

`해설`

면접은 의도적으로 이루어지는 목적 지향적 과정이며, 의사소통은 개입목적에 따라 제한된다. 면접장소는 선호와 특성에 따라 달라짐 면접내용은 맥락에 한정되어 있고, 특정한 역할에 따라 상호작용한다.

정답 ⑤

`중요도 ★★★★`

13) 면접 과정에서 바람직한 질문은?

① 그 친구를 따돌리고 싶은 생각이 애초부터 마음속에서 서서히 일어나고 있었던 거죠?
② 아들이 집 밖으로 나가지 않겠다고 약속했는데도 불구하고, 아들을 방에 가둔 이유가 뭐죠?
③ 지난 세월 동안 남편의 폭력에서 어떻게 대처해 오셨죠?

④ 다른 약속이 없었음에도 불구하고, 직업훈련에 빠진 것은 그냥 귀찮았기 때문인가요?

⑤ 의사는 뭐라고 그러던가요? 아들은 왜 때렸으며 그때 누가 같이 있었죠?

해설

클라이언트가 절망적 상황에서도 잘 견디고 위기에서 살아남기 위해 대처해 온 방법을 파악, 그것을 인식하고 강화, 확대하기 위해 활용하는 것(대처질문)이다. 따라서 단답형이나 유도형 질문이나 예, 아니오 질문보다 개방적 질문을 하는 것이 바람직하다.

정답 ③

중요도 ★★★ (11회 기출)

14) 아들의 과잉행동이 심각하다고 얘기하는 클라이언트에게 "아들이 활동적이네요"라고 얘기하여 부정적 문제에 긍정적 의미를 부여하는 면담기법은?

① 재보증(reassurance)　　　　　　② 직면(confrontation)

③ 환기(ventilation)　　　　　　　④ 초점화(focusing)

⑤ 재명명(reframing)

해설

어떤 문제에 대해 클라이언트가 부여하는 의미를 수정해줌으로써 클라이언트의 시각을 긍정적인 방향으로 변화시키는 기법은 재명명이다.

보충노트

• 재보증: 능력이나 자질에 대해 사회복지사가 신뢰를 표현함으로써 불안과 불확실성을 제거하고 위안을 주는 것을 말함
• 직면: 말과 행위 사이의 불일치, 표현한 가치와 실행 사이의 모순을 클라이언트 자신이 주목할 수 있게 해주는 기술
• 환기법: 문제 또는 상황과 관련된 감정(분노, 증오, 슬픔, 죄의식, 불안 등)을 표출하도록 하여 감정의 강도를 약화시키거나 해소시키는 기법
• 초점화: 자기 문제를 언어로 표현할 때 산만한 것을 점검해주고 말 속에 숨겨진 선입견, 가정, 혼란을 드러내어 자신의 사고과정을 명확히 볼 수 있도록 해줌. 제한된 시간 내에 최대의 효과를 추구해야 하는 전문적 관계에서 불필요한 방황과 시간낭비를 막아주는 효과가 있음

정답 ⑤

중요도 ★★★ (11회 기출)

15) 면담의 유형 중 가정폭력 피해여성의 자존감 향상을 목적으로 심리적 지지를 제공하는 것은?

① 관찰 면담　　　　② 치료 면담　　　　③ 진단 면담

④ 사정 면담　　　　⑤ 정보수집 면담

해설

CT의 자신감, 자기 효율성 강화, 문제해결능력 증가 목적은 치료 면담이다.

정답 ②

중요도 ★★

16) 면담기술에 관한 설명으로 옳지 않은 것은?

① 초점제공기술 – 클라이언트의 행동 저변의 단서를 발견하고 결정적 요인을 찾도록 돕는 기술

② 표현촉진기술 – 클라이언트의 정보노출을 위하여 말을 계속하도록 하는 기술

③ 직면기술 – 클라이언트의 감정, 사고, 행동의 모순을 깨닫도록 하는 기술

④ 경청기술 – 클라이언트의 감정과 사고가 어떤 것인지 이해하며 파악하고 듣는 기술

⑤ 관찰기술 – 클라이언트가 말하고 행동하는 것에 주의를 기울이는 기술

해설

초점제공기술은 전문적 관계에서 제한된 시간에 최대한의 효과를 봐야 하는 불필요한 방향과 시간 낭비를 막아주는 방법이다.

정답 ①

중요도 ★★★

17) 라포(rapport)를 형성하는 기술을 모두 고른 것은?

> 가. 클라이언트의 감정을 충분히 이해하고 있다는 것을 언어적 · 비언어적으로 전달한다.
> 나. 부정적인 감정표출이 도움이 되지 않는다는 사실을 인식시킨다.
> 다. 진실성을 가지고 클라이언트를 대한다.
> 라. 클라이언트가 침묵하는 경우 즉시 이유를 묻는다.

① 가, 나, 다   ② 가, 다   ③ 나, 라

④ 라   ⑤ 가, 나, 다, 라

해설

나. 의도적 감정 표현에 위배

라. 침묵에 대한 탐색–짧은 침묵은 정중히 대응, 긴 침묵은 탐색해 본다.

클라이언트가 편안하게 감정을 충분히 이해하고 있다는 것을 언어와 비언어적으로 전달하고 진실성을 가지고 클라이언트를 대한다.

정답 ②

중요도 ★★★★

18) 면접 중 침묵을 다루는 사회복지사의 태도로 적절하지 않은 것은?

① 침묵하는 이유를 파악한다.　　　② 침묵을 기다리는 배려가 필요하다.

③ 침묵의 이유를 알 때까지 질문한다.　④ 침묵은 저항의 유형으로 볼 수 있다.

⑤ 침묵이 계속되면 면접을 중단할 수 있다.

해설

침묵의 이유를 알 때까지 질문하는 것은 적절히 않다.

때때로 침묵의 의미를 밝히는 것이 중요하며, 짧은 침묵은 정중하게 대응하고, 장시간 침묵이나 주제를 회피하는 것은 저항이다.

침묵이 계속되면 면접을 중단하고 침묵을 탐색해야 된다.

정답 ③

중요도 ★★★　　　　　　　　　　　　　　　　　　　　(10회 기출)

19) 면접에 관한 설명으로 옳은 것은?

① 클라이언트가 상반된 이야기를 하더라도 관계형성을 위해 그대로 진행한다.

② 초기 면접에서 클라이언트가 불안해하면 안심시키는 것이 필요하다.

③ 사회복지사는 클라이언트의 호기심 해소에 초점을 맞추어 면접을 진행한다.

④ 사회복지사의 관심을 끌기 위한 질문은 관계형성에 도움이 되므로 계속 응대한다.

⑤ 클라이언트가 하고 싶어 하는 이야기는 시간에 관계없이 경청한다.

해설

면접 초기 클라이언트는 변화에 대한 양가감정과 저항감 등으로 불안을 느낄 수 있다. 클라이언트가 불안해하면 사회복지사는 재보증이나 격려하기 등 지지기법으로 안심시키는 것이 필요하다.

정답 ②

중요도 ★★★　　　　　　　　　　　　　　　　　　　　(9회 기출)

20) 면접에 진행 시 사회복지사의 과업이 아닌 것은?

① 안정된 면접을 위한 분위기 조성

② 효과적인 개입을 위한 면접의 구성

③ 의미 있는 상호작용을 통한 면접의 촉진

④ 클라이언트의 요청에 대한 무조건적 수용

⑤ 클라이언트의 문제에 대한 적절한 논의 진행

해설

면접의 목적은 클라이언트의 문제해결을 위한 정보를 얻는 것뿐만 아니라 면접을 통해 도움을 주는 것이다.

정답 ④

(17회 기출)

중요도 ★★★

01) 문제와 욕구를 확인하여 기관의 정책과 서비스에 부합하는지 판단하는 사회복지실천의 과정은?

① 접수　　　　② 사정　　　　③ 평가　　　　④ 자료수집　　　　⑤ 목표설정

해설

사회복지사가 도움을 요청한 사람의 문제와 욕구를 확인하여 그것이 해당기관의 정책과 서비스에 부합하는지를 판단하는 과정은 접수단계이다. 접수단계의 과제로는 문제확인, 의뢰여부결정, 관계형성(라포형성)-양가감정수용과 저항감해소, 동기화 등이다.

정답 ①

(17회 기출)

중요도 ★★★★

02) 의뢰에 관한 설명으로 옳은 것을 모두 고른 것은?

> ㄱ. 클라이언트가 거부감을 느끼지 않도록 정서적으로 지지함
> ㄴ. 의뢰하는 기관과 서비스의 정보를 클라이언트에게 제공함
> ㄷ. 반드시 클라이언트의 동의가 필요한 것은 아님
> ㄹ. 의뢰된 기관에서 클라이언트가 서비스를 적절히 받는지 확인함

① ㄱ, ㄴ　　　② ㄱ, ㄷ　　　③ ㄱ, ㄴ, ㄹ　　　④ ㄴ, ㄷ, ㄹ　　　⑤ ㄱ, ㄴ, ㄷ, ㄹ

해설

의뢰란 잠재적 클라이언트가 원하는 서비스를 해당기관에서 제공할 수 없을 때, 서비스를 받도록 다른 기관을 소개하고 연결해주는 일, 항상 클라이언트의 동의를 얻은 후 의뢰를 결정해야 한다.

정답 ③

(17회 기출)

중요도 ★★★★★

03) 사정단계에서 클라이언트가 제시한 '남편의 일중독' 문제를 '자신의 남편에게 중요한 존재임을 느끼고 싶어 하는 욕구'로 바꾸어 진술하는 것은?

① 문제발견　　　② 문제형성　　　③ 정보발견　　　④ 자료수집　　　⑤ 목표설정

해설

문제형성은 문제규정 또는 문제정의라고 한다. 수집한 정보들을 분석하여 사회복지사가 전문적인 시각에서 문제를 판단하는 과정

이다. '충족되지 못한 욕구가 무엇인가?' 라는 질문을 하는 것이 중요하다. 클라이언트가 제시한 문제를 '충족되지 못한 욕구' 로 바꾸어 재진술하는 것이다.

정답 ②

중요도 ★★★★★ (17회 기출)

04) 가계도에 관한 설명으로 옳지 않은 것은?

① 가족과 환경의 상호작용을 볼 수 있다.
② 가족의 구조적 및 관계적 측면을 볼 수 있다.
③ 여러 세대의 가족에 대한 정보를 얻을 수 있다.
④ 가족의 문제를 체계적으로 이해할 수 있게 한다.
⑤ 세대 간 반복되는 관계유형을 찾고 통찰력을 갖게 한다.

해설

가족과 환경의 상호작용을 볼 수 있는 것은 생태도이다.

정답 ①

중요도 ★★★ (16회 기출)

05) 가계도에 관한 설명으로 옳지 않은 것은?

① 세대 간의 반복적 유형을 분석할 수 있다.
② 가족환경을 체계론적 관점에서 이해한다.
③ 가계도는 일반적으로 3세대를 포함한다.
④ 자녀는 출생순서에 따라 왼쪽부터 오른쪽으로 순차적으로 그린다.
⑤ 가계도에는 친밀한 관계나 갈등관계와 같은 정서적 관계를 포함한다.

해설

가족환경을 체계적으로 이해 할 수 있는 것은 생태도이다.

보충노트

가계도는 2~3세대 이상 걸친 가족관계를 도표로 제시하여 복잡한 가족패턴을 한눈에 볼 수 있도록 한 가족 사정도구이다. 가계도를 통해서 환경에 대한 이해를 할 수는 없다. 가족의 환경에 대한 이해는 생태도를 통해 가능하다.

정답 ②

중요도 ★★★ (16회 기출)

06) 생태도(eco-map)를 통해 알 수 없는 것은?

① 가족규칙 ② 가족이 이용하는 서비스기관의 종류
③ 가족의 여가활동 ④ 이웃 주민들과의 친밀도
⑤ 확대가족과의 관계

가족규칙(가족규범)은 가족 집단 내에서 무엇이 적절한 행동으로 받아들여지는 가를 구체화한 규칙인데 생태도를 통해서는 알 수 없다.

생태도는 '환경 속의 인간' 관점을 도입하여 개인과 가족의 자원, 가족과 외부 환경 간의 상호작용을 묘사한 가족 사정도구이다.

가족의 규칙은 가족의 상호작용을 관찰하거나 가족들의 이야기를 통해 알 수 있다.

정답 ①

(16회 기출)

07) 접수를 위한 초기면접지(intake sheet)에 포함되지 않는 내용은?

① 동거 중인 가족관계　　　　　　　② 개입방법과 비용

③ 타 기관으로부터의 의뢰이유　　　④ 이전의 서비스를 받은 경험

⑤ 기관에 오게 된 주요 문제

초기면접지에 포함되는 내용 – 클라이언트의 기본정보, 가족관계, 주요문제, 오게 된 동기 및 경로 의뢰 이유, 서비스 받은 경험. 개입방법과 비용 등은 계약서에 포함되는 내용이다.

정답 ②

(15회 기출)

08) 양가감정(ambivalence)에 대한 설명으로 옳은 것을 모두 고른 것은?

> ㄱ. 변화를 원하는 것과 원하지 않는 마음이 공존하는 것을 의미한다.
> ㄴ. 클라이언트가 양가감정을 갖는 것은 자연스러운 현상이다.
> ㄷ. 클라이언트의 양가감정을 수용하면 클라이언트의 저항감이 강화된다.
> ㄹ. 양가감정은 초기 접촉단계가 아닌 중간단계에서부터 다루어져야 한다.

① ㄱ　　　　　　　　　② ㄱ, ㄴ　　　　　　　　　③ ㄴ, ㄷ

④ ㄱ, ㄴ, ㄹ　　　　　⑤ ㄱ, ㄷ, ㄹ

양가감정은 변화를 원하는 것과 원하지 않는 마음이 공존하는 상태를 의미한다. 변화에 앞서 일반적으로 양가감정을 갖기 쉽다. 이를 수용하면 저항감이 감소되기 때문에 초기접수단계부터 다루어져야 한다.

정답 ②

(15회 기출)

09) 자료수집에 포함되는 내용을 모두 고른 것은?

ㄱ. 문제에 관한 정보	ㄴ. 원가족의 가족관계
ㄷ. 클라이언트의 기능	ㄹ. 클라이언트의 한계

① ㄱ, ㄴ, ㄷ   ② ㄱ, ㄷ   ③ ㄴ, ㄹ

④ ㄹ   ⑤ ㄱ, ㄴ, ㄷ, ㄹ

해설

클라이언트의 문제를 이해하고 분석·해결하는 데 필요한 자료를 모으는 과정이다. 자료수집내용 - 클라이언트의 기본정보, 문제에 대한 깊이 있는 정보, 개인력, 가족력, 기능, 자원, 감정, 한계, 환경 등이다.

정답 ⑤

중요도 ★★★★★   (14회 기출)

10) 사정도구 중 집단성원들 간의 상호작용을 도식화하여 구성원의 지위, 구성원 간의 관계, 하위집단 등을 파악하는 데 유용한 것은?

① 가계도(genogram)   ② 소시오그램(sociogram)

③ 생태도(ecomap)   ④ PIE(Person In Environment)체계

⑤ 생활력표(life history grid)

해설

소시오그램은 모레노와 제닝스가 개발한 것으로 사회도라고도 한다. 소시오그램은 집단사정도구로서 기호나 선 등 상징을 사용하여 집단성원 간의 개인적 수용과 거부 등 집단 내 성원 간 상호작용을 표현한 그림으로, 집단 내의 대인관계, 하위집단 형성 여부 등을 파악할 수 있는 유용한 도구이다.

정답 ②

중요도 ★★★   (14회 기출)

11) 사회복지실천과정에서 접수단계의 과업이 아닌 것은?

① 관계형성   ② 원조과정에 대한 안내

③ 서비스 제공여부의 결정   ④ 클라이언트의 의뢰

⑤ 개입목표의 설정

해설

개입목표의 설정은 계획수립단계에 해당하고 이 단계의 핵심을 차지하는 것은 표적문제선정, 개입목표 설정과 계약이다.

보충노트

접수단계 과업목표: 문제확인, 의뢰, 관계형성, 원조과정에 대한 안내, 서비스 제공여부의 결정, 의뢰, 초기면접지 등이다.

정답 ⑤

중요도 ★★★

12) 실천과정에서 사회복지사가 수행해야 할 과제에 관한 내용으로 옳지 않은 것은?

① 사정단계: 클라이언트의 자원과 능력 평가

② 계획단계: 개입의 장단기 목표 합의

③ 접수단계: 목표의 우선순위 결정

④ 자료수집단계: 문제를 이해하기 위한 정보수집

⑤ 종결단계: 변화된 결과 확인

해설

접수단계는 클라이언트와 사회복지사가 처음으로 동반자적 관계를 수립하고 정보를 수집하는 초기 상담 과정이다.
계획수립단계의 주요 특징은 개입목표선정과 계약이다.

정답 ③

중요도 ★★★★

13) 사회복지실천의 과정을 순서대로 바르게 나열한 것은?

ㄱ. 클라이언트와의 서비스 계약 실시	ㄴ. 초기 생태도의 작성
ㄷ. 사회기술훈련의 제공	ㄹ. 사후평가의 실시

① ㄱ → ㄴ → ㄹ → ㄷ   ② ㄱ → ㄹ → ㄴ → ㄷ

③ ㄴ → ㄱ → ㄷ → ㄹ   ④ ㄴ → ㄱ → ㄹ → ㄷ

⑤ ㄷ → ㄴ → ㄱ → ㄹ

해설

실천 과정: 접수 및 자료수집 → 사정 → 계획수립 → 개입 → 평가종결
초기생태도의 작성(사정단계) – 클라이언트와의 서비스계약 실시(계획수립단계) – 사회훈련제공(개입단계) – 사후평가의 실시(종결단계)

정답 ③

중요도 ★★★★

14) 사정의 특성에 관한 내용으로 옳은 것을 모두 고른 것은?

ㄱ. 상황속의 인간이라는 이중적 관점을 가진다.
ㄴ. 클라이언트와 사회복지사의 상호과정이다.
ㄷ. 수집된 정보를 바탕으로 전체적인 상황을 이해하는 사고의 전개과정이다.
ㄹ. 클라이언트를 완전히 이해하는 것이 가능하다.

① ㄱ, ㄴ, ㄷ   ② ㄱ, ㄷ   ③ ㄴ, ㄹ
④ ㄹ   ⑤ ㄱ, ㄴ, ㄷ, ㄹ

사정의 특성은 수집된 정보를 바탕으로 상황 속의 클라이언트를 이해하는 이중초점을 가진다.
클라이언트와 사회복지사의 상호과정이며 클라이언트의 관여가 필요하다. 수집된 정보를 바탕으로 통합적 상황을 이해하는 사고의 전개 과정이다. 사정을 통해 클라이언트를 완전히 이해하는 건 불가능하다.

정답 ①

중요도 ★★★   (13회 기출)

15) 사정에 관한 설명으로 옳지 않은 것은?

① 의료모델에서 나온 용어이다.
② 개입을 위해 문제 상황을 파악한다.
③ 클라이언트의 강점과 자원을 확인한다.
④ 이웃이 제공한 의견도 사정 자료로 활용한다.
⑤ 사회복지사와 클라이언트 간 쌍방적 활동이다.

의료모델에서 나온 용어는 진단이다.

정답 ①

중요도 ★★★★★   (13회 기출)

16) 에간(G. Egan)의 목표 선정지침인 SMART에 해당하는 것을 모두 고른 것은?

ㄱ. 적합성(adequate)	ㄴ. 합리성(reasonable)
ㄷ. 조절가능성(manageable)	ㄹ. 구체성(specific)

① ㄱ, ㄴ, ㄷ   ② ㄱ, ㄷ   ③ ㄴ, ㄹ
④ ㄹ   ⑤ ㄱ, ㄴ, ㄷ, ㄹ

에간의 목표 선정지침 SMART → 목표는 구체적이고 측정가능, 실현가능하고 결과지향적, 시간제한적이어야 한다.
SMART: 구체성-specific, 측정가능성-measurable, 실현가능성-attainable, 결과지향성-Result-oriented, 시간제한성-Time frame

정답 ④

17) 비자발적 클라이언트에 대한 개입방법으로 옳은 것을 모두 고른 것은?

> ㄱ. 클라이언트의 메시지를 이해하기 위해 비언어적인 단서들을 찾는다.
>
> ㄴ. 클라이언트 저항을 고려하여 대응이나 직면은 자제한다.
>
> ㄷ. 양가감정을 인식하도록 클라이언트에게 성찰의 기회를 준다.
>
> ㄹ. 사회복지사 개인의 경험을 노출할 때 역전이를 주의한다.

① ㄱ, ㄴ, ㄷ   ② ㄱ, ㄷ   ③ ㄴ, ㄹ

④ ㄹ   ⑤ ㄱ, ㄴ, ㄷ, ㄹ

해설

비자발적 클라이언트에 대한 개입방법에 대한 설명이다.

정답 ⑤

18) 다음은 무엇에 관한 행동지침인가?

> • 희망을 갖게 하고 용기를 준다.
>
> • 저항의 실체를 있는 그대로 이해한다.
>
> • 지금까지 견뎌온 것을 격려한다.
>
> • 부정적인 감정을 표출하도록 유도한다.

① 타 기관으로의 의뢰   ② 문제해결을 위한 감정이입

③ 수혜 여부 판단을 위한 문제 확인   ④ 변화상태 유지를 위한 사후관리

⑤ 비자발적인 클라이언트의 동기화

해설

비자발적인 클라이언트의 동기화 지침에 관한 설명이다.

정답 ⑤

19) 사회복지 실천과정(접수 – 자료수집 및 사정 – 개입 – 평가 및 종결) 중 접수단계의 주요과업으로 옳지 않은 것은?

① 클라이언트에게 기관의 서비스와 원조과정에 관한 안내를 한다.

② 클라이언트가 어떤 문제를 갖고 있는지, 문제와 관련된 욕구가 무엇인지를 파악한다.

③ 클라이언트가 기관에서 제공하는 서비스를 받을 수 있는지에 대해 결정한다.

④ 초기 면접지, 정보제공 동의서, 심리검사 등의 관련 서식을 작성한다.

⑤ 자격요건, 이용절차, 비용 등에 대해 상세하게 설명한다.

해설

④는 자료수집 단계의 주요과업이다.

정답 ④

중요도 ★★★★ (11회 기출)

20) 사회복지실천 과정에서 접수(intake) 단계의 과제로 적절하지 않은 것은?

① 원조관계의 수립　　　　　　② 개입목표의 설정

③ 클라이언트의 동기화　　　　④ 클라이언트의 문제 확인

⑤ 클라이언트의 저항감 해소

해설

접수 시 과제는 클라이언트의 문제 확인, 의뢰 결정, 관계형성, 동기화, 양가감정 수용과 저항감 해소이다. ②번 개입목표의 설정은 계획수립 단계이다.

정답 ②

중요도 ★★★ (11회 기출)

21) 다음 사례에 대한 개입방법으로 의뢰(referral)에 해당하는 것은?

> 10년 전 장애등급 판정을 받는 70세 재가노인이 사회복지관에 찾아왔다. 5년 전 부인과 사별 후 혼자 생활하다가, 최근 건강과 경제상황이 악화되어 사회복지사의 도움을 받고자 한다.

① 후원자를 연결한다.

② 밑반찬 서비스를 제공한다.

③ 가정봉사원 파견서비스를 제공한다.

④ 동의하에 노인장기요양기관에 입소시킨다.

⑤ 일상생활을 도와줄 자원봉사자를 모집한다.

의뢰는 클라이언트의 문제와 욕구를 기관에서 해결할 수 없을 경우 혹은 문제해결에 더 적합한 기관이 있을 경우 그 기관으로 클라이언트를 연결해주는 것이다. 의뢰 시 클라이언트의 동의가 필요하다.　　　　정답 ④

중요도 ★★★★　　　　　　　　　　　　　　　　　　　　　　　　　　　　　(11회 기출)

22) 사정(assessment)의 특성으로 옳은 것을 모두 고른 것은?

> 가. 개입 과정 내내 계속된다.
> 나. 클라이언트의 문제와 욕구에 따라 개별화된다.
> 다. 인간과 환경에 대한 이중초점을 갖는다.
> 라. 클라이언트와 사회복지사의 상호작용과정이다.

① 가, 나, 다　　　　　　② 가, 다　　　　　　③ 나, 라
④ 라　　　　　　　　　⑤ 가, 나, 다, 라

사정의 특성은 개입의 전 과정 내내 지속된다. 개별적으로 다루어지며 문제와 욕구에 따라 개별화된다. 이중초점(이중적 관점)이다. 클라이언트와 사회복지사와 상호과정이며 클라이언트의 관여가 필요하다. 모두 옳은 내용이다.　　　　정답 ⑤

중요도 ★★★★　　　　　　　　　　　　　　　　　　　　　　　　　　　　　(11회 기출)

23) 클라이언트의 상황에서 의미 있는 환경체계들과의 역동적 관계를 그림으로 표현하는 사정 도구는?

① 가계도(genogram)　　　　　　② 소시오그램(sociogram)
③ 생태도(ecomap　　　　　　　④ 사회력표(social history grid)
⑤ 생활주기표(life cycle matrix)

생태도(ecomap)는 클라이언트의 환경적 사정(횡단적 사정)도구이다. 환경체계들과의 역동적 관계를 그림으로 표현하는 사정도구로써 관계의 질, 체계사이의 에너지 흐름을 보여줌으로써 가족에 대한 지역사회자원이나 체계들의 영향과 상호작용의 변화를 보여준다.　　　　정답 ③

중요도 ★★★★★　　　　　　　　　　　　　　　　　　　　　　　　　　　　(10회 기출)

24) 사정을 위한 자료가 될 수 있는 것을 모두 고른 것은?

> ㄱ. 이웃의 의견　　　　　　　　ㄴ. 클라이언트의 지능검사 결과
> ㄷ. 사회복지사의 주관적 관찰내용　　ㄹ. 사회복지사를 대하는 클라이언트의 태도

① ㄱ, ㄴ, ㄷ   ② ㄱ, ㄷ   ③ ㄴ, ㄹ

④ ㄹ   ⑤ ㄱ, ㄴ, ㄷ, ㄹ

해설

클라이언트가 직접한 이야기, 비언어적 행동을 관찰한 내용, 상호작용을 관찰한 내용(가족 및 집단성원 사이의 행동), 정보의 이차
적인 출처, 클라이언트와의 상호작용하며 겪은 사회복지사의 경험 등이 해당된다. 사회복지사의 주관적 관찰 내용 및 사회복지사
를 대하는 클라이언트의 비언어적 행동의 관찰과 상호작용 관찰 등이 사정을 위한 자료가 된다.

정답 ⑤

(10회 기출)

중요도 ★★★★★

25) 생태도 작성시 '원'으로는 (A), '선'으로는 (B)을(를) 표시한다. A와 B에 알맞은 것은?

① A: 자원의 양, B: 관계의 기간   ② A: 자원의 양, B: 관계의 역사

③ A: 자원의 양, B: 관계의 정도   ④ A: 자원의 질, B: 관계의 기간

⑤ A: 자원의 질, B: 관계의 원천

해설

생태도에서 원의 크기는 자원의 양을 표시한다. 선은 관계의 정도를 나타내는데 굵은 실선은 강한 관계, 점선은 빈약하고 불확실
한 관계, 사선이나 지그재그 선은 긴장이나 갈등관계를 나타낸다. 화살표는 에너지흐름 방향이다.

정답 ③

(10회 기출)

중요도 ★★★★★

26) 원치 않는 상담을 받게 된 학생에 대한 사회복지사의 접근으로 적절한 것은?

① "(따뜻하지만 단호하게) 상담받고 싶지 않은 것처럼 느껴지는구나… 그래도 하고 싶
은 대로만 할 수는 없지…."

② "(미소를 지으며) 상담받고 싶지 않다더니… 그래도 지금처럼 지내면 안 된다고 생각
했지?"

③ "(불쾌한 표정으로) 이 상황에서 상담이 무슨 소용이 있겠니?"

④ "(애정 어린 표정으로) 상담받으러 오는 것이 쉽지 않았을 텐데… 혹시 내가 조금이
나마 도움이 되면 좋겠구나…."

⑤ "(놀란 표정을 지으며) 오기 싫다더니 어떻게 왔니?"

해설

사회복지 관련 기관에서 원하지 않는 상담을 받게 된 사람(전문적인 서비스를 받도록 강요받은 사람)을 비자발적 클라이언트라고
한다. 사회복지사는 클라이언트가 자발성을 보일 때까지 인내심을 갖고 기다리면서 클라이언트의 작은 노력이라도 지지하고 격려
해야 한다.

정답 ④

중요도 ★★★★

27) 접수(intake) 시 상담내용으로 옳은 것을 모두 고른 것은?

> ㄱ. 저희 기관을 어떻게 알고 오셨나요?
>
> ㄴ. 지난 한 주간 변화가 좀 있었나요?
>
> ㄷ. 함께 사는 가족은 몇 분이신가요?
>
> ㄹ. 그동안 저희 사회복지사가 도움이 되셨나요?

① ㄱ, ㄴ, ㄷ   ② ㄱ, ㄷ   ③ ㄴ, ㄹ

④ ㄹ   ⑤ ㄱ, ㄴ, ㄷ, ㄹ

해설

접수의 목적은 가장 적절한 클라이언트를 확인하고 등록하는 것이다. 접수는 위기 상황이거나 욕구나 문제를 가진 사람이 도움이 받고자 관련기관에 방문시 사회복지사가 문제와 욕구를 확인하고 그 기관의 정책 방향과 서비스에 부합하는지 판단하는 과정이다.

ㄱ, ㄷ은 접수단계 과정

ㄴ, ㄹ은 개입이후 과정

정답 ②

중요도 ★★★★★

28) 클라이언트를 다른 기관에 의뢰하는 경우에 지켜야 할 사항으로 옳지 않은 것은?

① 클라이언트에게 도움이 될 만한 곳을 추천한다.

② 의뢰에 대한 클라이언트의 준비상태를 확인한다.

③ 의뢰될 기관의 사회복지사가 사용할 상담기법을 알려준다.

④ 지역사회 내 자원에 대한 정보를 클라이언트와 공유한다.

⑤ 의뢰 후 필요한 경우에는 클라이언트와 접촉할 수 있음을 고지한다.

해설

사회복지사는 자신이 속한 기관 근처의 다양한 복지기관의 기능과 역할, 제공하는 서비스 내용 강점과 약점, 접촉 가능한 담당자 정보를 알고 있어야 한다. 의뢰할 때는 클라이언트의 동의가 필요하므로 다른 기관에서 제공하는 서비스와 기관에 대한 충분한 토론이 있어야 하고, 클라이언트가 거부감을 느끼지 않도록 정서적으로 지지해 주고 적절한 정보를 제공해야 한다. 그러나 의뢰될 기관의 사회복지사가 사용할 상담기법을 알려주는 것은 옳지 않다.

정답 ③

29) 클라이언트의 환경 내에 영향을 미치는 중요한 사람이나 체계를 지칭하는 것으로서 소속감과 유대감, 자원 정보, 접촉 빈도 등에 관한 정보를 제공하는 사정도구는?

① 생태도(ecomap)   ② 가계도(genogram)

③ 생활력표(life history grid)   ④ 생활주기표(life cycle matrix)

⑤ 사회적 관계망표(social network grid)

해설

사회적 관계망표(social network grid)에 대한 내용이다. 사회적 관계망 격자의 내용으로는 사회적 관계망의 중요한 인물, 지지를 받는 생활영역, 지지의 특정유형, 지지정도의 중요도, 지지의 성격, 개인의 친밀감정도, 접촉빈도 관계기관 등이다.

정답 ⑤

30) 실천과정 중 사정의 주된 목적이 아닌 것은?

① 클라이언트의 강점 확인   ② 개입의 목적과 목표 결정

③ 서비스 제공의 적격성 여부 확인   ④ 평가를 위한 문제의 기초선 파악

⑤ 문제에 대한 다각적 측면에서의 파악

해설

③ 서비스 제공의 적격성 여부는 클라이언트로 인정할지 말지를 결정하는 것으로 접수단계의 목적이다. 접수단계의 주된 목표는 잠재적 클라이언트의 욕구가 기관의 목적과 서비스 내용에 적합한지 아닌지를 판단하는 것이다.

정답 ③

31) 자료출처의 특성 중 옳지 않은 것은?

① 심리검사는 전문성이 요구된다.

② 가정방문은 환경파악에 용이하다.

③ 비언어적 행동은 신뢰할 수 없다.

④ 자기모니터링은 임파워먼트 효과가 있다.

⑤ 자기보고는 주관성이 높다.

해설

자료의 출처로는 클라이언트에게서 얻는 자료, 가족에게서 얻는 자료, 객관적 자료(의사, 심리검사 등), 고용주, 연고자, 친구 등, 신문자료 투서, 소문 등 다양하게 활용된다. 비언어적 행동도 신뢰감 있는 정보를 줄 수도 있고 의미 있는 정보를 제공할 수도 있다.

정답 ③

32) 생태도(ecomap)에 대한 설명으로 옳은 것은?

① 가족의 문제를 해결할 수 있다.

② 가족의 의사소통관계를 알 수 있다.

③ 가족의 세대 간 유형을 파악할 수 있다.

④ 생활주기를 알 수 있다.

⑤ 자원동원의 특징을 알 수 있다.

해설

앤 하트만에 의해 고안된 생태도(생태지도)는 클라이언트와 관련된 사람, 직접적으로 관련된 사회체계와 상호작용 상태를 그림으로 나타내는 도구이므로 자원동원의 특징을 알 수 있다.

정답 ⑤

제9장 과정론 2: 계획·개입·종결과 평가

중요도 ★★★★★ (17회 기출)

01) 종결 단계의 사회복지사 과업으로 옳지 않은 것은?

① 클라이언트가 이룬 성과를 확인한다.

② 종결에 의한 클라이언트의 상실감에 공감한다.

③ 클라이언트의 감정을 이해하고 있음을 전달한다.

④ 클라이언트의 비언어적 메시지에 민감하게 반응한다.

⑤ 종결에 대한 클라이언트의 부정적 감정은 다루지 않는다.

해설

종결 단계에는 클라이언트는 종결에 대한 기쁨도 있지만 헤어지게 되는 서운함과 슬픔, 두려움과 같은 복합적 감정을 느낀다. 사회복지사는 클라이언트가 느끼는 감정을 솔직하게 표현하도록 도와주어 종결에 대한 부정적 감정도 다루어주어야 한다.

정답 ⑤

중요도 ★★★★ (16회 기출)

02) 평가 및 종결 단계에서 사회복지사의 역할에 관한 설명으로 옳지 않은 것은?

① 변화전략 설정 ② 진전수준 검토 ③ 사후관리 계획

④ 정서적 반응 처리 ⑤ 결과의 안정화

해설

계획수립단계의 과제에 해당된다. 계획수립에서 중요한 것은 목표를 수립하는 것과 변화전략설정은 목표달성을 위한 효과적인 개입 전략을 수립하는 것이다.

정답 ①

중요도 ★★★ (16회 기출)

03) 표적문제의 우선순위 결정에서 고려해야 할 사항으로 옳지 않은 것은?

① 긴급성 ② 변화 가능성 ③ 측정 가능성

④ 해결 가능성 ⑤ 클라이언트의 선택

해설

표적문제는 사정과정에서 드러난 여러 문제 중 가장 중요하고 시급히 해결해야 할 문제를 말한다. 측정가능성은 목표 설정을 위한 지침이다. 목표는 명시적이고 측정가능하게 설정되어야 한다.

정답 ③

04) 표적문제(target problem) 선정 시 고려할 사항으로 옳은 것은?

① 표적문제는 가능한 한 많이 선정하는 것이 좋다.

② 사회복지사와 클라이언트 중 어느 한쪽에서 문제로 인식하는 것은 모두 표적문제로 선정된다.

③ 표적문제의 우선순위를 정할 때 사회복지사의 전문적 판단을 중심으로 한다.

④ 표적문제를 선정할 때 사회복지사 자신의 지식과 기술을 고려한다.

⑤ 표적문제는 전문적 용어로 기술되는 것이 바람직하다.

해설

④ 표적문제 선정 시 사회복지사의 개입활동으로 해결이 가능해야 하므로 사회복지사 자신의 지식과 기술을 고려해야 한다.

정답 ④

05) 문제에 대한 관점이나 인식을 변화시켜 새로운 이해를 촉진하는 개입 기법이 아닌 것은?

① 모델링　　　　　　　② 직면　　　　　　　③ 재명명

④ 일반화　　　　　　　⑤ 재보증

해설

모델링은 타인의 행동을 봄으로써 새로운 행동을 학습하는 기법이다. 문제에 대한 관점이나 인식을 변화시키는 것이 아니라 새로운 행동을 하게 하거나 기존의 잘못된 행동을 수정하는 기법이다.

정답 ①

06) 역량강화(empowerment)실천 활동으로 옳은 것을 모두 고른 것은?

> ㄱ. 클라이언트의 협력
>
> ㄴ. 생태체계적 관점 적용
>
> ㄷ. 사회변화를 위한 행동에 참여
>
> ㄹ. 억압받는 집단에 대한 역사적 관점 이해

① ㄱ　　　　　　　　　② ㄱ, ㄷ　　　　　　　③ ㄴ, ㄹ

④ ㄱ, ㄴ, ㄹ　　　　　⑤ ㄱ, ㄴ, ㄷ, ㄹ

역량강화는 억압받는 집단 및 집단에 속한 개인이 자신이 처한 상황을 스스로 개선하기 위한 행동을 취할 수 있도록 개인적, 대인관계적, 정치적으로 힘을 키우는 것이다.

정답 ⑤

(14회 기출)

07) 종결 단계에서 사회복지사의 활동으로 옳은 것을 모두 고른 것은?

> ㄱ. 개입목표의 달성여부를 확인한다.
> ㄴ. 의뢰는 종결유형과 상관없이 실시하는 것이 바람직하다.
> ㄷ. 종결유형에 따라 종결 시기를 조정한다.
> ㄹ. 종결과 관련된 클라이언트의 감정은 다루지 않는다.

① ㄱ, ㄴ, ㄷ　　　　　　　② ㄱ, ㄷ　　　　　　　③ ㄴ, ㄹ
④ ㄹ　　　　　　　　　　⑤ ㄱ, ㄴ, ㄷ, ㄹ

의뢰는 종결유형과 상관없이 실시함은 바람직하지 않고 사회복지사는 종결과 관련된 클라이언트의 정서적 반응을 해소해야 한다.

정답 ②

(13회 기출)

08) 개입 계획을 수립하는 과정 순서로 옳은 것은?

> ㄱ. 문제의 우선순위를 정한다.
> ㄴ. 표적문제를 찾는다.
> ㄷ. 개입의 성과목표를 정한다.
> ㄹ. 클라이언트의 과업을 구체화한다.

① ㄱ → ㄴ → ㄹ → ㄷ　　　　② ㄱ → ㄹ → ㄴ → ㄷ
③ ㄴ → ㄱ → ㄷ → ㄹ　　　　④ ㄴ → ㄱ → ㄹ → ㄷ
⑤ ㄴ → ㄷ → ㄱ → ㄹ

표적 문제를 찾는다 → 문제의 우선순위를 정한다(표적문제 선정) → 개입의 성과목표를 정한다(목적 설정하기) → 클라이언트의 과업을 구체화한다(클라이언트 과업 구체화)

정답 ③

중요도 ★★

09) 사후관리(follow-up service)에 관한 설명으로 옳지 않은 것은?

① 개입과정 중에 수시로 실시한다.

② 클라이언트의 적응 상태를 확인한다.

③ 문제가 있는 경우 재개입 할 수 있다.

④ 클라이언트의 변화 유지에 도움이 된다.

⑤ 종결로 인한 클라이언트의 충격을 완화시켜 준다.

해설

사후관리는 종결 후 2~6개월 지났을 때 변화를 평가하고 유지하기 위해 필요한 것이다. 개입과정 중에는 점검이 필요하다.

정답 ①

중요도 ★★★

10) 종결 단계에서 취해야 할 사회복지사의 활동에 관한 설명으로 옳은 것은?

① 클라이언트의 변화를 촉진한다.

② 클라이언트와의 접촉빈도를 줄여간다.

③ 클라이언트를 위해 서비스를 조정한다.

④ 클라이언트를 대변하여 자원을 확보한다.

⑤ 개입의 효과를 평가하기 위해 기초선 자료를 수집한다.

해설

종결 단계는 클라이언트와 사회복지사가 마무리하는 단계로 빈도를 줄이는 것이 바람직하다.

오답노트

① ③ ④는 개입단계 활동이며, ⑤는 자료수집단계에서 기초선이란 실천가가 개입활동을 실시하기 전에 표적행동의 상태를 관찰하는 기간 관찰된 표적 행동의 상태를 나타내는 자료를 의미한다.

정답 ②

중요도 ★★★★★

11) 사회복지실천 과정의 목적과 목표에 관한 설명으로 옳지 않은 것은?

① 목표는 사회복지사의 전문적 판단으로 설정해야 한다.

② 목표는 클라이언트가 바라는 바와 연결 되어야 한다.

③ 목적은 장기적이고 긍정적인 결과의 형태로 제시되어야 한다.

④ 목표가 여러 개일 경우에는 클라이언트에게 가장 시급한 것을 최우선순위로 설정한다.

⑤ 목적은 사회복지실천을 통해 변화되기 원하는 방향으로 형태로 진술되어야 한다.

사회복지실천 과정의 목적과 목표는 사회복지사와 클라이언트가 합의해야 한다.

사회복지실천 과정에서 개입의 목표를 설정할 때, 클라이언트가 원하는 결과와 관련되고, 클라이언트가 동의하는 목표가 설정되어야 하는 것이다.

정답 ①

12) 클라이언트에 대한 간접적인 개입을 모두 고른 것은?

ㄱ. 자원개발	ㄴ. 서비스 조정
ㄷ. 프로그램 개발	ㄹ. 옹호

① ㄱ, ㄴ, ㄷ   ② ㄱ, ㄷ   ③ ㄴ, ㄹ

④ ㄹ   ⑤ ㄱ, ㄴ, ㄷ, ㄹ

클라이언트를 둘러싼 환경을 변화시켜서 클라이언트의 문제를 해결하는 개입기법은 간접개입이다. 지역사회를 중심으로 클라이언트를 둘러싼 환경체계에 개입하여 사회적 지지체계나 자원을 발굴 또는 연계하는 방법을 활용하거나 서비스를 제공하는 제도나 가구, 정책 등에 초점을 두는 것이다.

정답 ⑤

13) 종결유형에 따른 사회복지사의 반응으로 옳은 것은?

① 사회복지사의 이동으로 인한 종결 – 원망을 듣지 않기 위해 사례를 조기 종결한다.

② 클라이언트의 일방적 종결 – 끝까지 개입을 지속할 것을 강요한다.

③ 시간제한이 없는 종결 – 종결 시기는 클라이언트만이 정할 수 있다.

④ 시간제한이 있는 종결 – 시간이 중요하기 때문에 목표에 대한 평가를 필요로 하지 않는다.

⑤ 일정 기간만 제공되는 서비스의 종결 – 서비스의 특성을 설명하고 필요한 경우 다른 기관에 의뢰한다.

⑤ 사회복지사는 종결에 대한 감정처리 외에 남은 문제 해결을 위해 다른 기관에 의뢰해야 되는 부담을 가지게 된다.

정답 ⑤

중요도 ★★★

14) 실천개입의 목표로 바람직하게 기술된 것은?

① 늦잠을 자지 않는다.　　　　　　　② 바람직한 대인관계를 형성한다.

③ 집단 프로그램을 제공한다.　　　　④ 매일 동화책을 1시간씩 읽는다.

⑤ 경제적 안정을 획득한다.

해설

목표는 명시적이고 측정 가능하게 설정해야 한다.

정답 ④

중요도 ★★★★

15) 십대 미혼모 상담 시 사회복지사가 고려해야 할 전문적 관계 요소를 모두 고른 것은?

ㄱ. 권위와 권한	ㄴ. 헌신과 의무
ㄷ. 타인에 대한 관심	ㄹ. 진실성과 일치성

① ㄱ, ㄴ, ㄷ　　　　　　② ㄱ, ㄷ　　　　　　③ ㄴ, ㄹ

④ ㄹ　　　　　　⑤ ㄱ, ㄴ, ㄷ, ㄹ

해설

전문적 관계란 분명한 목적을 가지고 제한된 시간동안 이루어지는 특수한 관계이다.
타인에 대한 관심, 헌신과 의무, 수용, 감정이입, 권위와 권한, 목적성, 존경심, 진실성과 일치성, 직접성, 자기노출, 따뜻함, 자아실현이 필요하다.

정답 ⑤

중요도 ★★★★★

16) 청소년을 위한 10주간의 진로집단 활동 전, 후에 진로효능감 검사를 하여 결과를 비교하였더라면 이 평가방법은?

① 형성평가　　　　　　② 성과평가　　　　　　③ 과정평가

④ 만족도평가　　　　　⑤ 실무자평가

해설

목표에 비추어 성취된 결과를 평가하는 것, 프로그램 전후에 진로효능감을 검사하는 것은 성과 평가이다.

정답 ②

제10장 사례관리

중요도 ★★★★★ (17회 기출)

01) 사례관리에 관한 설명으로 옳지 않는 것은?

① 통합적 방법을 활용한다.

② 직접 서비스와 간접 서비스를 결합한 것이다.

③ 포괄적이고 지속적인 서비스를 제공하는 것이다.

④ 전통적인 사회복지방법론과 전혀 다른 실천방법이다.

⑤ 기관의 범위를 넘은 지역사회 차원의 서비스 제공과 점검을 강조한다.

해설

사례관리 등장배경은 다양하고 사회복지실천의 새로운 접근이기는 하지만, 지역사회조직과 개별사회 복지실천에 기반을 두고 있으므로 전통적인 사회복지방법론과 전혀 다른 실천 방법이라고 할 수 없다.

정답 ④

중요도 ★★★★★ (17회 기출)

02) 사례관리의 사정에 관한 설명으로 옳은 것을 모두 고른 것은?

> ㄱ. 클라이언트와 함께 문제 목록 작성
> ㄴ. 클라이언트의 욕구 및 자원 확인
> ㄷ. 계획된 서비스의 전달과정 추적

① ㄱ   ② ㄴ   ③ ㄱ, ㄴ

④ ㄴ, ㄷ   ⑤ ㄱ, ㄴ, ㄷ

해설

사례관리에서 사정이란 클라이언트의 복합적인 욕구와 문제, 기능, 강점과 잠재력, 공식적 및 비공식적 지원 체계 등에 대한 자료를 수집하고 종합적으로 분석하는 과정이다. 클라이언트와 함께 문제 목록을 작성하고, 클라이언트의 욕구 및 자원을 확인한다.

정답 ③

03) 사례관리의 점검(monitoring)에 관한 설명으로 옳지 않은 것은?

① 서비스의 산출결과를 검토

② 서비스의 최종 효과성을 검토

③ 서비스 계획의 목표달성 정도를 검토

④ 서비스 계획이 적절히 실행되고 있는지를 검토

⑤ 클라이언트의 욕구 변화를 점검하여 서비스 계획의 변경 필요성을 검토

해설

사례관리의 점검은 서비스가 제대로 클라이언트에게 전달되고 있는지, 클라이언트에게 변화가 일어나고 있는지를 점검하는 과정이다. 마지막 평가단계에서 서비스의 최종 효과성을 점검한다.

정답 ②

04) 사례관리 과정을 순서대로 바르게 나열한 것은?

① 계획 – 사정 – 연계 및 조정 – 점검

② 계획 – 사정 – 점검 – 연계 및 조정

③ 사정 – 계획 – 점검 – 연계 및 조정

④ 사정 – 계획 – 연계 및 조정 – 점검

⑤ 점검 – 사정 – 계획 – 연계 및 조정

해설

사례관리 과정은 학자들마다 다양하게 정의한다. 일반적으로 사례관리의 과정: 사정 – 계획 – 개입 – 점검 – 평가로 본다.

보충노트

연계 및 조정은 사례관리의 주요 개입활동의 한 종류이다. 중개 및 연계, 의뢰, 옹호, 조정, 점검, 자원개발 및 지원망 지원 등은 사례관리의 주요 개입방법이다.

정답 ④

05) 사례관리의 원칙과 활동의 연결로 옳지 않은 것은?

① 통합성: 서비스 조정을 위해 사례회의를 개최한다.

② 접근성: 사각지대 발굴을 위해 아웃리치를 한다.

③ 포괄성: 기관 네트워크를 통해 서비스 의뢰를 한다.

④ 체계성: 중도 탈락한 클라이언트를 찾아 서비스를 재개한다.

⑤ 지속성: 종단적 차원에서 개인의 욕구에 반응하여 서비스를 제공한다.

체계성은 유사한 서비스 간 중복을 줄이고 서비스 비용을 효율적으로 관리하기 위해 서비스와 자원들을 조정하는 것이다. 중도 탈락한 클라이언트를 찾아 서비스를 재개하는 것은 서비스 지속성에 해당하는 것이다.

정답 ④

중요도 ★★★★   (16회 기출)

06) 사례관리자의 간접적 개입으로 옳지 않은 것은?

① 장애인 인식개선을 위한 지역사회 홍보활동을 한다.

② 가정폭력 피해여성을 위한 모금활동을 한다.

③ 청소년 유해환경을 줄이기 위한 프로그램을 개발한다.

④ 사각지대 발굴을 위해 이웃 주민을 조직한다.

⑤ 예비 부모를 대상으로 가족교육을 실시한다.

CT주변체계나 CT체계 간의 관계를 변화시키기 위해 하는 활동은 간접 개입방법이다. 직접 개입은 클라이언트를 변화시킴으로써 클라이언트의 문제를 해결하는 개입 방식이고, 예비부모 대상 가족교육대상은 직접 개입에 해당한다.

정답 ⑤

중요도 ★★★★★   (15회 기출)

07) 사례관리 과정을 순서대로 바르게 나열한 것은?

① 아웃리치 → 사정 → 점검 → 계획 → 재사정

② 아웃리치 → 사정 → 계획 → 재사정 → 점검

③ 사정 → 아웃리치 → 계획 → 재사정 → 점검

④ 사정 → 아웃리치 → 재사정 → 계획 → 점검

⑤ 아웃리치 → 사정 → 계획 → 점검 → 재사정

사례관리 과정은 학자들마다 다양하게 정리한다. 그러나 일반적으로 사례관리 과정은 사정 → 계획 → 개입 → 점검(재사정) → 평가로 이루어지는데 사정 전에 사례를 발굴하는 아웃리치 과정이 추가되기도 한다. 점검 활동 안에 재사정이 포함되는 것으로 이를 별개로 구분하지 않기도 하지만 두 개의 활동을 독립적인 활동으로 보는 경우에는 클라이언트에 대한 점검활동을 하고 난 후, 욕구의 변화를 재사정하므로 점검 → 재사정이라고 할 수 있다.

정답 ⑤

08) 사례관리에 관한 설명으로 옳지 않은 것은?

① 클라이언트 중심적 서비스이다.

② 종결이 어려운 장기적 요구를 갖는 대상자에게 적절하다.

③ 상담이나 조언, 치료 등의 임상적 개입을 할 수 있다.

④ 한 기관 내에서의 팀 협력 및 지역사회 타 전문 분야와의 협력이 중요하다.

⑤ 공공부문의 역할을 확대하기 위한 목적에서 시작되었다.

해설

사례관리는 공공부문의 비용삭감으로 비공식적 민간부문 자원 활용을 활성화하기 위해 시작되었다. 클라이언트의 문제해결을 위해 정부 등의 공공부문에서 막대한 자원과 예산이 투입되지만 효과적이지 못했다는 점, 이러한 문제를 해결하기 위해 지역사회에 존재하는 비공식적 자원활용이 필요하다는 인식에서 출발되었다.

정답 ⑤

09) 사례관리자의 역할로 옳은 것을 모두 고른 것은?

> ㄱ. 사례관리자는 기관 정책상 클라이언트에게 서비스를 제공해 주기 어려울 때 다른 기관에 의뢰한다.
>
> ㄴ. 사례관리자는 기관의 정책이 클라이언트에게 불리하다고 판단될 때 기관의 정책에 도전하는 옹호 역할을 수행한다.
>
> ㄷ. 복합적인 욕구를 갖는 클라이언트를 위해 다양한 서비스를 조정·연계한다.
>
> ㄹ. 클라이언트의 자기결정이 중요하므로 사례관리자는 어떠한 상황에서도 클라이언트를 대신하여 행동해서는 안 된다.

① ㄱ, ㄷ   ② ㄴ, ㄷ   ③ ㄴ, ㄹ   ④ ㄱ, ㄴ, ㄷ   ⑤ ㄱ, ㄴ, ㄷ, ㄹ

해설

ㄱ. 의뢰는 자원연결이므로 기관 정책상 클라이언트에게 서비스를 제공해주기 어려울 때 클라이언트의 욕구에 적절하며 적합한 서비스를 제공할 수 있는 기관에 의뢰한다.

ㄴ. 사례관리자는 기관의 정책이 서비스 및 자원으로부터 부당하게 배제되는 경우 클라이언트를 옹호하고 대변하여 이들이 자신의 권리를 찾을 수 있도록 옹호자 역할을 한다.

ㄷ. 사례관리자는 복합적인 욕구를 갖는 클라이언트를 위해 다양한 서비스를 조정·연계한다. 즉, 지역사회에 흩어져 있는 다양한 서비스가 중복되거나 누락되지 않도록 조정자 역할을 수행한다.

정답 ④

중요도 ★★★★

10) 사례관리에 관한 내용으로 옳은 것은?

① 단편적인 문제를 가진 클라이언트의 증가로 등장하였다.
② 클라이언트의 기능향상을 중요시한다.
③ 계획 · 사정 · 개입 · 종결의 순으로 진행된다.
④ 공식적인 자원체계만을 중요시한다.
⑤ 서비스의 획일적 제공을 중요시한다.

해설

사례관리는 클라이언트의 기능향상을 중요시한다. 사례관리 목적은 서비스 제공의 연속성 보장, 통합적이며 개별적 서비스 제공, 서비스에 대한 접근성 향상, 클라이언트의 사회적 기능향상과 역량 강화에 있다.

정답 ②

중요도 ★★★

11) 사례관리에 관한 내용으로 옳지 않은 것은?

① 필요한 경우 클라이언트의 권리를 옹호하기 위한 역할을 한다.
② 클라이언트가 충분히 지역사회에 적응할 수 있도록 지속적으로 원조한다.
③ 클라이언트에게 필요한 서비스들을 적극적으로 찾아 연결하는 역할을 한다.
④ 클라이언트의 욕구와 상관없이 자원이 있는 한 모든 서비스를 제공한다.
⑤ 클라이언트의 자기결정을 존중하되 지나친 관여를 하지 않도록 노력한다.

해설

사례관리는 클라이언트 중심의 서비스로 클라이언트 욕구에 기초한 서비스의 개발과 제공을 강조한다.

정답 ④

중요도 ★★

12) 사례관리의 특성에 관한 설명으로 옳지 않은 것은?

① 자원체계 간 연결, 조정 등의 활동을 한다.
② 투입과 과정에 대한 평가를 한다.
③ 클라이언트 욕구에 초점을 두어 기관 내 서비스로 한정하지 않는다.
④ 공적 책임을 강화하기 위해 비공식적 지지망의 활용을 최소화한다.
⑤ 임상적 욕구를 가진 클라이언트에게는 치료적 상담을 실시한다.

사례관리는 복지국가위기로 인한 공공부문 비용삭감으로 민간부모 역할이 증대되면서 비공식 지원체계의 클라이언트에 대한 보호기능 강화 서비스 전달 효과의 최대화, 비용 억제 등의 노력이 나타나기 시작하여 사례관리가 등장했다.

공적 책임을 강화한다는 것은 옳지 않고, 비공식 지원체계를 통합하고 기능적으로 연결하여 다양하고 체계적인 지지망을 구축한다.

정답 ④

(13회 기출)

13) 사례관리의 원칙으로 옳지 않은 것은?

① 사례관리자는 클라이언트의 인종, 성별, 계층 등을 이유로 이용자격 및 절차 등에서 어려움을 겪지 않고 서비스를 쉽게 이용할 수 있도록 원조해야 한다.

② 시간의 경과에 따라 변화하는 클라이언트의 욕구에 대해 지속적으로 사정하고 서비스를 제공해야 한다.

③ 클라이언트의 개별적인 욕구와 상황에 맞는 맞춤형 서비스를 제공한다.

④ 클라이언트의 다양한 욕구가 여러 분야에서 충족될 수 있도록 서비스를 제공해야 한다.

⑤ 클라이언트를 위해 전문가 주도의 구조화된 서비스를 제공한다.

사례관리는 사회복지 통합적 접근으로 전문가주의가 아닌 일반주의 실천에 해당하는 것으로 이것은 다양한 이론과 모델 기법을 활용하면서 모든 클라이언트와 상황에 접근할 수 있다. 일반주의 실천은 광범위한 지식과 기술을 지니고 문제를 포괄적으로 사정하고 해결하는 사회복지실천이다.

정답 ⑤

(13회 기출)

14) 사례관리의 등장배경으로 옳은 것을 모두 고른 것은?

ㄱ. 지역사회보호 필요성 증가

ㄴ. 분산된 서비스의 조정기능 부재

ㄷ. 사회적 지원망의 중요성 강조

ㄹ. 만성적이고 복합적인 문제를 가진 클라이언트의 증가

① ㄱ, ㄴ, ㄷ   ② ㄱ, ㄷ   ③ ㄴ, ㄹ   ④ ㄹ   ⑤ ㄱ, ㄴ, ㄷ, ㄹ

ㄱ. 사례관리 등장 배경은 탈시설화된 클라이언트에게 지역사회 내에서 지속적으로 보호 관리하도록 하기 위함이다.

ㄴ. 서비스 전달의 지방분권화로 복잡하고 분산된 서비스 체계의 조정 기능 부재로 등장했다.

ㄷ. 사회적 지원체계와 지지망의 중요성에 대한 인식증가로 등장했다

ㄹ, 만성적이고 복합적인 문제를 가지고 지역사회에서 살아가는 사람들 증가 등으로 인하여 어려움을 겪는 사람들에게 사회적 통합을 달성하고 지역사회 생활에서 다양한 욕구를 충족시키기 위함이다.

정답 ⑤

중요도 ★★★★★ (12회 기출)

15) 다음 사례에서 사례관리자의 역할은?

> 한부모 가정 내 알코올 중독자인 아버지는 심신의 쇠약과 경제적 무능력 상태에서 중학교 2학년인 딸과 생활하고 있다. 딸이 재학 중인 학교의 사회복지사는 딸의 가정환경을 사정하는 과정에서 아버지와 면담을 하였다. 아버지는 어떻게든 딸을 돌봐야겠다는 생각에 자신의 상황을 변화시키려는 의지를 갖고 있으나, 어디서부터 시작해야 할지 모르고 있었다. 학교사회복지사의 의뢰를 받은 사례관리자가 아버지의 욕구를 사정해 본 결과 알코올 의존에서 벗어나기, 직업 활동이 가능할 정도의 체력 회복, 직업 훈련, 취업정보의 획득 등의 욕구가 확인되었다. 아버지의 동의하에 사례관리자는 그에게 지역사회 내 병원, 직업훈련시설, 자활후견기관, 동주민센터, 단주모임(AA) 등을 안내하여 차례로 서비스를 받게 하였다.

① 중재자(mediator)　　　② 옹호자(advocate)　　　③ 중개자(broker)
④ 기획가(planner)　　　⑤ 조성자(enabler)

해설

중개자는 도움이 필요로 하는 개인이나 집단을 지역사회의 서비스와 연결하는 역할이다. 사례관리자는 사정을 실시한 후 클라이언트에게 필요한 서비스를 계획하여 지역사회 내 병원, 직업훈련시설, 자활후견기관, 동주민센터, 단주모임(AA) 등을 안내하여 차례로 서비스를 받게 하였다. 이는 중개자의 역할에 해당된다.

정답 ③

중요도 ★★★ (12회 기출)

16) 사례관리의 개입 원칙이 아닌 것은?

① 서비스의 연계성　　　　　　② 서비스의 포괄성
③ 서비스의 지속성　　　　　　④ 서비스의 표준화 및 체계화
⑤ 클라이언트의 자기결정권 존중

해설

서비스 표준화가 아니라 개별화 원칙이다.

정답 ④

중요도 ★★★★

17) 사례관리의 특성이 아닌 것은?

① 서비스의 접근성 향상

② 공적 부담의 확대 촉구

③ 개인 및 환경의 변화를 위한 노력

④ 공식적 또는 비공식적 자원의 연계 및 조정

⑤ 복합적인 문제를 가진 개인의 자원 획득 및 활용 능력 강화

해설

사례관리는 복지국가 위기로 인한 공공부문 비용 삭감으로 민간부문 역할이 증대되면서 비공식 지원체계의 클라이언트에 대한 보호기능 강화, 서비스 전달체계 대화, 비용 억제 등의 노력이 나타나기 시작하여 등장하게 되었다.　　　정답 ②

중요도 ★★★★

18) 사례관리의 특성을 모두 고른 것은?

> ㄱ. 단편화되고 파편화된 서비스를 통합적으로 관리
> ㄴ. 복합적 욕구를 가진 클라이언트 대신 클라이언트의 삶을 조정·관리
> ㄷ. 서비스의 중복 가능성을 낮춰 자원을 효율적으로 사용
> ㄹ. 책임서비스 구현을 위해 동기와 능력이 있는 클라이언트의 참여를 요구

① ㄱ, ㄴ, ㄷ　　② ㄱ, ㄷ　　③ ㄴ, ㄹ　　④ ㄹ　　⑤ ㄱ, ㄴ, ㄷ, ㄹ

해설

ㄴ: 복합적인 욕구를 가진 클라이언트를 대신하는 것은 아님 장기간에 서비스를 필요로 하는 다양하고 복합적인 욕구를 가진 클라이언트를 대상으로 한다.

ㄹ: 책임서비스 구현을 위해 한 명의 케어메니저 또는 한 기관이 서비스 체계의 전반적 결과에 대한 책임을 지도록 하므로 책임성 증진을 시킬 수 있을 뿐 클라이언트의 동기와 능력 유무를 통해 선정하지 않는다.　　　정답 ②

중요도 ★★★★

19) 사례관리 과정 중 점검(monitoring)단계에 있는 사례관리자의 과업이 아닌 것은?

① 개입의 진행 정도를 파악한다.　　② 개입계획의 수정 여부를 검토한다.

③ 필요시 문제해결 전략을 수정한다.　　④ 클라이언트의 의뢰이유를 알아본다.

⑤ 클라이언트의 욕구변화를 사정한다.

해설

사례관리에서 점검 과정은 서비스가 제대로 클라이언트에게 전달되고 있는지, 변화가 일어나고 있는지 검토하는 과정이다. 계획된 개입의 진행정도를 파악하여 제대로 되고 있지 않다면 개입 계획을 수정하거나 문제해결 전략을 수정하기도 한다.　　　정답 ④

20) 사례관리자 A는 담당사례에 대해 방문 서비스가 중복해서 제공되는 문제를 발견하고, 지역 내 재가서비스기관 모임을 통해 효율적인 서비스를 제공하고자 하였다. 이때 사례 관리자 A가 수행한 역할은?

① 중개자(broker)   ② 계획가(planner)   ③ 조력자(enabler)

④ 옹호자(advocate)   ⑤ 조정가(coordinator)

해설

사례관리자는 다양한 역할을 수행한다. 그중에서 조정가(coordinator) 역할은 갈등을 감소시키고 지지망을 효과성을 증진시키기 위해 원조자들과 클라이언트와 원조자간의 관계에서 조정과 타협의 책임이 있다.

정답 ⑤

21) 할머니 사망 후 큰아버지 집으로 갑자기 이사 가게 된 빈곤 조손가정 아동의 사례 관리자가 수행한 역할로 적절하지 않은 것은?

① 이사에 대해 걱정되는 것이 있는지 물어본다.

② 이사에 대한 마음의 준비를 하도록 돕는다.

③ 이사 가는 지역의 사례관리 기관을 안내한다.

④ 위급상황 발생 시 연락하도록 기관 연락처를 준다.

⑤ 갑작스러운 이사이므로 이사와 함께 사례관리를 종결한다.

해설

사회복지실천과정에서 종결단계이며, 구체적으로 '클라이언트에 의한 계획되지 않은 종결'에 해당된다. 클라이언트가 갑작스럽게 이사하여 사례가 지속될 수 없다 하더라도 바로 종결하는 것은 바람직하지 않다. 이사와 함께 종결하는 것이 아니라 사례관리자는 서비스의 지속성 및 연계성을 고려하여 사후관리가 이루어지도록 역할 수행을 해야 한다(의뢰 또는 클라이언트와 합의하에 종결 등).

정답 ⑤

22) 사례관리 과정을 순서대로 바르게 나열한 것은?

> ㄱ. 가족들에게 사례관리에 대해 어떻게 느꼈는지 설문조사한다.
>
> ㄴ. 자녀에게 인터넷 중독 검사를 실시하고, 아버지의 폭력정도에 대해 자녀와 면 담한다.
>
> ㄷ. 서비스를 제공하면서 자녀의 학교생활 변화 여부를 점검한다.
>
> ㄹ. 지역사회관련 전문가들이 모여 필요한 서비스목록을 작성한다.

① ㄴ→ㄷ→ㄹ→ㄱ   ② ㄹ→ㄴ→ㄱ→ㄷ   ③ ㄴ→ㄹ→ㄷ→ㄱ

④ ㄹ→ㄱ→ㄴ→ㄷ   ⑤ ㄴ→ㄹ→ㄱ→ㄷ

해설

사례관리 과정은 접수·사정·계획·개입 및 조정·점검 및 재사정·종결 및 사후관리
로 이루어진다.   정답 ③

중요도 ★★★★   (10회 기출)

23) 다음 사례에서 사회복지사가 고수해야 할 전문적 관계의 원칙을 모두 고른 것은?

> 반항적인 행동과 거친 말을 일삼는 비행청소년 P양은 사회복지사를 찾아와, 성폭
> 력으로 심한 정신적 고통에 시달려 자살하고 싶다고 말했다. P양은 이 모든 일들
> 을 누구에게도 알리지 말아 달라고 부탁하며 도움을 요청하였다.
>
> ㄱ. 수용   ㄴ. 비심판적 태도   ㄷ. 개별화   ㄹ. 비밀보장

① ㄱ, ㄴ, ㄷ   ② ㄱ, ㄷ   ③ ㄴ, ㄹ   ④ ㄹ   ⑤ ㄱ, ㄴ, ㄷ, ㄹ

해설

개인의 생명 존중과 성폭력은 중대한 문제이므로 비밀보장은 맞지 않다.   정답 ①

중요도 ★★★   (8회 기출)

24) 다음 사례에 나타난 사례관리자의 역할은?

> 여성 노숙인들의 욕구를 반영한 자원을 개발하거나 서비스의 질을 향상시키도록
> 요구한다.

① 옹호자   ② 평가자   ③ 중개자   ④ 계획자   ⑤ 조정자

해설

옹호자의 역할은 필요한 자원이 부족하거나 클라이언트로부터 철회되는 상황이 발생할 때, 클라이언트가 자신의 문제를 대변하고
옹호할 능력이 부족할 때 클라이언트를 대변하여 그들의 요구사항을 구체화시키고 가능한 한 자원이 클라이언트에게 적절히 공
급될 수 있도록 지원하는 활동이다.

사회복지실천기술론

중요도 ★★★★

01) 실천지식의 구성수준을 추상성에서 구체성의 방향으로 순서대로 나열한 것은?

① 패러다임-관점-이론-모델-실천지혜　　② 패러다임-이론-관점-모델-실천지혜

③ 관점-패러다임-이론-모델-실천지혜　　④ 실천지혜-모델-이론-관점-패러다임

⑤ 실천지혜-이론-모델-관점-패러다임

해설

① 패러다임은 가장 추상적인 수준이고 구체성은 낮은 실천지식이다. ② 관점은 패러다임보다는 조금 구체성이 높고 관심영역과 가치 대상 등을 규정하는 개념적 준거틀이다. ③ 이론은 어떤 현상을 설명하기 위한 가설이나 개념, 의미의 집합체다. ④ 모델은 일관된 실천 활동의 원칙과 방식을 구조화시키는 실천지식이며 ⑤ 실천지혜는 실천현장에서 지식을 바탕으로 얻어지는 가장 높고 추상성은 낮은 실천지혜이다.

이것을 간단히 설명하면 실천지식의 구성수준을 추상성에서 구체성의 방향, 즉 패러다임(시각)→관점→이론→모델→실천지혜 순이다.　　　　　　　　　　　　　　　　　　　　　　　　　　　　　　　　　　　　　　　정답 ①

중요도 ★★★★

02) 사회복지 전문직의 가치체계를 모두 고른 것은?

ㄱ. 사회적 형평성의 원리

ㄴ. 개인의 복지에 대한 사회와 개인 공동의 책임

ㄷ. 개인의 존엄성과 독특성에 대한 존중

ㄹ. 자기결정의 원리

① ㄱ, ㄴ　　② ㄷ, ㄹ　　③ ㄱ, ㄷ, ㄹ　　④ ㄴ, ㄷ, ㄹ　　⑤ ㄱ, ㄴ, ㄷ, ㄹ

해설

사회복지사의 전문적 가치체계란 어떠한 작업이 사회의 전문직으로 인정되는 과정에서 그 전문직의 독특한 실천 활동과 관련하여 요구되는 가치로 해당 전문직 활동의 평가와 책임소재의 근거가 된다. 사회복지 전문직의 가치로는 사회적 형평성의 원리, 개인의 존엄성과 독특성에 대한 존중, 자기결정의 원리 외에 개별성에 대한 인정, 비심판적 태도 유지, 평등한 기회 부여, 차별 금지 등 다양하다.　　정답 ⑤

중요도 ★★★★

03) 다음 사례에서 사례관리자가 수행한 역할로 옳지 않은 것은?

> 사례관리자는 중도장애를 가진 A가 재활의 동기를 갖도록 면담을 지속하면서 생활기술훈련 프로그램에 참여하도록 지지하였다. 또한 사례회의를 통해 인근 직업재활기관과 일자리 지원센터의 취업 관련 서비스를 받도록 협의하고 장애인 일자리를 확대하기 위한 지역사회 인식개선 캠페인을 기획하였다.

① 중재자   ② 상담가   ③ 조력가   ④ 조정자   ⑤ 옹호자

해설

사례관리자는 중도장애를 가진 A가 재활의 동기를 갖도록 면담(상담가)을 지속하면서 생활 기술훈련 프로그램에 참여하도록 지지(조력가)하였다. 또한 사례회의를 통해 인근 직업재활기관과 일자리지원센터의 취업 관련 서비스를 받도록 협의(조정자)하고 장애인 일자리를 확대하기 위한 지역사회 인식개선 캠페인(옹호자)을 기획하였다. 그러므로 중재자가 답이다.   정답 ①

중요도 ★★★   (8회 기출)

04) 전문적 사회복지실천의 공통기반으로 옳은 것은?

> ㉠ 사회복지실천기술   ㉡ 사회복지전문직의 가치와 윤리
> ㉢ 사회복지실천이론   ㉣ 사회복지기관의 위상

① ㉠, ㉡, ㉢   ② ㉠, ㉢   ③ ㉡, ㉣   ④ ㉣   ⑤ ㉠, ㉡, ㉢, ㉣

해설

전문적 사회복지실천의 공통기반은 첫째, 과학적이고 체계적인 이론, 둘째, 전문적 실천기술, 셋째, 전문직 가치 및 윤리이다.
정답 ①

중요도 ★★★   (8회 기출)

05) 사회복지실천의 전문적 특성으로 옳지 않은 것은?

① 사회복지실천의 과학성은 현상 지식을 포함한다.
② 사회복지실천의 과학성은 예술성보다 중요하다.
③ 사회복지실천의 예술성은 전문적 관계가 효과적으로 가능하도록 한다.
④ 사회복지실천의 예술성은 사회복지사의 직관적 능력을 의미한다.
⑤ 사회복지실천의 과학성은 사회복지를 전문직으로 인식하도록 한다.

해설

사회복지실천은 과학(science)과 예술(art)의 조화이다. 과학적 지식에만 의존하는 실천은 기계적인 수행에 그치게 되며 과학성이 결여된 예술성만으로는 효과적인 실천이 이루어질 수 없게 된다. 과학성과 예술성은 서로 대립되는 개념이 아니라 상호보완적이며 의존적인 관계이다.
정답 ②

제2장 정신역동모델

01) 정신역동모델의 개념과 개입기술에 관한 설명으로 옳은 것을 모두 고른 것은?

> ㄱ. 해석의 목적은 통찰력 향상에 있다.
>
> ㄴ. 훈습은 모순이나 불일치를 직시하도록 원조하는 단회성 기법이다.
>
> ㄷ. 전이는 반복적이며 퇴행하는 특징을 갖는다.
>
> ㄹ. 자유연상을 시행하는 경우 주제와 관련 없는 내용은 억제시킨다.

① ㄱ, ㄴ   ② ㄱ, ㄷ   ③ ㄴ, ㄹ   ④ ㄱ, ㄴ, ㄷ   ⑤ ㄱ, ㄴ, ㄷ, ㄹ

해설

ㄱ. 해석: 치료적 관계에서 나타나는 클라이언트의 행동의 의미를 설명하고 가르치기도 하며 풀어서 이야기해주는 기법으로 목적은 통찰력 향상이다.

ㄴ. 훈습: 자신의 내면적 문제나 갈등의 원인과 역동성을 통찰하게 함으로써 스스로 해결 할 수 있도록 하기 위해 반복적으로 경험하도록 하는 과정이다.

ㄷ. 전이: 클라이언트가 사회복지사를 자신의 과거 속 중요한 인물로 느껴 투사를 보이는 현상, 전이는 무의식적으로 일어나며 부적절하고 반복적이며 퇴행하는 특징을 보인다.

ㄹ. 자유연상: 어떤 감저이나 생각도 억압하지 않은 채 마음에 떠오르는 것을 무엇이든 즉시 발하도록 한다.

정답 ②

02) 정신역동모델에 관한 설명으로 옳지 않은 것은?

① 심리적 결정론에 근거한다.

② 발달단계상의 고착과 퇴행을 고려한다.

③ 성장의지가 높은 클라이언트에게 효과적이다.

④ 통찰보다는 치료적 처방 제공에 초점을 둔다.

⑤ 원초아와 초자아 사이에 발생하는 불안과 긴장 해소를 위해 방어기제를 사용한다.

해설

정신역동모델의 개입 목표는 클라이언트의 통찰력 향상 또는 문제인식 능력과 이해력을 향상시키는 것이다. 정신역동모델은 클라이언트에게 무엇을 하라고 지시하는 치료적 처방 제공보다는 통찰 획득에 초점을 둔다.

정답 ④

중요도 ★★★★

03) 정신역동 모델에 관한 설명으로 옳지 않은 것은?

① 현재의 문제를 과거의 경험에서 찾는다.

② 자유연상, 훈습, 직면의 기술을 사용한다.

③ 자기분석이 가능한 클라이언트일수록 효과적이다.

④ 클라이언트의 무의식적 충동과 미래의 의지를 강조한다.

⑤ 전이의 분석을 통해 클라이언트의 통찰력을 증진시킨다.

해설

정신역동 모델에서 클라이언트의 현재 문제를 이해하기 위해 무의식적 충동과 과거의 경험, 무의식적으로 내재되어 있는 성적, 공격적 충동을 이해하고 이러한 경험과 충동을 인식할 수 있도록 도와 현재의 문제를 이해하고자 하는 것이 목적이다.

정답 ④

중요도 ★★★★

04) 정신역동모델에 관한 설명으로 옳은 것은?

① 초자아는 내부 세계와 외부 세계의 기능이 잘 집행되도록 중재하는 역할을 한다.

② 항문 보유적 성격은 의타심이 많고 타인을 지배하려는 성향이 있다.

③ 기능주의 학파의 이론적 기초가 되었다.

④ 클라이언트의 꿈, 자유연상의 의미를 해석하는 목적은 통찰력을 제고하기 위한 것이다.

⑤ 사회복지사가 클라이언트에게 갖는 전이를 치료기법으로 활용한다.

해설

정신역동모델에서 프로이트는 꿈을 자유연상의 보조수단으로 삼았으며 꿈의 분석은 클라이언트의 꿈을 통해 나타나는 무의식적인 소망과 욕구, 두려움 등 자료들의 연관성을 해석해 줌으로써 무의식적으로 억압된 부분들을 풀어내고 새로운 통찰력을 가질 수 있도록 하였다.

정답 ④

중요도 ★★★★

05) 정신역동모델의 개입기술에 관한 설명으로 옳지 않은 것은?

① 직면 – 핵심이 되는 문제에 초점을 맞춘다.

② 훈습 – 저항이나 전이에 대한 이해를 반복해서 심화, 확장하도록 한다.

③ 자유연상 – 의식에 떠오르는 것이면 모든 것을 이야기하도록 한다.

④ 해석 – 클라이언트의 통찰력 향상을 위해 상담자의 직관에 근거하여 설명하는 것이다.

⑤ 꿈의 분석 – 꿈을 통해 나타나는 무의식적인 소망과 욕구를 해석하여 통찰력을 갖도록 한다.

직면은 어떤 모순점이나 다른 점이 발견되면 이를 클라이언트에게 이야기 해주는 것으로 클라이언트가 문제 해결 과정에 있어 비순응적 태도를 보이거나 말과 행동 사이의 불일치나 모순이 있을 때 그것을 직접적으로 지적하는 것이다. 클라이언트의 행동이 역기능적이 되거나 언어적 메시지와 비언어적 메시지가 일치하지 않을 때 사용한다.

정답 ①

(10회 기출)

중요도 ★★★★

06) 정신역동모델에 관한 설명으로 옳지 않은 것은?

① 클라이언트의 무의식적 충동을 강조한다.

② 자기분석이 가능한 클라이언트에게 적합하다.

③ 저항, 방어기제, 전이에 대한 이해가 필요하다.

④ 훈습, 꿈 분석의 기술을 사용한다.

⑤ 사회 구성주의적 관점에 근거한다.

사회구성주의는 1970년대 들어서면서 '현상이란 사회적인 상호작용을 근거로 구성한다.'는 전제를 가지고 현실이란 객관적으로 존재하는 게 아니라 사람들이 세상을 어떻게 지각하느냐에 따라 해결방법도 다양할 수 있다는 주장이다. 가족문제 혹은 클라이언트의 문제는 객관적으로 존재하는 것이 아니라 사람에 의해서 만들어지는 것으로 이해된다. 이야기 치료, 해결중심모델 등이 사회구성주의의 영향을 받았다. 정신역동모델은 사회구성주의 관점에 근거한 것이 아니다.

정답 ⑤

(10회 기출)

중요도 ★★★★

07) 사춘기 딸과 갈등관계에 있는 어머니와의 면담에서 사회복지사가 사용하고 있는 기술은?

> • 어머니: "도대체 내가 무슨 잘못을 했다고 저 난리를 부리는지 모르겠어요? 부모라면 자식이 어디서 뭘 하는지 아는 건 당연한 거 아니에요? 전화 내용을 엿듣고 가방을 뒤지다 지난주 딸과 크게 다투었어요. 이제는 집에 더 늦게 들어오고 거짓말도 많아져 너무 불안해요. 마음 같아서는 미행이라도 하고 싶어요."
>
> • 사회복지사: "따님과 생각이 많이 달라 걱정도 많고 불안하시군요. 그런데 오늘 이야기를 들으니 제가 다소 혼란스럽네요. 지난번 상담에서는 친정어머니의 지나친 간섭으로 어린 시절을 힘들게 보내셔서 본인 자녀는 많이 믿어주고 적당한 거리를 유지하고 싶다고 하셨어요. 제가 혹시 잘못 들은 건 아닌가요?"

① 직면   ② 자기주장   ③ 권한부여   ④ 환기   ⑤ 지지

직면은 클라이언트의 어떤 모순이나 다른 점이 나타나면 이를 클라이언트에게 이야기해 주는 것으로 이제까지는 회피했지만 앞으로는 이해해야 할 문제로 인지하도록 해주는 것이다.

정답 ①

(10회 기출)

08) 사회복지실천의 개입 기술에 관한 설명으로 옳은 것은?

① '지지'는 클라이언트가 활용하기를 바라거나 필요로 하는 절차에 대해 시범을 보이는 것이다.

② '해석'은 클라이언트의 통찰력 향상을 위해 사회복지사의 지식과 직관력에 근거하여 설명을 하는 것이다.

③ '재명명'은 클라이언트의 억압된 감정을 표출함으로써 감정의 강도를 약화시키거나 해소시키는 것이다.

④ '협상'은 클라이언트의 메시지가 추상적이거나 혼란스러운 경우, 보다 구체적으로 표현하도록 하는 것이다.

⑤ '환기'는 클라이언트의 말과 행동이 일치되지 않을 경우, 이를 인식하도록 돕기 위한 것이다.

치료적 관계에 나타나는 행동의 의미를 통찰력 향상을 위해 클라이언트에게 설명하고 가르치기도 하는 것으로 자아가 더 깊은 무의식의 내용을 탐색할 수 있도록 도와주는 것이다.

정답 ②

(9회 기출)

09) 집단성원 A군은 말과 행동이 불일치하고 감정을 왜곡하거나 부정하고 있다. 이에 사회복지사가 A군의 왜곡된 사고의 불일치를 설명하여 A군이 자신의 상황을 인식하도록 하였다. 이때 사회복지사가 사용한 기술은?

① 직면   ② 요약   ③ 초점화
④ 재명명   ⑤ 모델링

직면은 클라이언트의 모순점이나 다른 점이 발견되면 이를 클라이언트에게 이야기해 주는 것이다. 클라이언트의 행동이 역기능적이 되거나 언어적 메시지와 비언어적 메시지가 일치하지 않을 때 주로 사용한다.

정답 ①

10) 클라이언트가 문제에 대한 통찰수준을 높여 경험적 확신을 갖도록 클라이언트에게 반복적으로 설명하고 분석해주는 정신 역동적 실천기법은?

① 해석   ② 환기   ③ 훈습

④ 명료화   ⑤ 자유연상

해설

훈습은 클라이언트가 자신의 내면적 문제나 갈등의 원인과 그 역동성을 통찰하도록 함으로써 클라이언트가 현실상황에서 그와 유사한 문제를 맞게 될 때 이를 해결해 갈 수 있도록 하기 위해서 클라이언트와 함께 이 문제를 반복적으로 경험하도록 하는 과정을 거치는데 이러한 과정을 말한다.

정답 ③

11) 사례관리자들은 A사례관리팀장의 슈퍼비전에 불만이 많다. 다른 사례관리대상자들에게는 허용되지 않는 행동이 B클라이언트에게만 항상 예외다. 서비스 이용규칙이나 계약을 이행하지 않는 B의 불성실한 행동에 대해 "기회를 줘야 한다. 알코올중독인 아버지에게 당한 학대의 후유증이다. 당해보지 않은 사람은 모른다."고 자신의 경험을 예로 들며 B를 감싸기만 한다. A의 행동 설명에 유용한 개념은?

① 방어   ② 저항   ③ 전이

④ 해석   ⑤ 역전이

해설

역전이는 전이와 반대 현상으로 사회복지사가 알코올 중독인 아버지와 정의적 관계를 회복하지 못한 채 아버지와 부정적 감정을 클라이언트에게 투시하는 것이다. A사례관리팀장은 자신의 경험에 비추어 B를 감싸고 있는 것은 역전이에 해당한다.

정답 ⑤

01) 음주문제와 가정불화로 직장에 적응하지 못해 의뢰된 클라이언트에게 심리사회모델을 적용할 때 그 개입기법으로 적절하지 않은 것은?

① 음주와 관련된 감정을 표출하도록 한다.

② 문제해결을 위해 직접 충고한다.

③ 클라이언트의 인지오류와 신념체계를 탐색한다.

④ 직장 상사와의 갈등이 현재에 미친 영향을 파악한다.

⑤ 유년기 문제와 현재 행동의 인과관계를 지각하도록 한다.

해설

③ 클라이언트의 인지오류와 신념체계를 탐색하는 기법은 인지행동모델기법이다.

정답 ③

02) 개인대상 사회복지실천기술에 관한 내용의 연결이 옳지 않은 것은?

① 재보증: 클라이언트의 불안감이나 불확실한 감정을 줄이고 편안한 감정을 가질 수 있도록 돕는 기법

② 명료화: 클라이언트가 말한 내용을 사회복지사가 잘 이해했는지 확인하는 기법

③ 환기: 클라이언트의 부정적 감정이 문제해결에 방해가 될 경우 감정의 강도를 약화시키는 기법

④ 인정: 클라이언트가 어떤 행동을 하거나 중단한 이후 이에 대해 긍정적으로 평가해 주는 기법

⑤ 도전: 클라이언트가 부여하는 의미를 수정해서 클라이언트의 시각을 변화시키는 기법

해설

도전: 자신의 문제를 해결함에 있어 상충되거나 왜곡된 것 혹은 불일치하는 상황을 다룰 때 혹은 클라이언트가 문제를 부정하거나 회피하고 합리화를 할 때 사용하는 기술이다. 클라이언트가 부여하는 의미를 수정해서 클라이언트의 시각을 변화시키는 기법은 재구성(reframing)으로, 재명명(relabeling) 혹은 재규정(redefining)이라고 한다.

정답 ⑤

중요도 ★★★

03) 다음 사례에서 사용한 복지실천기술은?

> 클라이언트: "아버지께 화내서 너무 죄송해요. 왜냐하면 아버지께서 당뇨를 앓고 계시거든요. 더구나 당뇨관리가 제대로 안되어 다리 절단의 위기에 처해 있는데도 술을 계속 드실 때에는 화를 내게 되요. 나는 왜 우리가 잘 지내지 못하는지 모르겠어요."
>
> 사회복지사: "아버지를 걱정하고 관계가 향상되길 바라지만 때때로 아버지와 함께 하는 것이 매우 어려운 것 같군요."

① 재명명(reframing)　　② 탐색(probing)　　③ 환언(paraphrasing)
④ 지시(direction)　　⑤ 해석(interpretation)

해설

환언이란 바꾸어 말하기라고 하는데, 클라이언트가 말한 내용의 어의적 뜻을 사회복지사가 자신의 언어로 바꾸어서 다시 말해주는 것이다. 클라이언트가 이야기 한 것을 분명하게 하는 데 도움을 주고, 클라이언트가 계속해서 자신의 의견을 표현하도록 도와주는 데 필요하다.　　정답 ③

중요도 ★★★

04) 사회복지실천기술의 예시가 옳은 것을 모두 고른 것은?

> ㉠ 격려기술 – 계약기간 동안 업무를 잘 해내셨군요. 이번에도 잘 감당할 수 있을 것이라 믿어요.
> ㉡ 재보증기술 – 염려하지 마세요. 상황은 좋아질 거예요.
> ㉢ 환기기술 – 힘드셨을 것 같네요. 그때 기분이 어떠셨나요?
> ㉣ 직면기술 – 잠시 무엇을 했는지 한 번 살펴봅시다. 지난 번 하겠다고 한 것과는 반대의 일을 하고 있네요.

① ㉠, ㉡　　② ㉡, ㉢　　③ ㉢, ㉣　　④ ㉠, ㉢, ㉣　　⑤ ㉠, ㉡, ㉢, ㉣

해설

㉠ 격려(encouragement)기술은 문제해결능력을 향상시키는 기법 클라이언트의 행동이나 태도를 인정하고 칭찬해주는 기술
㉡ 재보증은 능력이나 자질에 대해 사회복지사가 신뢰를 표현함으로써 불안과 불확실성을 제거하고 위안을 주는 것
㉢ 환기는 문제 또는 상황과 관련된 감정(분노, 증오, 슬픔, 죄의식, 불안 등)을 표출하도록 하여 감정의 강도를 약화시키거나 해소시키는 기법.
㉣ 직면(confrontation)기술은 말과 행위 사이에 불일치, 표현한 가치와 실행사이의 모순을 클라이언트 자신이 주목할 수 있게 해주는 기술　　정답 ⑤

05) 심리사회모델의 기법에 관한 설명으로 옳지 않은 것은?

① 지지하기: 클라이언트가 표현한 표적 문제와의 명백한 연관성을 탐색한다.

② 직접적 영향: 문제 해결을 위해 사회복지사의 의견을 강조한다.

③ 발달적 고찰: 성인기 이전의 생애 경험이 현재의 기능에 미치는 영향에 대해 고찰한다.

④ 탐색-기술-환기: 클라이언트와 환경과의 상호작용에 대한 사실을 기술하고 감정을 표현하도록 한다.

⑤ 인간-상황에 대한 고찰: 사건에 대한 클라이언트의 지각 방식 및 행동에 대한 신념, 외적 영향력 등을 평가한다.

해설

지지하기: 감정과 행동을 지지하기, 클라이언트를 수용하고 원조하려는 의사와 문제해결 능력에 대해 확신감을 표현함으로써 클라이언트의 불안을 줄이고 자신감을 높이는 것이다.

정답 ①

06) 심리사회모델의 주요 기술이 아닌 것은?

① 탐색 – 묘사(기술) – 환기　　　② 역설적 의도　　　　　　③ 직접적 영향
④ 발달적 고찰　　　　　　　　　⑤ 유형 – 역동성 고찰

해설

역설적 의도는 클라이언트의 불안에 대한 인지적 오류에 도전하고 두려워하는 행동을 하도록 지시하는 것으로 인지행동 모델의 개입기법에 해당된다.

정답 ②

07) 단기 개입에 적합하지 않은 실천 모델은?

① 심리사회모델　　　　　　　② 행동수정모델　　　　　　③ 과제중심모델
④ 해결중심모델　　　　　　　⑤ 위기개입모델

해설

단기개입모델은 전문적인 개입방법으로 하나의 모델을 형성해 왔으며 인지행동모델, 과제중심모델, 위기개입모델, 해결중심모델이 있다.

심리사회모델은 심리적인 것과 환경(사회)을 모두 다루기 때문에 장기모델에 해당한다.

정답 ①

중요도 ★★★★

08) 심리사회모델 개입기법으로 옳지 않은 것은?

① 격려, 재보증
② 탐색-소거-환기
③ 강조, 제안, 충고, 독려
④ 발달과정의 반영적 고발
⑤ 유형-역동의 반영적 고찰

해설

탐색-묘사-환기이다.

심리사회모델의 개입 기법 6가지

1) 지지하기(sustainment)(클라이언트의 감정과 행동 지지하기)
2) 직접적 영향 주기(제안이나 조언을 통해서 직접 영향주기)
3) 탐색-기술(묘사)-환기(사실을 말하고 감정을 탐색하여 환기할 수 있게 하기)
5) 유형-역동성 관찰(성격과 행동, 심리 내적인 역동 고찰하기)
4) 인간-환경에 관한 (반성적) 성찰 (상황 속 인간의 관점에서 고찰)
6) 발달적 고찰: 정신분석의 영향, 대상관계이론의 영향, 과거 경험이 현재 기능에 미치는 영향 고찰하기

정답 ②

중요도 ★★★★

9) 심리사회모델의 형성에 기여한 이론이 아닌 것은?

① 역할이론
② 자아심리이론
③ 대상관계이론
④ 의사소통이론
⑤ 사회구성주의이론

해설

심리사회모델의 형성에 기여한 이론으로는 정신역동분석이론, 자아심리학, 대상관계이론, 생태체계이론, 의사소통이론, 역할이론 등이지만 가장 중요한 이론은 정신역동이론이며 정신분석이론과 대상관계이론은 심리사회모델에 큰 영향을 미친다.

정답 ⑤

중요도 ★★★★

10) 사회복지실천에서 사용되는 기술과 그 예가 옳은 것을 모두 고른 것은?

> ㄱ. 직접적 영향: "제 생각에는 담임선생님을 만나보시는 것이 좋을 것 같아요."
>
> ㄴ. 외현화: "며느리에게 심하게 하셨다는데 구체적으로 어떻게 하셨다는 말씀인가요?"
>
> ㄷ. 발달적 고찰: "어린 시절에도 이런 느낌을 느끼신 적이 있나요?"
>
> ㄹ. 재보증: "시어머니가 돌아가셔서 슬프다고 하셨지만, 표정은 그렇게 보이지 않습니다."

① ㄱ, ㄴ, ㄷ   ② ㄱ, ㄷ   ③ ㄴ, ㄹ   ④ ㄹ   ⑤ ㄱ, ㄴ, ㄷ, ㄹ

해설

ㄴ. 문제의 외현화는 주로 이야기 치료에서 사용하는데 가족문제를 개별성원 혹은 가족이 아닌 문제 자체로 보고 가족을 괴롭히는 별개 존재로 문제를 이야기 하는 것이다.

ㄹ. 재보증은 클라이언트가 가진 죄의식, 불안, 분노의 감정에 대해 이해를 표현하여 클라이언트를 안심시키는 기법이다. "시어머니가 돌아가셔서 슬프다고는 하셨지만 표정은 그렇게 보이지 않습니다."는 직면기술이다.

정답 ②

중요도 ★★★★   (10회 기출)

11) 심리사회모델에 관한 설명으로 옳은 것은?

① 정신분석이론, 자아심리학, 대상관계이론에 영향을 미쳤다.

② 클라이언트의 현재와 미래에 초점을 둔다.

③ 클라이언트의 수용과 자기결정을 강조한다.

④ 외현화 및 인지재구조화기술을 사용한다.

⑤ 인간의 내적 갈등보다는 환경을 강조한다는 비판을 받는다.

해설

심리사회모델은 클라이언트를 존중하고, 수용하고, 자기지시 또는 자기결정을 지향하고 전문적 관계 형성을 중요시 한다.

정답 ③

중요도 ★★★★   (8회 기출)

12) 심리사회모델의 개입기술로 옳은 것을 모두 고른 것은?

가. 지지하기	나. 경험적 학습
다. 발달적 고찰	라. 자유연상

① 가, 나, 다   ② 가, 다   ③ 나, 다   ④ 라   ⑤ 가, 나, 다, 라

해설

가. 지지하기: 클라이언트에 대한 사회복지사의 신뢰나 존중, 돕고자 하는 태도, 클라이언트의 문제해결 능력에 대한 확신 등을 표현함으로 클라이언트의 불안을 감소시키고 동기화를 촉진한다.

나: 인지행동모델의 개입기법

다: 발달적 고찰: 클라이언트의 과거 경험이 현재 기능에 미치는 영향을 고찰한다.

라: 정신역동모델의 개입기법

정답 ②

중요도 ★★★★★

01) 인지행동모델에 관한 설명으로 옳은 것은?

① 탈 이론적이다.　　　　　　　　② 비 구조화된 접근을 강조한다.

③ 주관적 경험과 인식을 중시한다.　④ 클라이언트가 수동적으로 참여한다.

⑤ 클라이언트의 무의식적 언행에 초점을 맞춘다.

해설

인지행동모델의 개입 목표는 비합리적 신념이나 인지적 오류: 자기 패배적 사고를 변화하게 함으로써 그의 감정이나 행동을 수정하는 방식으로 클라이언트의 주관적 경험의 독특성을 중시하고 구조화되고 교육적인 접근을 강조한다.　　　정답 ③

중요도 ★★★★★

02) 인지행동모델의 개입 기법에 관한 설명으로 옳지 않은 것은?

① 행동형성은 강화원리를 따른다.

② 모델링은 관찰학습 과정을 통해 이루어진다.

③ 경험적 학습에는 인지불일치 원리가 적용된다.

④ 타임아웃은 정적 강화 원리를 이용한 것이다.

⑤ 체계적 탈감법은 고전적 조건화에 근거한다.

해설

타임아웃은 신체적 규율에 대한 대안으로 클라이언트가 어떠한 행동을 했을 시 강화물이 많은 상태에서 적거나 없는 상태로 이동시킴으로써 바람직하지 못한 행동을 못하게 하는 방법으로 부적절이다　　　정답 ④

중요도 ★★★★★

03) 인지행동모델의 특성을 모두 고른 것은?

> ㄱ. 객관적 경험의 일반화
> ㄴ. 사건을 이해하는 신념체계가 감정에 어떤 영향을 주는지 파악
> ㄷ. 문제에 대한 통제력이 자신에게 있다고 전제
> ㄹ. 질문을 통해 자기발견과 타당화의 과정을 거침

① ㄱ, ㄹ   ③ ㄴ, ㄹ   ③ ㄱ, ㄴ, ㄷ   ④ ㄴ, ㄷ, ㄹ   ⑤ ㄱ, ㄴ, ㄷ, ㄹ

해설

인지행동모델의 특성은 다음과 같다.
ㄱ. 주관적 경험의 독특성이다.
ㄴ. 선행사건이 정서나 행동과 같은 결과에 미치는 영향을 신념이 매개한다고 가정한다.
ㄷ. 문제를 일으키는 역기능적인 신념을 찾아낼 수 있고 합리적 신념으로 바꿀 수도 있다.
ㄹ. 문 답변 등의 방법을 통해 가능하다.

정답 ④

(15회 기출)

중요도 ★★★★★

04) 인지행동모델에 관한 설명으로 옳지 않은 것은?

① 인간행동은 의지에 의해 결정된다.
② 인간행동은 전 생애에 걸쳐 학습된다.
③ 주관적인 경험의 독특성을 인정하지 않는다.
④ 구조화된 접근을 강조한다.
⑤ 지적 능력을 가진 클라이언트에게 적용이 보다 용이하다.

해설

인지행동모델은 클라이언트의 주관적 경험의 독특성을 중요시한다. 인간이 생각하고 느끼고 행동하는 것이 서로 연관된다고 가정하는데, 특히 클라이언트가 특정 상황에 대해 어떤 생각을 했는지를 매우 중요시한다.

정답 ③

(15회 기출)

중요도 ★★★★★

05) 행동수정모델의 개입기술에 관한 설명으로 옳은 것을 모두 고른 것은?

> ㄱ. 처벌받는 행동은 발생빈도가 줄어든다.
> ㄴ. 간헐적으로 강화된 행동은 소거하기 어렵다.
> ㄷ. 긍정적인 강화는 행동의 발생빈도와 정도를 증가시킨다.
> ㄹ. 부적 처벌은 체벌을 제시함으로써 행동의 발생 가능성을 감소시킨다.

① ㄹ   ② ㄱ, ㄷ   ③ ㄴ, ㄹ   ④ ㄱ, ㄴ, ㄷ   ⑤ ㄱ, ㄴ, ㄷ, ㄹ

해설

부적 처벌은 긍정적 자극을 제거하는 것이다. 타임아웃이 대표적이다. 정적처벌은 체벌을 제시함으로써 행동의 발생 가능성을 감소시킨다.

정답 ④

06) 사회복지실천모델에서 사용하는 기술에 관한 설명으로 옳은 것은?

① 예외질문 – 문제가 해결된 미래에 대해 상상하도록 함으로써 변화의 목표를 찾아낸다.

② 명료화 – 저항이나 전이에 대한 이해를 반복, 심화, 확장하여 통합한다.

③ 행동조성 – 목표행동을 세분화하여 연속적, 단계적으로 강화하는 것이다.

④ 유형 역동성 고찰 – 상황을 드러내고, 그에 따른 감정을 표현함으로써 감정전환을 도모한다.

⑤ 체계적 탈(둔)감법 – 특정 행동에 대한 불안을 유발하는 행동을 하도록 지시하는 것 이다.

해설

행동조성(shaping)은 복잡한 행동이나 기술을 학습시키는데 매우 유용한 방법이므로 목표행동을 세분화하여 연속적 단계적으로 강화를 함으로서 행동을 점진적으로 만들어 가는 것이다.

정답 ③

07) 인지행동모델에 관한 설명으로 옳은 것을 모두 고른 것은?

> ㄱ. 행동적 과제의 부여를 중요시한다.
> ㄴ. 클라이언트의 주관적 경험과 인식을 강조한다.
> ㄷ. 인지체계의 변화를 위해 구조화된 접근을 한다.
> ㄹ. 불안감을 경험하는 상황에 노출시킨다.

① ㄱ, ㄴ, ㄷ   ② ㄱ, ㄷ   ③ ㄴ, ㄹ   ④ ㄹ   ⑤ ㄱ, ㄴ, ㄷ, ㄹ

해설

인지행동모델에서 인지는 '사고능력'을 의미하며, 환경에 대한 인간의 사고, 정서와 행동의 결정요인이라고 본다. 정서, 행동, 문제 해결에 역기능적으로 작용하는 사고 패턴을 확인하고 클라이언트가 이를 직면하여 변화하도록 클라이언트를 돕는 것이 중요하다고 믿는 이론이다.

ㄱ) 인지적, 행동적 관제가 주어지며 ㄴ) 주관적 경험 독특성과 인식을 강조하고 ㄷ) 치료자가 문제 해결을 위해 구조적인 절차를 가지고 있고 ㄹ) 불안감을 경험하는 사람을 노출시킨다.

정답 ⑤

08) 다음 사례에서 활용한 개입 기법에 해당하지 않는 것은?

고등학생인 영수는 과체중, 자기주장 부족 등의 문제를 호소하고 있다. 또한 담배 가게를 지나칠 때마다 흡연 욕구를 참지 못해 간헐적 흡연을 하고 있다. 사회복지사는 영수를 돕기 위해 음식에 대한 인식을 수정하게 하였고, 자기주장 능력을 개발하기 위해 하기 쉬운 것부터 어려운 것의 순서로 자기주장 행동을 수행하게 하였다. 아울러 등하교 때 담배 가게가 있는 골목을 피해 다니도록 했다. 그리고 흡연 욕구를 참지 못할 때는 껌을 씹게 하였다.

① 선행조건의 회피 ② 선행조건의 소거 ③ 선행조건의 재인식
④ 대체행동의 사용 ⑤ 행동형성

해설

고등학생인 영수는 과체중, 자기주장 부족 등의 문제를 호소하고 있다. 사회복지사는 영수를 돕기 위해 음식에 대한 인식을 수정하게 하였고(선행조건의 재인식), 자기주장 능력을 개발하기 위해 하기 쉬운 것부터 어려운 것의 순서로 자기주장 행동을 수행하게 하였다(행동형성). 아울러 등하교 때 담배 가게가 있는 골목을 피해 다니도록 했다(선행조건의 회피). 그리고 흡연 욕구를 참지 못할 때는 껌을 씹게 하였다(대체행동의 사용). 선행조건의 소거는 해당사항이 없다.
소거는 특정 행동을 감소시키는 것으로 제공되고 있던 강화를 멈추어서 특정행동을 줄이는 것이다.   정답 ②

중요도 ★★★★   (13회 기출)

09) 인지행동모델의 한계점에 관한 설명으로 옳지 않은 것은?

① 지적 능력이 낮은 클라이언트에게는 효과성이 제한적이다.
② 즉각적인 위기개입을 해야 하는 클라이언트에게 적용하기 어렵다.
③ 사회복지사의 적극적 역할수행이 어렵다.
④ 특정 개입 기술사용에서 윤리적 문제가 발생할 수 있다.
⑤ 새로운 시도에 대한 의지가 약한 클라이언트에게 적용이 어렵다.

해설

인지행동모델에서의 개입방법으로 사회복지사는 적극적인 역할 수행을 해야 한다.   정답 ③

중요도 ★★★★   (13회 기출)

10) 인지행동모델에 관한 설명으로 옳은 것을 모두 고른 것은?

ㄱ. 주관적 경험을 강조한다.
ㄴ. 비합리적인 신념체계의 변화를 강조한다.
ㄷ. 대체 사고와 행동을 학습하는 교육적 접근을 강조한다.
ㄹ. 인지체계 변화를 위한 비구조화된 접근을 강조한다.

① ㄱ, ㄴ, ㄷ   ② ㄱ, ㄷ   ③ ㄴ, ㄹ

④ ㄹ   ⑤ ㄱ, ㄴ, ㄷ, ㄹ

해설

ㄱ. 인간을 주관적인 존재로 보고 주관적인 경험을 강조하며, 개인의 비합리적인 신념체계의 변화를 강조하고 대체 사고와 행동을 학습하는 교육적 접근을 강조한다.

인지체계 변화를 위한 비구조화된 접근을 강조하는 게 아니라 구조화된 접근을 강조한다.

정답 ①

(12회 기출)

중요도 ★★★★

11) 인지왜곡을 가져오는 자동적 사고에 관한 설명으로 옳지 않은 것은?

① 이분법적 사고 – 최고가 아니면 모두 실패자인 거야.

② 선택적 요약 – 선생님은 나를 미워하니까 성적도 나쁘게 줄 거야.

③ 임의적 추론 – 내가 너무 뚱뚱해서 사람들이 다 나만 쳐다보는 것 같아.

④ 개인화 – 내가 신고만 빨리했어도 지하철 화재로 사람이 죽지 않았을 거야.

⑤ 과잉 일반화 – 내가 너무 못생겨서 남자친구가 떠났으니 결혼도 하기 어렵겠지.

해설

'선생님은 나를 미워하니까 성적도 나쁘게 줄 거야'는 선택적 요약이 아니라 임의적 추론에 해당한다. 선택적 요약은 정신적 여과라고도 하는데 왜곡은 상황에 대한 긍정적 양상을 여과하는데 초점이 맞춰있고 극단적으로 부정적인 세부사항에 머무르는 것을 말한다.

정답 ②

(11회 기출)

중요도 ★★★★

12) 사회기술훈련(social skills training)에 관한 설명으로 옳지 않은 것은?

① 성원이 훈련의 필요성을 이해해야 한다.

② 문제가 발생하는 실제 상황을 자세하게 파악해야 한다.

③ 특정 행동의 복잡한 유형을 세분하여 이해하고 훈련해야 한다.

④ 반복적인 예행연습을 통해 원하는 기술 수준에 도달하도록 해야 한다.

⑤ 난이도가 높은 과제로부터 쉬운 과제를 주는 조성화의 원칙을 준수해야 한다.

해설

사회기술훈련은 난이도가 낮은 과제로부터 높은 과제를 주는 조성화의 원칙을 준수해야 한다.

사회기술훈련은 사회학습의 원칙에 기반하며 클라이언트가 취약하거나 사회적으로 소외되거나 혹은 특정기술을 익혀야 할 때 사용된다.

정답 ⑤

13) 인지행동모델의 개입 기법에 관한 설명으로 옳지 않은 것은?

① '과제 수행'을 통해 새로운 행동을 배우거나 과거의 부정적 반응을 제거할 수 있다.

② '내적 의사소통의 명료화'를 통해 자신의 독백과 생각의 비합리성을 이해할 수 있다.

③ '설명'은 클라이언트의 행동이 어떻게 생각에 영향을 미치는지를 알려주어 인지변화를 유도한다.

④ '경험적 학습'은 왜곡된 인지에 도전하여 변화를 유도하는 것으로 인지적 불일치 원리를 적용한다.

⑤ '인지 재구조화'는 역기능적인 사고와 신념을 현실에 맞는 것으로 대치하도록 하여 기능 향상을 돕는다.

해설

클라이언트에게 감정이 어떻게 행동에 영향을 미치는지에 대한 ABC모델의 설명기법이다.
클라이언트의 행동이 어떻게 생각에 영향을 미치는지를 알려주어 인지변화를 유도하는 것은 인지행동 기법의 모델에 해당하지
않는다.   정답 ③

---

14) 행동수정모델에서 사용하는 강화와 처벌에 관한 설명으로 옳은 것은?

① 부적 강화는 불쾌한 자극을 제거함으로써 행동을 증가시킨다.

② 정적 강화는 강화를 제공함으로써 행동을 감소시킨다.

③ 강화는 바람직하지 않은 행동을 감소시키기 위해 사용하는 방법이다.

④ 정적 처벌은 행동의 결과로 불쾌한 자극을 제거함으로써 이루어진다.

⑤ 부적 처벌은 불쾌한 자극을 주어 잘못된 행동을 수정하는 것이다.

해설

부적 강화는 혐오스러운 불쾌한 자극을 제거함으로써 행동을 증가시킨다.   정답 ①

---

15) 인지행동모델에 관한 설명으로 옳지 않은 것은?

① 생각이 바뀌면 역기능이 해소될 수 있다고 가정한다.

② 합리정서행동치료(Rational Emotive Behavior Therapy)가 해당된다.

③ 특정 상황에서 떠오르는 생각을 점검하기 위해 행동 기록 일지를 작성하도록 한다.

④ 클라이언트의 주관적 경험과 책임을 강조한다.

⑤ 옹호 활동을 통해 클라이언트의 자원 및 기회를 확대시킨다.

옹호 활동을 통해 클라이언트의 자원 및 기회를 확대시키는 것은 권한부여(임파워먼트) 모델이다.

정답 ⑤

16) 사회기술훈련에서 활용되는 기술로 옳은 것을 모두 고른 것은?

ㄱ. 강화	ㄴ. 과제
ㄷ. 모델링	ㄹ. 역할연습

① ㄱ, ㄴ, ㄷ   ② ㄱ, ㄷ   ③ ㄴ, ㄹ

④ ㄹ   ⑤ ㄱ, ㄴ, ㄷ, ㄹ

사회기술훈련은 모델링, 역할 연습, 행동시연, 강화, 코칭, 문제해결 기술에 대한 교육, 숙제 부여 등 다양한 행동주의 기법들이 사용된다.

정답 ⑤

17) 다음 사례에서 도출된 '인지적 오류'로 옳지 않은 것은?

> "어머니는 제 능력이 형제들 중에 가장 뛰어나다며 저만 대학에 보냈어요. 저는 그게 당연하다고 생각했고 ① 다른 사람들도 저를 대접하지 않으면 참지 못했어요. 취업면접에서도 면접관이 ② 먼저 악수를 청하지 않으면 떨어졌다고 좌절했어요. 그런데, ③ 지난달에 어머니도 오시지 않은 것을 보면 이제 저를 신뢰하지 않는 것 같아요. ④ 아버지만 살아계셨더라도 이런 일은 없었을 거예요. ⑤ 이런 대접을 받고 산다는 것은 실패한 삶이에요."

① 과잉일반화   ② 임의적 추론   ③ 선택적 축약

④ 개인화   ⑤ 이분법적 사고

①의 과잉 일반화는 분리된 사건들에 대한 결론을 연관되거나 연관되지 않는 상황 전반에 적용하는 것이다. 즉 '다른 사람들도 저를 대접하지 않으면 참지 못했어요'는 과잉일반화가 아니다.

정답 ①

중요도 ★★★

18) 모델링에 관한 설명으로 옳지 않은 것은?

① 타인을 흉내 낼 단서를 제공한다.

② 시행착오를 줄이고 성공 경험을 촉진한다.

③ 행동 재생 과정이 동기부여 과정보다 선행한다.

④ 행동뿐 아니라 행동에 대한 감정과 태도변화를 도모한다.

⑤ 모방할 행동에 대한 관찰학습 기회를 제공한다.

해설

모델링은 관찰을 통한 학습으로 다른 사람이 행동하는 것을 보고 들으면서 그 행동을 따라 하는 것이다. 감정의 변화까지는 거리
가 멀다. 모델링은 행동 변화 기술에 해당하는 것이다.

정답 ④

중요도 ★★★

19) 인지적 오류와 그 유형을 설명한 것 중 옳은 것을 모두 고른 것은?

> ㉠ (상대방이 쳐다보지 않자) '저 사람은 날 싫어해.' – 이분법적 사고
>
> ㉡ 시험에 합격한 일 정도는 누구나 할 수 있는 일이야. – 축소
>
> ㉢ (나 때문이 아닌데도 불구하고) '나 때문에 일어난 일이야.' – 과잉 일반화
>
> ㉣ (객관적으로 좋은 상황에 있어도) '나는 되는 일이 하나도 없어.' – 임의적 추론

① ㉠, ㉡, ㉢   ② ㉠, ㉢   ③ ㉡, ㉣

④ ㉣   ⑤ ㉠, ㉡, ㉢, ㉣

해설

㉠은 임의적 추론이다. 즉, 나를 싫어한다는 충분한 근거가 없는데도 불구하고 나를 쳐다보지 않는 것에 대해 나를 싫어 한다는
결론에 도달했다.
㉢은 개인화이다. 즉, 관련된 적절한 원인이 없는데 개인에게 연결시키는 것이다.

정답 ③

중요도 ★★★★★

01) 철수는 무단결석과 친구를 괴롭히는 문제로 담임선생님에 의해 학교 사회복지사에게 의뢰되었다. 철수와의 상담을 과제중심모델로 진행할 때 그 개입방법에 해당하지 않는 것은?

① 철수의 성격유형과 심리역동을 탐색한다.

② 지역사회에서 지원할 수 있는 방법을 확인한다.

③ 담임선생님이 제시한 문제를 확인하다.

④ 철수의 노력으로 해결 가능한 문제를 선정한다.

⑤ 제시된 문제가 철수의 욕구와 일치하지 않은 경우 조정한다.

해설

① 과제중심모델에서는 클라이언트가 인식할 문제를 중심으로 당장 해결해야 할 표적이 되는 문제들 중 사회복지사와 계약한 문제를 해결하는 것에 초점을 둔다. 철수의 성격유형과 심리역동을 탐색하는 것은 정신역동모델 이나 심리사회모델에서의 개입에 해당된다.   정답 ①

중요도 ★★★★

02) 과제중심모델의 개입과정 중 중기(실행) 단계에서 해야 할 과업이 아닌 것은?

① 표적문제의 변화 과정 확인   ② 실질적 장애물의 규명과 해결

③ 표적문제에 대한 초점화된 집중   ④ 표적문제의 설정

⑤ 과제 계획과 이행

해설

표적문제의 설정은 문제규명 단계에서 해야 할 과제이다.

정답 ④

중요도 ★★★★

03) 과제중심모델에 관한 설명으로 옳지 않은 것은?

① 단기간의 종합적인 개입모델이다.

② 클라이언트가 동의한 과제를 중심으로 개입한다.

③ 경험적 자료보다는 발달이론을 중심으로 개입한다.

④ 계약한 구체적인 문제해결에 초점을 두고 접근한다.

⑤ 클라이언트의 문제는 자원 혹은 기술의 부족으로 이해한다.

과제중심모델은 이론보다는 경험적 자료를 통해 개입의 기초를 마련하려는 움직임에서 비롯되었다.

정답 ③

 (15회 기출)

04) 통합적 방법으로 문제해결모델에 관한 설명으로 옳지 않은 것은?

① 자아심리학, 듀이(J. Dewey)의 사상, 역할이론, 체계이론 등에 기반한다.

② 펄만(H. Perman)의 모델에서는 주로 개인의 사회적 기능에 문제의 초점을 둔다.

③ 콤튼과 갤러웨이(B. Compton&R. Galaway)모델에서는 개인, 집단, 환경 간 상호작용 문제로 초점이 확대된다.

④ 사회복지사는 클라이언트와 협동적 작업 관계 외에 다른 체계와 협조, 교섭, 갈등의 관계도 가진다.

⑤ 미시체계, 중간체계, 외적체계, 거시체계의 4체계 모델에서 6체계 모델로 발전한다.

펄만(Pelman)의 문제해결모델은 핀커스와 미나한(Pincus & Minahan)의 4체계 모델의 기초가 되었으며, 콤튼과 갤러웨이(Compton & Galaway)의 6체계 모델로 발전하였다. 4체계 모델의 클라이언트 체계, 변화매개체계, 표적체계, 행동체계이다. 미시체계, 중간체계, 외적체계, 거시체계는 브론펜브래너(Bronfenbrenner)의 생태체계이론에서 생태적 체계를 구성하는 4체계를 말한다.

정답 ⑤

 (14회 기출)

05) 과제중심모델에 관한 설명으로 옳지 않은 것은?

① 클라이언트의 자기결정권을 존중한다.

② 계약 내용에 사회복지사의 과제를 포함한다.

③ 클라이언트와 사회복지사와의 관계는 협력적 관계이다.

④ 단기치료의 기본 원리를 강조한 비 구조화된 접근이다.

⑤ 클라이언트의 문제의식을 반영하여 표적 문제를 설정한다.

비구조화된 접근이 아니라 구조화된 접근이다.

정답 ④

06) 과제중심모델에서 문제 규명 단계의 과업으로 옳지 않은 것은?

① 클라이언트가 규정한 문제를 파악한다.

② 클라이언트의 수행 과제를 개발한다.

③ 의뢰기관에서 위임한 문제를 파악한다.

④ 예비적인 초기 사정을 시행한다.

⑤ 우선순위에 따라 개입 문제를 규명한다.

해설

수행과제를 개발하는 것은 실행단계에서의 과업이다.

보충노트

과제중심모델의 문제 규명 단계의 과업

• 클라이언트가 제시하는 문제 탐색
• 표적 문제의 구체적 설정한다. 클라이언트가 인정하는 문제, 클라이언트 자신의 노력으로 해결 가능한 문제, 구체적인 문제(저항은 최소화, 협조는 최대화)
• 표적 문제의 우선순위 정하기: 우선순위를 고려하여 최대 3개까지, 시간제한적인 단기개입 가능
• 신속한 초기 사정: 과도한 탐색은 피하고, 클라이언트의 단점, 장점, 환경, 가족관계 등의 탐색   정답 ②

07) 과제중심모델에서 과제 수행의 장애물을 찾아내는 단계는?

① 시작단계   ② 문제규명단계   ③ 계약단계

④ 실행단계   ⑤ 종결단계

해설

과제중심모델에서 실행단계에서는 가장 많은 시간을 할애하는 단계로 후속 사정을 위한 수행을 하는 것으로 신속한 초기 사정(1단계)을 기초로 수정, 보완하는 것. 과제의 가치를 높이고 과제 수행을 방해하는 장애요소를 제거한다.   정답 ④

08) 과제중심모델에 관한 설명으로 옳은 것을 모두 고른 것은?

> ㄱ. 시간제한, 합의된 목표, 개입의 책무성을 강조한다.
>
> ㄴ. 클라이언트의 성격유형과 심리내적 역동에 초점을 둔다.
>
> ㄷ. 시작-표적문제의 규명-계약-실행-종결단계와 같은 구조화된 접근을 강조한다.
>
> ㄹ. 단일 이론에 근거하여 실천의 효과성 및 효율성을 증진시킨다.

① ㄱ, ㄴ, ㄷ　　　　　　② ㄱ, ㄷ　　　　　　③ ㄴ, ㄹ
④ ㄹ　　　　　　　　　⑤ ㄱ, ㄴ, ㄷ, ㄹ

해설

과제중심모델은 단기개입이기 때문에 시간제한적인 개입을 하며 환경에 대한 개입을 강조한다.

보충노트

과제중심모델의 특징
① 클라이언트가 인식하고 동의한 문제에 초점, 집중적으로 원조하는 특징. 클라이언트가 인식하는 표적문제 중심
② 클라이언트가 수행할 수 있도록 과제 중심으로 조직
③ 경험적 자료가 모델을 형성하는 기초가 됨
④ 사회복지사와 클라이언트의 협조적인 관계 중시
⑤ 클라이언트의 자기결정권 강조
⑥ 절충적인 접근: 한 가지 이론이나 모델을 고집하지 않으며 다양한 접근 방법 사용
⑦ 클라이언트와 사회복지사가 계약한 구체적인 문제해결에 초점, 클라이언트의 환경에 개입
⑧ 개입의 책무성을 강조. 개입 과정을 객관적으로 기록하고 진행 상황을 회기마다 모니터하고 개입 과정과 사회복지사 실천에 대한 클라이언트와 사회복지사의 평가 등을 중요시함

정답 ②

중요도 ★★★　　　　　　　　　　　　　　　　　　　　　　(9회 기출)

09) 다음 사례를 과제 중심 모델로 개입할 경우 표적문제와 과제의 연결로 옳은 것은?

> A군은 절도사건에 연루되어 수강명령 처분을 받았다. A군은 현재 쉼터에 머물고 있으나 집으로 돌아가는 것과 학교 출석만 요구하지 않는다면 상담을 받겠다고 한다. 또한 상담을 통해 남의 요구를 거절하지 못하는 것, 분노조절을 하지 못하는 행동을 고치고 싶다고 이야기하고 있다.

① 절도행위 – 자기통제력 증진하기
② 가출 – 1주일 내에 집으로 돌아가기
③ 무단결석 – 담임교사에게 전화하기
④ 분노조절이 안 됨 – 원인 파악 위해 주 1회 상담하기
⑤ 남의 요구 거절 못함 – 자존감 향상하기

해설

표적문제란 클라이언트가 직면하고 있는 문제 중 당장 해결해야 할 표적이 되는 문제, 즉 클라이언트가 자신의 문제를 인식하고 경감·해결하기를 원하며, 사회복지사도 전문적인 판단에 의해 인정한 문제로서 클라이언트와 사회복지사가 변화시키기로 계약한 문제를 말한다. 과제란 클라이언트와 사회복지사 간의 동의에 의해 계획되는 특정유형의 문제 해결활동(problem-solving action)이며, 면접 안에서 뿐만 아니라 면접 밖에서도 행해지는 활동이다.

정답 ④

10) 과제 중심 모델에 대한 설명으로 옳은 것은?

① 개입단계의 내용이 구조화되어 있지 않다.

② 클라이언트의 문제 인식을 반영하여 표적문제를 설정한다.

③ 단일이론에 기반한다.

④ 클라이언트의 심리적 문제에 초점을 둔다.

⑤ 과제는 사회복지사가 클라이언트에게 부여한 활동이다.

해설

과제중심 모델은 시간제한적인 단기 개입(단기치료, 계획된 단기성), 클라이언트가 인식한 문제 중심, 과제 중심, 경험적 기초, 협조적 관계, 자기결정의 원리, 통합적 접근, 구조화되고 체계적인 접근, 이론적 융통성 및 절충주의를 특징으로 한다.

정답 ②

중요도 ★★★★★

01) 위기개입모델에 관한 설명으로 옳지 않은 것은?

① 다른 모델에 비해 상대적으로 단기 서비스를 제공한다.

② 위기개입의 표적문제는 구체적이어야 한다.

③ 위기에 대한 반응보다 위기사건 자체 해결에 일차적으로 목표를 둔다.

④ 절망하고 있는 클라이언트에게 희망을 고취시키는 것이 중요하다.

⑤ 위기에 개입하는 사회복지사는 적극적이고 직접적인 역할을 수행한다.

해설

위기개입모델이란 위기로 인한 불균형 상태는 회복하기 위한 단기치료 과정으로 위기 사건 자체를 해결하기는 어려운 경우가 많으므로 위기개입목표로는 위기로 인한 증상의 제거와 균형상태 회복, 위기 이전의 기능수준으로 회복하는 상태로 돌아가는 것 등을 목표로 한다.

정답 ③

중요도 ★★★★★

02) 사회복지모델에 관한 설명으로 옳은 것을 모두 고른 것은?

> ㄱ. 임파워먼트모델에서는 클라이언트를 일방적 수혜자로 인식하지 않는다.
>
> ㄴ. 과제중심모델은 펄만(H. perlman)의 문제해결요소의 영향을 받았다.
>
> ㄷ. 위기개입모델에서는 클라이언트의 과거를 탐색하는 데 우선순위를 두지 않는다.
>
> ㄹ. 클라이언트중심모델에서는 사회복지사의 권위적인 역할이 강조된다.

① ㄱ, ㄷ   ② ㄴ, ㄹ   ③ ㄷ, ㄹ

④ ㄱ, ㄴ, ㄷ   ⑤ ㄱ, ㄴ, ㄷ, ㄹ

해설

사회복지실천의 모델

ㄱ. 임파워먼트모델에서는 클라이언트를 일방적 수혜자로 인식하지 않고 '소비자' 시각을 갖는다.

ㄴ. 과제중심모델은 1960년대 시작된 단기치료(인지행동, 관계중심모델, 위기개입모델, 해결중심모델 등)의 영향을 받아 생성된 모델로써 펄만(H. perlman)의 문제해결요소와 학습이론과 관련된 행동기법, 인지 행동적 이론과 방법, 가족 구조적 접근 등

을 통합하여 형성되었다.

ㄷ. 위기개입은 단기 개입모델이다. 클라이언트의 과거를 탐색하는 데 우선순위를 두지 않는다.

정답 ④

중요도 ★★★★　　　　　　　　　　　　　　　　　　　　　　　　　　　　　(16회 기출)

03) 다음의 설명에 해당하는 사회복지실천 모델은?

> • 의미 있는 선택을 할 수 있게 자아효능감을 증진하고 자신의 감정을 찾도록 돕는다.
> • 클라이언트를 잠재력 있는 인간이며, 문제해결을 위한 자원으로 인식한다.
> • 클라이언트 자신의 삶과 상황에 대해 더 많은 통제력을 갖도록 돕는다.

① 해결중심모델　　　　　② 심리사회모델　　　　　③ 임파워먼트모델
④ 과제중심모델　　　　　⑤ 위기모델

해설

임파워먼트모델(역량강화모델)은 억압받고 무기력한 상황에 놓여 있는 클라이언트의 잠재역량을 인정되고 문제해결을 위한 자원으로 인식하여 자신이 처한 상황을 스스로 개선하기 위한 행동을 취할 수 있도록 개인적, 대인 관계적, 정치적으로 힘을 키우는 과정인 역량강화를 이루어낼 수 있도록 전문적으로 원조하는 모델이다.

정답 ③

중요도 ★★★★　　　　　　　　　　　　　　　　　　　　　　　　　　　　　(16회 기출)

04) 자살을 생각하는 클라이언트의 문제에 개입할 때 적절한 내용을 모두 고른 것은?

> ㄱ. 자살 관련 계획을 직접적으로 묻는 것은 자살을 구체화할 수 없어 피한다.
> ㄴ. 자살을 생각하는 클라이언트가 보여주는 단서에 민감할 필요가 있다.
> ㄷ. 자살 시도 경험을 확인해 본다.
> ㄹ. 우울증 가능성이 있을 경우 정신건강 관련 기관에 의뢰한다.

① ㄱ, ㄴ　　　　　　② ㄱ, ㄹ　　　　　　③ ㄴ, ㄷ
④ ㄴ, ㄷ, ㄹ　　　　⑤ ㄱ, ㄴ, ㄷ, ㄹ

해설

자살의 위험이 있는 사람과 자살에 대해 이야기를 함으로써 자살 위험은 증가하는 게 아니라 감소한다. 자살가능성을 규명하기 위한 가장 좋은 방법은 자살에 대해 직접 묻는 것이다. 자살에 대한 잘못된 믿음 중 하나가 '자살 관련 계획을 직접적으로 묻는 것은 자살을 구체화할 수 있어 피해야 한다.'이다. 그러나 이와 반대이다.

정답 ④

중요도 ★★★★

05) 사회복지실천모델에 관한 설명으로 옳은 것을 모두 고른 것은?

> ㉠ 권한부여모델에서는 클라이언트를 파트너로 인식한다.
> ㉡ 진단주의와 기능주의의 논쟁 통합이 문제해결모델에서 이루어졌다.
> ㉢ 클라이언트중심 모델에서는 과거의 경험보다 현재의 경험을 강조한다.
> ㉣ 위기개입모델에서는 사건에 대한 주관적 인식보다 사건자체를 중시한다.

① ㉠   ② ㉠, ㉡   ③ ㉠, ㉡, ㉢   ④ ㉡, ㉢, ㉣   ⑤ ㉡, ㉢, ㉣

해설

위기개입모델에서는 위기는 사건자체 보다는 사건에 대한 개인의 주관적 현실에 기초하는데 같은 상황에서도 어떤 사람은 위기를 느끼고 어떤 사람은 위기를 느끼지 않기 때문에 사건 자체보다 사건에 대한 주관적 인식을 중요시한다.   정답 ③

중요도 ★★★★

06) 역량강화모델(empowerment model)에 관한 설명으로 옳지 않은 것은?

① 클라이언트의 잠재적인 역량에 초점을 둔다.
② 변화를 위한 클라이언트의 역할이 중요하다.
③ 발견 단계-대화 단계-발전 단계의 실천과정 순서로 진행된다.
④ 이용가능한 자원체계의 능력을 분석하고 목표를 구체화한다.
⑤ 클라이언트의 참여를 중시하고 자기결정권을 강조한다.

해설

취약한 클라이언트 집단은 무기력하고 무력하여 필요한 환경자원을 스스로 이용하지 못하고 스트레스 상황에 효과적으로 대처하지 못한다. 역량 강화란 이러한 클라이언트가 충분하게 자신의 삶을 통제할 수 있도록 원조하는 것을 역량강화라 한다.
역량강화모델 개입과정은 대화단계 → 발견단계 → 발전단계로 진행한다.
(1) 대화 단계: 역량 강화 관계 개발하기
(2) 발견 단계: 사정, 분석, 계획하기
(3) 발전 단계: 실행 및 변화 안정화하기
                                                            정답 ③

중요도 ★★★★

07) 라포포트(L. Rapoport)가 제시한 위기개입목표로 옳은 것을 모두 고른 것은?

> ㄱ. 위기증상 제거   ㄴ. 주관적 경험 증진
> ㄷ. 촉발사건 이해   ㄹ. 대인관계 향상

① ㄱ, ㄴ, ㄷ   ② ㄱ, ㄷ   ③ ㄴ, ㄹ   ④ ㄹ   ⑤ ㄱ, ㄴ, ㄷ, ㄹ

해설

라포포트의 위기 개입 목표 2단계
① 1단계: 기본 목표
- 위기로 인한 증상의 완화
- 위기 이전 수준으로 기능 회복
- 불균형 상태를 야기한 위기 촉진 요인들의 이해
- 클라이언트나 가족이 지역사회 자원을 통해 얻을 수 있는 치료 방법 모색
② 2단계: 추가 목표
- 현재의 스트레스를 과거의 경험이나 갈등 상황과 연결시킴
- 즉각적인 위기 상황을 넘어서는 데 유용한 새로운 적응 및 대처 반응을 파악하고 발전시키도록 새로운 방법을 가르침

정답 ②

중요도 ★★★★   (13회 기출)

08) 임파워먼트 모델에 관한 설명으로 옳은 것을 모두 고른 것은?

> ㄱ. 해결해야 할 문제를 강조한다.
> ㄴ. 클라이언트의 잠재역량과 자원을 인정한다.
> ㄷ. 클라이언트를 개입의 객체로 보고 자기결정권을 강조한다.
> ㄹ. 사회복지사와 클라이언트 간의 상호 협력적인 파트너십을 강조한다.

① ㄱ, ㄴ, ㄷ   ② ㄱ, ㄷ   ③ ㄴ, ㄹ   ④ ㄹ   ⑤ ㄱ, ㄴ, ㄷ, ㄹ

해설

임파워먼트(권한부여)의 3개 차원으로의 개인적 차원은 클라이언트 개인의 역량, 지배감, 강점, 변화능력에 영향력을 주는 것이고, 대인관계 차원은 다른 사람에 대해 영향력을 미칠 수 있도록 하는 것이며 구조적차원으로는 사회구조의 관계이다. 이는 상호 교환하는 관계를 형성하는 것으로 사회복지사는 클라이언트에 대한 타인의 바른 이해를 격려하며 동시에 타인에 대해 올바르게 이해할 수 있도록 파트너십을 강조한다.

정답 ③

중요도 ★★★★   (12회 기출)

09) 임파워먼트 모델의 실천 단계 중 발견 단계에서의 과업으로 옳은 것은?

① 성공을 인정하기   ② 달성한 것을 통합하기
③ 새로운 자원 활성화하기   ④ 수집된 정보를 조직화하기
⑤ 클라이언트와의 파트너십 형성하기

해설

발견단계에서는 사정, 분석계획하기 → 수집된 정보 조직화하기, 자원탐색, 감정확인, 해결점 형성하기 등이다.

① 발전단계 ② 발전단계 ③ 발전단계 ⑤ 대화 단계에 해당한다.

정답 ④

(12회 기출)

10) 위기개입모델에서 개입단계에 해당하는 것은?

① 위기와 선행 사건에 관한 이해   ② 부정적 감정 표현 지지
③ 과거의 문제 경험과 대처기술 평가   ④ 지지적 자원에 대한 분석
⑤ 클라이언트의 자해 위험성 파악

해설

사회복지실천 모델 중 위기개입모델 익히기
위기개입모델의 단계는 사정단계-계획단계-개입단계-위기대비계획으로 이루어진다.
개입단계는 클라이언트로 하여금 자신의 위기에 대해 이해하도록 원조, 표현하기 힘든 감정을 의도적으로 드러내도록 원조, 어떤
대처 방식을 성공적으로 실행, 적용 여부 탐색, 새로운 대처 기제 적절히 찾기 등인데 보기에서 부정적 감정 표현을 지지하는 것
이다.

정답 ②

(11회 기출)

11) 위기개입의 원칙을 모두 고른 것은?

ㄱ. 신속한 개입	ㄴ. 제한된 목표
ㄷ. 초점적 문제 해결	ㄹ. 희망과 기대

① ㄱ, ㄴ, ㄷ   ② ㄱ, ㄷ   ③ ㄴ, ㄹ   ④ ㄹ   ⑤ ㄱ, ㄴ, ㄷ, ㄹ

해설

위기개입의 개입과정: 초기단계(탐색, 사정, 계약) 중간단계(자료수집, 행동변화 개입), 종결단계(종결결정, 진행상황검토, 미해결
계획)

보충노트

위기개입의 원칙
• 신속한 개입
• 행동 기술: 사회복지사의 역할은 주로행동에 초점
• 제한된 목표: 최소한의 목표는 증상완화, 시간제한적
• 희망과 기대: 절망하는 클라이언트에게 희망 고취
• 지지: 사회복지 기관이나 병원 등 여러 자원의 정보 제공
• 초점적 문제 해결: 문제파악과 해결에 초점
• 자기상(self-image): 건전한 자기상을 확립하도록 원조
• 자립: 자신감 회복을 위해 효과적으로 대처할 수 있도록 지원

정답 ⑤

12) 역량강화모델의 세 단계(대화 – 발견 – 발전) 중 대화 단계에서 사회복지사가 중점적으로 수행해야 할 과제를 모두 고른 것은?

| ㄱ. 강점 확인 | ㄴ. 목표 설정 |
| ㄷ. 자원능력 사정 | ㄹ. 협력관계 형성 |

① ㄱ, ㄴ, ㄷ　　　　　　　　② ㄱ, ㄷ　　　　　　　　③ ㄴ, ㄹ

④ ㄹ　　　　　　　　　　　　⑤ ㄱ, ㄴ, ㄷ, ㄹ

해설

역량강화(권한부여) 단계별 과업
① 대화 단계 → 파트너십형성, 현재 상황의 명확화, 방향 설정
② 발견단계 → 강점의 확인, 자원의 역량 사정, 해결방안 수립
③ 발전단계는 → 자원 활성화, 동맹관계 창출, 기회의 확대, 성공의 확인, 성과의 집대성

정답 ③

13) 임파워먼트 모델에 기초한 개입 활동으로 옳은 것을 모두 고른 것은?

| ㉠ 한 부모 자조집단 프로그램 |
| ㉡ 노숙인을 위한 인문학 강좌 |
| ㉢ 장애인 동료상담가 양성프로그램 |
| ㉣ 시설 운영위원회엣 이용자 대표 참여 의무화 |

① ㉠, ㉡, ㉢　　　　　　　② ㉠, ㉢　　　　　　　③ ㉡, ㉣

④ ㉣　　　　　　　　　　　⑤ ㉠, ㉡, ㉢, ㉣

해설

임파워먼트모델의 기법은 ① 자원의 활성화(자원의 역량사정) ② 동맹관계 창출 ③ 기회의 확대 ④ 성공의 확인 등이다.

정답 ⑤

제7장 가족에 대한 이해

---

01) 가족에 관한 설명으로 옳지 않은 것은?

① 사회 변화에 따라 가족의 구조와 기능도 변화된다.

② 위기 시 가족은 역기능적 행동을 보일 수도 있지만 가족탄력성을 보일 수도 있다.

③ 가족은 생활주기를 따라 단계적으로 발달하고 변화한다.

④ 가족은 가족항상성을 통해 다른 가족과 구별되는 정체성을 갖는다.

⑤ 가족은 권력구조를 갖고 있지 않는 애정 공동체이다.

해설

가족구성원은 상호 의존하는 관계에 있다. 가족의 상위체계로는 지역사회 확대 가족이 있고, 하위체계는 부부체계, 부모–자녀체계, 형제체계 등이 있다. 이 체계들은 서로 상호작용하면서 에너지를 교환한다.

기본적으로 가족은 애정과 친밀을 기본으로 하는 공동체이지만 권력구조를 갖지 않는다고 할 수 없다. 일반적으로 가족권력(power in family)란 다른 가족원의 행동을 변화시킬 수 있는 능력을 의미한다. 가족권력은 가족규칙에서도 찾을 수 있다.

정답 ⑤

02) 가족사회복지실천의 개념에 관한 설명으로 옳은 것을 모두 고른 것은?

> ㄱ. 1차 수준 사이버네틱스(cybernetics) - 전문가가 가족 내부의 의사소통과 제어과정을 객관적으로 발견한다.
>
> ㄴ. 환류 고리(feedback loop) - 가족규범이 유지되거나 변화되는 과정을 설명한다.
>
> ㄷ. 가족의사소통 - 내용기능이 관계기능보다 더 중요하다.
>
> ㄹ. 가족규칙 - 암묵적인 규칙은 역기능적이므로 제거되어야 한다.

① ㄱ   ② ㄱ, ㄴ   ③ ㄴ, ㄹ   ④ ㄱ, ㄴ, ㄹ   ⑤ ㄱ, ㄴ, ㄷ, ㄹ

해설

ㄱ. 1차 수준 사이버네틱스 - 객관적 입장에서 그 작용 자체에 영향을 주지 않으면서 관찰 가능하다고 보는 입장이다.

ㄴ. 환류고리 - 가족은 현재의 진행상태를 유지하려는 경향을 갖고 있는데 주로 의사소통을 통해 조절하거나 환류를 통해 이 상태를 유지하려고 한다.

131

ㄷ. 가족의사소통 – 가족 의사소통은 이중구속메시지어 전달법 위장(신비화, 거짓꾸밈) 등이 있는데 의사소통의 내용기능은 사실적인 정보, 의견, 감정을 전달하며, 관계기능은 정보가 전달되는 과정에서 관계의 속성을 규정한다. 어느 기능이 더 중요하다고 단면적으로 말할 수 없다.

ㄹ. 가족규칙 – 가족규칙이 항상 명시적인 것은 아니다. 모든 가족이 대부분 동의하지만 말로 표현되지 않는 경우가 많다. 암묵적 규칙이 항상 역기능적인 것은 아니므로 제거되어야 하는 것은 아니다.

정답 ②

---

03) 다음의 사례에 나타난 가족 의사소통 내용은?

> 아버지는 아들에게 "가족회의에서는 자신의 의견을 소신 있게 밝힐 줄 알아야 한다."라고 평소에 강조한다. 그런데 막상 가족회의에서 아들이 자신의 생각을 말하면, "너는 아직 어리니 가만히 있어!"라고 하면서 면박을 준다.

① 구두점   ② 이중구속   ③ 피드백   ④ 역설적 지시   ⑤ 이중질문

해설

이중구속은 역기능적 의사소통의 한 유형으로서 언어적 수준과 비언어적 수준이 서로 모순적이어서 어떤 수준의 메시지에 반응을 보여야 할지 혼돈스러운 상태에 놓이게 되는 상황을 말한다. 아버지는 자신의 의견을 소신 있게 밝힐 줄 알아야 한다고 강조하지만 막상 아들이 자신의 의견을 말했을 때 "너는 아직 어리니 가만히 있어!"라고 말하면 아들은 소신 있게 말해야 하는지, 가만히 있어야 하는지 혼란을 느끼게 된다.

정답 ②

---

04) 현대사회 가족의 변화에 해당하지 않는 것은?

① 규모의 축소   ② 권력구조의 불평등 심화   ③ 생활주기의 변화

④ 기능의 축소   ⑤ 형태의 다양화

해설

전통적 가족은 가부장적이고 불평등 부자유의 이념원리에 의하여 지배되는 가족으로 매도되고, 기존여성들의 사회활동참여증가 등의 현상으로 가장으로서 권위나 남자로서 권위가 저하되어 가족성원 권력구조가 평등화되었다.

현대사회는 여성의 사회활동 참여가 증가하고 양성평등에 대한 의식이 높아지고 있기 때문에 권력구조의 불평등이 심화되었다고 볼 수 없다.

정답 ②

---

05) 가족체계의 순환적 인과성에 관한 설명으로 옳지 않은 것은?

① 가족체계 내 문제가 세대 간 전이를 통해 나타남을 의미한다.

② 가족구성원이 많을 때 더욱 복잡한 양상을 띤다.

③ 상호 영향을 주고받는 과정에서 나타나는 현상이다.

④ 가족의 문제가 유지되는 상호작용 과정을 파악하여 문제를 해결한다.

⑤ 증상을 표출하는 성원 또는 다른 성원의 변화를 통해 가족 문제를 해결한다.

해설

가족체계의 순환적 인과성(순환적 인과관계)은 단선적 또는 직선적 인과관계와 대립되는 개념으로 결과로 나타난 현상은 원인 변수에 의해 상호영향을 주고받는 순간 과정에서 나타나는 현상이다.

가족체계 내 문제가 세대 간 전이를 통해 나타남을 의미하는 것은 보웬 가족치료의 '다세대 전수과정'이다.

정답 ①

06) 가족에 대한 설명으로 옳은 것은?

① 정서적 기능보다 가계 계승과 같은 제도적 기능이 중시되는 방향으로 변화하고 있다.

② 부모 - 자녀 관계는 밀착된 경계를 가진 관계일수록 기능적이다.

③ 가족문제는 단선적 인과론으로 설명하는 것이 효과적이다.

④ 가족항상성은 가족규칙을 활성화하여 지속적인 관계를 유지하도록 한다.

⑤ 가족생활주기가 변해도 역할분담은 고정되어 있는 것이 적응적이다.

해설

체계로서의 가족이 갖는 특성 중 하나가 가족항상성이다. 가족항상성은 가족의 구조와 기능에 균형을 유지하려는 속성을 말한다. 가족은 가족규칙을 활성화함으로써 안정되고 지속적인 관계를 유지하려고 하며 이러한 특징이 바로 가족항상성이다.

정답 ④

07) 가족의 기능으로 옳은 것을 모두 고른 것은?

ㄱ. 구성원 양육 및 보호	ㄴ. 정서적 교류
ㄷ. 사회화	ㄹ. 가족의 문화와 전통 계승

① ㄱ, ㄴ, ㄷ   ② ㄱ, ㄷ   ③ ㄴ, ㄹ   ④ ㄹ   ⑤ ㄱ, ㄴ, ㄷ, ㄹ

해설

가족기능이란 가족집단이 가족 성원이나 사회에 대하여 행하는 지속적인 작용 또는 작용관계로서 가족이 수행하는 역할, 행위로서의 가족 행동을 의미한다. 가족 성원들의 상호작용과 움직임, 즉 가족기능에는 구성원들의 의사소통, 상호작용 방식, 문제해결 방법, 역할분담 등 다양한 요소가 포함된다.

정답 ⑤

중요도 ★★★★

08) 가족생활주기에 관한 설명으로 옳지 않은 것은?

① 가족구조와 발달과업의 변화를 파악하는 데 활용한다.

② 가족생활주기를 파악하기 위해 가족의 생태도를 작성한다.

③ 가족이 형성된 시점부터 배우자 사망에 이르기까지의 생활변화를 볼 수 있다.

④ 가족이 발달하면서 경험하게 될 사건이나 위기를 예측하는 데 도움이 된다.

⑤ 가족생활주기의 단계는 가족유형이나 사회문화적 배경에 따라 상이할 수 있다.

해설

가족생활주기를 파악하기 위해서는 생태도가 아니라 가족생활주기표를 작성한다. 가족생활주기표는 클라이언트 및 가족의 생활 주기 및 발달단계의 주요 과업을 하나의 표로 나타낸 것이다.

정답 ②

중요도 ★★★★

09) 가족의 일반적 특성에 관한 설명으로 옳은 것을 모두 고른 것은?

> ㄱ. 다세대에 걸친 역사성의 산물이다.
>
> ㄴ. 가족 구성원 간 상호 영향은 지속적이다.
>
> ㄷ. 가족마다 권력구조와 의사소통 형태를 갖고 있다.
>
> ㄹ. 가족 내 공식 · 비공식 역할들이 고정되어 있다.

① ㄱ, ㄴ, ㄷ　　　　　② ㄱ, ㄷ　　　　　③ ㄴ, ㄹ

④ ㄹ　　　　　⑤ ㄱ, ㄴ, ㄷ, ㄹ

해설

가족이란 혈연이나 입양과 혼인을 기반으로 한 일차적 집단이며, 다세대에 걸친 역사성의 산물이다. 가족 구성원 간의 상호 영향 은 지속적으로 이루어지며, 가족마다 권력구조와 의사소통의 형태를 가지고 있다. 가족구성원들에게 부여된 역할의 종류와 특성 들은 가족이 성장해 가면서 내부가족, 상황 또는 외부가족 환경에 따라 생성, 소멸, 분화, 변화될 수 있다.

정답 ①

중요도 ★★★

10) 가족 내부의 역동성에 관한 설명으로 옳은 것은?

① 이중구속(double binds)은 가족의 응집 정도를 나타내는 것이다.

② 일치형 의사소통은 객관적 사실과 정확한 논리에 기초한 의사소통 행위다.

③ 가족 하위체계 간 경계가 모호하면 그 관계가 소원해진다.

④ 전문가의 가족 개입 과정에서 가족의 항상성이 작동될 수 있다.

⑤ 부적 피드백은 가정 내 일탈행동을 증폭시킨다.

해설

체계에서 스스로 평형과 균형 상태를 유지하려는 것을 항상성이라 하며, 전문가의 가족 개입과정에서 변화에 의한 일종의 저항으로 가족의 항상성이 작동될 수 있다.

정답 ④

중요도 ★★★   (13회 기출)

11) 다음 사례를 분석한 내용에 해당하지 않는 것은?

> 철수 어머니는 남편의 늦은 귀가에 대해 잔소리를 하고, 철수 아버지는 아내의 잔소리 때문에 집에 늦게 들어와 부부갈등이 지속되고 있다. 평소에 아버지는 철수에게 소신 있는 발언을 하라고 하다가 가족 식사 시간에 철수가 간혹 소신 발언을 하면 "밥이나 먹어!"라고 언성을 높인다. 어머니와 철수는 이러한 아버지의 행동에 대해 참지 못하고 함께 아버지에게 대항한다.

① 세대 간 연합

② 순환적 인과관계

③ 의사소통상 구두점(punctuation)

④ 가족 구성원의 의미 체계(meaning system)

⑤ 병리적 이중구속(pathological double binds)

해설

가족구성원의 의미체계란 구성원들이 주변사물에 대해 인식하고 평가하는 경향을 나타내는 것인데 이것을 파악하기 위해서는 가족구성원간 상호작용에서 나타나는 어떤 현상이나 사건에 대해 한 개인이 어떤 의미를 부여하느냐하고 직접 질문하거나, 가족구성원의 행동을 관찰하는 것이다.

① 세대 간 연합: 구조적 가족치료에서의 연합은 두 사람이 제3자에게 대항하기 위해서 제휴를 하는 것이다. 어머니와 철수는 제휴 관계를 맺고 있으며 아버지에게 대항하고 있다.

② 순환적 인과관계: 어머니는 아버지에게 잔소리를, 아버지는 아내는 잔소리 때문에 집에 늦게 들어오거나 철수에게 언성을 높이고 있다. 이처럼 각각의 가족 구성원에게 영향을 미치게 되어 전체에 영향을 주게 되며 이 영향은 처음 변화를 유발한 성원에게 다시 순환적으로 영향을 미친다는 것이다.

③ 의사소통상 구두점: 구두점이란 연속적으로 지속되는 의사소통 가운데 어느 지점에 구두점을 찍느냐에 따라 원인과 결과가 달라질 수 있음을 나타내는 의미의 표현이다.

⑤ 병리적 이중구속: 동시에 상호 모순되는 두 가지 메시지를 보내는 것으로서 메시지를 받는 사람은 두 가지 메시지 중 어느 것에도 반응할 수 없게 만드는 것을 말한다.

정답 ④

중요도 ★★★★★

12) 가족 실천에서 사회복지사가 해야 할 것을 모두 고른 것은?

> ㄱ. 가족과 주변 환경의 상호작용 양상을 파악한다.
> ㄴ. 가족이 가족 내·외부에서 경험하는 현상을 어떻게 파악하고 이해하는지 확인한다.
> ㄷ. 가족과 합류(joining)함으로써 신뢰관계를 형성한다.
> ㄹ. 가족이 다뤄야 할 문제의 우선순위는 사회복지사가 정한다.

① ㄱ, ㄴ, ㄷ   ② ㄱ, ㄷ   ③ ㄴ, ㄹ   ④ ㄹ   ⑤ ㄱ, ㄴ, ㄷ, ㄹ

해설

가족대상으로 개입하는 사회복지사는 가족의 문제는 가족이 중요하다고 생각하는 문제를 우선순위로 정해야 한다.   정답 ①

중요도 ★★★

13) 현대가족의 변화에 관한 설명으로 옳지 않은 것은?

① 조기 퇴직이 늘면서 빈 둥지 시기가 빨리 온다.
② 평균수명의 연장으로 가족의 생애 주기가 길어진다.
③ 청년실업이 늘면서 자녀가 독립하는 시기가 늦어진다.
④ 초혼 연령이 높아지면서 가족을 형성하는 시점이 늦어진다.
⑤ 단독가구 및 무자녀 가구가 증가하면서 비전통적인 가족 유형이 늘고 있다.

해설

현대사회에서는 조기 퇴직은 빨라지지만 자녀의 독립 시기가 늦어지면서 빈 둥지 시기가 늦어진다. 빈 둥지 시기는 중년기 자녀가 모두 집을 떠나고 부부만 남게 되는 시기로 자녀의 수, 교육기간, 결혼유무, 결혼시기 등과 같은 요인에 따라 결정되며 조기퇴직과는 무관하다.   정답 ①

중요도 ★★★★

14) 순환적 인과성에 관한 설명으로 옳지 않은 것은?

① 파문 효과(ripple effect)와 관련이 있다.
② 체계적 관점에서 악순환적인 연쇄 고리를 파악한다.
③ 문제의 외현화(externalization)를 위해 사용되는 개념이다.
④ 문제의 원인보다는 현재의 상호적 인과관계를 살펴본다.
⑤ 문제를 일으킨 성원 또는 다른 성원의 변화를 통해 가족의 역기능적 문제가 해결된다.

문제의 외현화는 이야기 치료에서 주로 사용하는 기술이며 가족문제를 개별 성원 혹은 가족이 아닌 문제 자체로 보고 가족을 괴롭히는 하나의 별개 존재로서 문제를 이야기하는 것을 의미한다. 순환적 인과성은 전략적 가족 치료의 중요한 개입기술로 클라이언트가 자신의 관계의 맥락에서 보게 하고 또 다른 가족원들의 관점에서 바라볼 수 있도록 하는 것이다.   정답 ③

중요도 ★★   (12회 기출)

15) 가족유형에 따른 가족원들의 과업으로 옳지 않은 것은?

① 재혼가족 – 가족 내 관계의 재구성
② 별거가족 – 협력적 부모관계의 지속
③ 이혼가족 – 가족원 상실에 따른 애도
④ 다세대 가족 – 하위체계의 구성 및 조정
⑤ 한 부모 가족 – 이전 양부모 가족의 구조 강화

한 부모 가족은 이전 양부모 가족의 구조를 강화하는 것이 과업이 아니라 한 부모 가족으로서의 기능을 강화하는 것이 주요 과업이다.

정답 ⑤

중요도 ★★★★   (11회 기출)

16) 가족 대상 실천에 필요한 이론 및 개념을 모두 고른 것은?

ㄱ. 순환적 인과성	ㄴ. 이중구속
ㄷ. 의사소통이론	ㄹ. 가족생태학

① ㄱ, ㄴ, ㄷ   ② ㄱ, ㄷ   ③ ㄴ, ㄹ
④ ㄹ   ⑤ ㄱ, ㄴ, ㄷ, ㄹ

가족체계이론에서 직선적인 관계가 아닌 순환적 인과관계로 의사소통이론의 개념에서 구두점, 인중구속 등의 개념이다.
1. 순환적 인과성은 단선적, 직선적 인과성과 대립되는 개념으로 다른 가족에게 영향을 미치게 되어 전체에 영향을 주게 된다. 가족의 문제를 해결하기 위해 문제의 원인보다는 문제를 유지하는 가족의 상호작용에 초점을 두어야 한다.
2. 이중구속은 동시에 다른 수준에서 상호 모순되는 메시지를 보냄으로 듣는 사람이 어떠한 메시지에도 선택적으로 반응할 수 없는 혼란스러운 상황에 놓이게 되는 것으로 이중구속 상황의 자녀는 불안과 갈등에 빠지게 하며 궁극적으로 정신분열 같은 역기능을 발생시킨다.
3. 의사소통이론: 가족원들이 서로 억압받지 않고 자유롭게 사실이나 감정을 표현하는 긍정적인 의사소통을 해야 한다.
4. 가족생태학: 가족체계가 어떤 위치와 상황에 있는가를 알아보는 것이다.

정답 ⑤

중요도 ★★★★

17) 다음 상황에 부합하는 가족체계 관련 용어는?

> 딸의 일탈행동에 대해 부모가 잔소리를 하자 일탈행동이 더 심해졌다.

① 이중구속 　　　　② 정적 환류 　　　　③ 부적 환류

④ 일차 사이버네틱스 　　⑤ 이차 사이버네틱스

해설

정적 환류는 최초의 일탈이나 갈등을 증폭시키는 작용을 한다. 일탈의 확장, 변화의 발생, 변화의 유지 등 딸의 일탈행동에 대해 부모가 잔소리를 하자 일탈행동이 더 심해진 경우는 정적 환류에 해당한다.

정답 ②

중요도 ★★★★

18) 가족에 관한 설명으로 옳지 않은 것은?

① 저 출산으로 가족규모가 축소되었다.

② 가족 개념은 시대와 문화의 영향을 받지 않는다.

③ 노부부만 남는 빈 둥지(empty nest) 시기가 길어지고 있다.

④ 과거에 가족이 수행했던 기능이 상당 부분 사회로 이양되었다.

⑤ 가족관계가 점차 평등하게 변하면서 이로 인해 갈등이 발생하기도 한다.

해설

과거에는 혈연중심의 일차집단 위주로 가족이 정의되었으나 최근에는 독신자 가족, 동성애 가족, 비 동거가족과 같은 다양한 형태의 가족이 생겨나고 있다. 가족개념은 시대와 문화의 영향을 받는다.

정답 ②

중요도 ★★★★

19) 가족 상담 첫 회기 진행 시, 사회복지사의 개입에 관한 설명으로 옳은 것은?

> 자녀 양육 문제로 갈등이 심한 부부가 가족 상담을 받기 위해 내방하였다. 남편은 가족 상담에 대해 거부적인 태도를 갖고 있으나, 아내의 권유로 상담을 시작하게 되었다.

① 상담에 대한 남편의 부정적 태도가 옳지 않음을 역설한다.

② 가족의 문제를 규명하기 위하여 책임소재를 명확히 한다.

③ 부부에게 문제에 대한 각자의 견해를 이야기하도록 한다.

④ 거부적인 태도를 보이는 남편에 대해 전문가의 권위로 대응한다.

⑤ 가족 상담에 대해 적극적 태도를 보이는 아내와의 관계 형성에 집중한다.

해설

가족상담시 문제가 있는 사람에게 초점을 둘 경우 문제원인과 해결을 특정인에게만 국한하게 되므로 좋지 않다. 부부문제에 대한 각자의 견해를 이야기하게 하는 게 바람직하다. 남편의 경우 비자발적인 클라이언트, 아내의 경우 적극적 반응을 보일 수 있는데 이 경우 남편에 대한 부정적인 태도가 옳지 않음을 역설하는 것은 수용을 하지 않는 것이다. 책임소재를 명확히 하거나 전문가의 권위로 대응하는 것은 오히려 남편과의 관계 형성을 방해하고 남편의 저항감을 더 강하게 만드는 것이기 때문에 남편이 보이는 부정적인 태도를 일단 수용하고 기관 방문에 대한 점을 격려하고 지지해주고 각자의 입장을 충분히 들어주는 것이 중요하다.

정답 ③

중요도 ★★★★ (10회 기출)

20) 가족체계의 순환적 인과성에 관한 설명으로 옳은 것은?

① 언어적 및 비언어적 의사소통의 불일치를 문제의 원인으로 파악한다.

② 가족 문제의 원인을 단편적으로 파악하여 개입을 용이하게 한다.

③ 가족의 현재 문제를 해결하기 위해 원인 제공자가 되는 특정 구성원의 변화에 초점을 둔다.

④ 가족의 변화를 위해서는 문제가 유지되는 상호작용 과정을 이해해야 한다.

⑤ 선행되는 직접적 원인을 파악함으로써 가족의 현재 문제를 해결한다.

해설

순환적 인과관계관점을 가지고 가족단위 개입할 경우 문제에 초점을 맞춰 문제의 직접적인 원인을 추궁하기 보다는 악순환적 상호작용관계 맥락이나 양상을 파악하려는 노력이 중요하다.

순환적 인과성은 단선적, 직선적 인과성과 대립되는 개념으로 다른 가족에게 영향을 미치게 되어 전체에 영향을 주게 된다. 가족의 문제를 해결하기 위해 문제의 원인보다는 문제를 유지하는 가족의 상호작용에 초점을 두어야 한다.

정답 ④

중요도 ★★★ (10회 기출)

21) 가족생활주기에 관한 설명으로 옳은 것을 모두 고른 것은?

> ㄱ. 가족은 동일한 단계를 거쳐 발달한다.
> ㄴ. 이혼가족은 부모 자신의 적응과 자녀 양육의 과업 수행을 병행한다.
> ㄷ. 청소년기 자녀를 둔 부모는 훈육과 통제를 강화해야 한다.
> ㄹ. 재혼가족은 새로운 관계에 대한 적응 및 재조정 과업을 수행해야 한다.

① ㄱ, ㄴ, ㄷ   ② ㄱ, ㄷ   ③ ㄴ, ㄹ   ④ ㄹ   ⑤ ㄱ, ㄴ, ㄷ, ㄹ

해설

가족생활주기는 각 가족마다 독특한 생활 경험에 따라 달라질 수 있고 다양해질 수 있다.

결혼을 통하여 가족이 결성되는 순간부터 자녀의 출생, 자녀의 성장과 독립, 은퇴, 배우자 사망 등에 이르는 가정생활의 변화 과정, 즉 가족의 구조와 관계상의 발달 및 변화를 가족생활주기라고 한다. 각각의 가족마다 다른 단계를 거쳐서 발달한다. 청소년 자녀를 둔 부모는 훈육과 통제를 강화해야 할 경우 가족문제가 발생되기 쉽다.

정답 ③

중요도 ★★★   (9회 기출)

22) 가족에 접근하는 관점으로써 횡적 차원이 아니는 것은?

① 가족 행동은 순환적으로 이루어진다.

② 가족은 지역사회의 하위체계이다.

③ 가족의 가치는 세대 간에 전수된다.

④ 가족은 주변체계와 상호작용한다.

⑤ 가족은 항상성을 유지하려는 속성이 있다.

해설

가족 간 가치의 세대 간 전수는 횡적 차원이 아닌 시간적 흐름의 종적 차원에 해당된다.

정답 ③

중요도 ★★★   (9회 기출)

23) 가족관계와 치료에 관한 설명으로 옳은 것은?

① 이중구속(double binds)은 가족의 유대관계를 강화한다.

② 폐쇄가족체계에서는 외부 환경과 정보의 교환이 자유롭다.

③ 전문가의 객관적 입장을 강조하는 것이 1차 수준의 사이버네틱스(cybernetics)이다.

④ 가족의 순환적 인과관계(circular causality)는 가족을 단선적으로 이해하는 것이다.

⑤ 구두점(punctuation)은 가족 문제의 원인과 결과에 영향을 미치지 않는다.

해설

1차 수준 사이버네틱스는 한 체계의 사이버네틱스 작용현상을 객관적 입장에서 그 작용 자체에 영향을 주지 않으면서 관찰 가능하다고 보는 입장으로, 가족 내부에서 발생하고 있는 여러 가지 행동과정을 전문가가 객관적으로 발견해 낸 후 경우에 따라 일부 또는 전부에 수정을 제안하거나 직접 수정을 위한 행동을 취할 수 있다는 것이다.

정답 ③

중요도 ★★★

24) 아들을 사이에 두고 사사건건 며느리와 갈등을 빚고 있는 시어머니의 사례에 대하여 사회구성주의로 접근하는 경우 우선시해야 할 것은?

① 원가족과의 관계를 파악한다.

② 가족구조와 상호작용 파악에 초점을 둔다.

③ 남편과 시어머니의 자아 분화 정도를 사정한다.

④ 가족의 의사소통 유형을 파악하고 가족성원의 자존감을 파악한다.

⑤ 시어머니가 가족의 문제를 어떻게 인식하는지 확인한다.

해설

사회구성주의 접근에서 가족문제는 객관적으로 존재하는 것이 아니라 가족문제를 경험하고 있는 당사자의 주관적 정의에 의해 만들어지는 것이다. 이러한 시각에 입각한 사회복지사의 역할은 가족구성원들의 다양한 견해와 가정들을 이해하고 그 속에서 가족구성원 스스로 문제 해결에 대한 단서를 찾아 문제를 해결해 나갈 수 있도록 돕는 것이다. 며느리와 시어머니의 갈등에 대해 각자가 어떻게 가족문제를 인식하는지를 확인하는 것이 우선시해야 할 일이다.

정답 ⑤

중요도 ★★★

25) 가족생활주기에 해당하는 것을 모두 고르시오.

㉠ 자녀가 없는 부부	㉡ 청소년기 자녀를 둔 부부
㉢ 사별한 노인	㉣ 독립 미혼 성인

① ㉠, ㉡, ㉢   ② ㉠, ㉢   ③ ㉡, ㉣

④ ㉣   ⑤ ㉠, ㉡, ㉢, ㉣

해설

가족생활주기는 결혼을 통하여 가족이 결성된 순간부터 자녀의 성장이나 독립, 은퇴, 배우자 사망 등에 이르기까지 가정생활의 변화과정, 즉 가족의 구조와 관계상의 발달 및 변화이다.

정답 ①

중요도 ★★★★

01) 가족사정도구에 관한 설명으로 옳은 것을 모두 고른 것은?

> ㄱ. 생태도는 진행과정과 종결과정에서도 활용한다.
> ㄴ. 생활력표를 활용하여 현재의 기능수행에 영향을 미치는 발달단계상 생활경험을 이해한다.
> ㄷ. 소시오그램은 가족구성원의 사회적 활동을 측정하는 도구이다.
> ㄹ. 가족조각은 가족역동을 시각적으로 표현하여 구성원의 인식을 파악하는 도구이다.

① ㄱ, ㄷ   ② ㄱ, ㄹ   ③ ㄴ, ㄷ   ④ ㄱ, ㄴ, ㄹ   ⑤ ㄱ, ㄴ, ㄷ, ㄹ

해설

소시오그램(사회도: sociogram)은 모레노와 제닝스가 1950년 개발한 성원간의 친화력과 반감유형과 방향, 하위 집단형성여부, 집단내의 소외자, 집단성원간의 선호도와 무관심 등을 알 수 있다.   정답 ④

중요도 ★★★

02) 가족사정방법에 관한 설명으로 옳지 않은 것은?

① 가계도로 가족과 환경과의 접촉에서 발생하는 정보를 수집하고 정리한다.
② 생태도로 세대 간 반복되는 유형을 파악한다.
③ 사회적 관계망표로 사회적 관계에서의지지 유형과 정도를 파악한다.
④ 가족지도로 가족생활주기를 파악한다.
⑤ PIE 척도로 중단적 생활사건을 한눈에 파악한다.

해설

트레이시가 사회적 관계망표는 사회적 지지의 유형을 구분하고 개인이나 가족의 사회지지체계를 사정하는 사정도구이다.

정답 ③

중요도 ★★★★★

03) 다음 설명에 해당하는 사정도구는?

> 사회적 지지의 유형을 구분하고 가족의 환경과 필요한 자원을 파악하는 데 유용하다.

① 소시오그램(sociogram)　　　　② 생활력표(life history grid)

③ 가족그림(family drawing)　　　④ 사회적 관계망표(social network grid)

⑤ 가계도(genogram)

해설

트레이시가 개발한 사회적 관계망표는 개인과 가족의 사회적지지체계의 사정에 사용된다.

정답 ④

(13회 기출)

중요도 ★★★★

04) 가계도를 통해 확인하기 어려운 것은?

① 가족원의 구성과 구조　　　② 가족의 생애 주기　　　③ 세대 간 유형의 반복

④ 가족원의 역할 및 기능　　　⑤ 가족과 환경 간 경계의 속성

해설

가계도는 3세대 이상에 걸친 가족 성원에 관한 정보와 가족 성원들 간의 관계를 도표화한 가족사정도구이다.
가족과 환경과 경계에 대한 이해는 생태도를 통해 알 수 있다.

정답 ⑤

(12회 기출)

중요도 ★★★★

05) 부부 상담에서 부인이 성장기에 겪었던 주요 생애 경험을 파악할 때 사용하는 도구는?

① 생태도　　　　　　　　② 원가족척도　　　　　　　③ 관계평가척도

④ 가족생활력표　　　　　⑤ 가족 관계망 지도

해설

가족생활력표는 가족사정도구의 하나로 가족이나 가족구성원에게 발생한 중요한 사건이나 시기를 중심으로 해서 연대기적으로
작성하며 표로 제시한다. 특정 발달단계의 생활 경험을 이해하는데 도움이 되며 가족 구성원의 삶의 중요한 사건을 시계열적으로
나열한 것이다.

정답 ④

(11회 기출)

중요도 ★★★

06) 가족의 속성과 구조에 관한 설명으로 옳은 것을 모두 고른 것은?

> ㄱ. 가족은 나름대로의 유형화된 생활 방식을 갖고 있다.
>
> ㄴ. 가족응집력이 높을수록 가족 구성원들의 독립성과 자율성이 커진다.
>
> ㄷ. 가족권력이 어떤 한 가족 구성원에게 치우쳐 있으면 갈등 가족이 될 수 있다.
>
> ㄹ. 가족 내 역할 구조가 유연할 때 역기능적이 된다.

① ㄱ, ㄴ, ㄷ   ② ㄱ, ㄷ   ③ ㄴ, ㄹ   ④ ㄹ   ⑤ ㄱ, ㄴ, ㄷ, ㄹ

해설

ㄴ. 가족응집력이 높은 밀착된 가족 구성원들의 독립성 피차별성은 낮아지며 ㄷ. 가족 내 역할 구조가 유연할 때 명료한 경계로 기능적인 가족이다.

정답 ②

중요도 ★★★★   (11회 기출)

07) 가족 경계에 관한 설명으로 옳은 것은?

① 개방형 가족은 환경과의 경계가 없다.

② 유연한 경계를 가진 가족은 구성원 간 경계가 모호하다.

③ 밀착 가족의 구성원 간 경계는 경직되어 있다.

④ 방임형 가족은 가족 외부와의 구분이 거의 없다

⑤ 유리된 가족에는 가족 구성원 간 경계가 없다.

해설

① 개방형 가족은 외부와의 경계가 분명하면서도 침투력이 있다.

② 유연한 경계를 가진 가족은 구성원 간 경계가 명확하다.

③ 밀착가족의 구성원 간 경계는 혼돈된 경계를 가진다.

④ 방임형 가족체계(혼돈된 경계)는 가족외부와 구분이 거의 없다.

⑤ 유리된 가족은 구성원 간 경계가 너무 경직되어 가족원 간 상호작용이 이루어지기 어렵다.

정답 ④

중요도 ★★★★★   (10회 기출)

08) 가족 사정에 관한 설명으로 옳지 않은 것은?

① 가족이 제공하는 정보 이외에 가족의 실제 상호작용을 파악해야 한다.

② 가족 상호작용에 관한 새로운 정보로 인해 초기의 사정 내용이 변화할 수 있다.

③ 가계도를 통해 세대 간 전수되는 가족의 특징이나 반복되는 사건 등을 파악할 수 있다.

④ 사회 관계망표를 활용하여 가족 내 규칙을 파악할 수 있다.

⑤ 생태도로 주변 체계와의 상호작용을 파악할 수 있다.

해설

트레이시가 개발한 사회적 관계망 표는 개인, 가족의 사회적 관계망 혹은 사회적 지지를 사정하는 도구이다.

사회적 지지는 어려운 상황에 클라이언트의 스트레스나 문제를 해결하는데 직접적, 간접적인 영향을 미쳐서 경감시키는 것을 말하며, 사회복지사가 클라이언트 자신의 문제 상황을 해결하기 위해 노력을 하였으며, 자원을 활용, 동원하였는가를 사정하는 것이다.

정답 ④

중요도 ★★★

09) 가족의 구조와 기능에 관한 설명으로 옳은 것을 모두 고른 것은?

> ㄱ. 부모와 자녀 간의 밀착된 관계는 하위체계 간 균형을 유지하게 한다.
> ㄴ. 가족 하위체계 간 경계는 경직된 경계와 모호한 경계의 둘로 구분된다.
> ㄷ. 가족규칙이 가족발달 단계에 따라 변화할 때 역기능적이다.
> ㄹ. 가족 내 역할을 파악하는 것이 가족을 이해하는데 도움이 된다.

① ㄱ, ㄴ, ㄷ   ② ㄱ, ㄷ   ③ ㄴ, ㄹ   ④ ㄹ   ⑤ ㄱ, ㄴ, ㄷ, ㄹ

해설

가족역할은 가족의 기대와 규범에 의해 강화되는 개별적으로 구성된 행동패턴이다. 가족 내 역할을 파악하는 것은 가족을 이해하는데 도움이 된다.

가. 부모와 자녀 간의 밀착관계는 가족구조의 불균형과 가족문제를 야기할 수 있다.

나. 가족 하위체계 간 경계는 경직된 경계와 모호한 경계, 명료한 경계 세 가지로 구분된다.

다. 가족 규칙이 가족발달 단계에 따라 변화할 때 기능적이다.

정답 ④

중요도 ★★★

10) 가족 사정도구의 설명으로 옳은 것을 모두 고른 것은?

> ㉠ 가계도: 세대 간 유형 반복 분석
> ㉡ 생활주기표: 가족 성원의 발달 단계별 수행 과제 파악
> ㉢ 생태도: 가족에게 부족한 자원과 보충되어야 할 자원 이해
> ㉣ 생활력표: 시기별 가족의 중요 사건이나 문제 발견

① ㉠, ㉡, ㉢   ② ㉠, ㉢   ③ ㉡, ㉣   ④ ㉣   ⑤ ㉠, ㉡, ㉢, ㉣

해설

㉠ 가계도: 가족 내 역동을 이해하거나 가족이 여러 세대에 발전시켜 온 가족역할, 유형, 관계 등을 가족과 함께 비위협적이고 상호적인 방법으로 살펴보기 위한 도구이다. 동거가족, 가족의 구조, 가족/구성원 간의 관계, 세대 간의 반복유형, 가족 구성원 관계의 성격을 알 수 있다.

㉡ 생활주기표(가족생활주기표): 사람마다 시간적 흐름에 따라 성장, 발달하듯이 가족도 역시 역사적 전개 과정을 통해 발달단계를 거치며 성장하고 발전하며, 경우에 따라 퇴행을 할 수도 있다는 개념이다. 각 주기마다 가족 구성원들의 역할이 조금씩 변화되어 가는 것을 가족생활주기를 통해서 파악할 수 있다.

㉢ 생태도(ecomap): 클라이언트의 상황에서 의미 있는 체계들과의 관계를 그림으로 표현함으로써 특정 문제에 대한 개입계획을 세우는데 매우 유용한 도구로, 클라이언트의 양육환경과 유지환경의 종류와 관계의 질, 체계 사이의 에너지의 흐름을 보여줌으로써 가족에 대한 현재 지역사회 자원이나 체계들의 영향과 상호작용의 변화를 보여준다.

ⓔ 생활력 도표: 클라이언트의 가족 구성원들이 생활하면서 겪었던 주요 사건을 연대기적으로 서술하되 표를 활용하여 작성한 것을 말한다.

정답 ⑤

11) 다음 사례에서 알 수 있는 정보가 아닌 것은?

> 어릴 적 부모의 맞벌이로 할머니 손에서 자란 2남 1녀 중 현우는 최근 엄격한 아버지에게 혼이 났다. 할머니에게 의존하고 장남답지 않다고 동생들 앞에서 꾸중을 들었다. 이로 인해 스트레스가 발생했다.

① 가족의 권력구조   ② 가족의 의사소통 방식   ③ 가족의 역할
④ 가족관계 내 경계   ⑤ 가족의 향상성

해설

① 아버지의 권력이 크다. ② 비난형 의사소통방식 ③ 할머니가 손자녀 양육 역할 맡음 ④ 할머니와 현우는 밀착된 관계 형성 ⑤ 가족의 향상성을 유지시키기 위한 행동이나 의사소통 등은 나타나지 않는다.

정답 ⑤

12) 가계도에 대한 설명으로 옳지 않은 것은?
① 자녀의 출생순서는 왼쪽부터 오른쪽으로 표시한다.
② 생물학적, 법적인 관계가 아닌 동거인은 그릴 수 없다.
③ 여성 ○, 남성 □ 안의 ⊠ 는 사망을 상징한다.
④ 유산은 자연유산과 인공유산을 구분해서 표시할 수 있다.
⑤ 소원한 관계는 점선 (– – – –)으로 표시한다.

해설

생물학적, 법적인 관계가 아닌 동거인도 그릴 수 있다.

2009년 이후 동거 부부

정답 ②

중요도 ★★★   (17회 기출)

01) 구조적 가족치료의 모델로 개입하기에 적절하지 않은 것은?

① 아픈 어머니, 철없는 아버지 대신 동생에게 부모 역할을 하며 자신에게 소홀한 맏딸의 문제

② 비난형 아버지와 감정표현을 통제하는 어머니의 영향으로 자기감정을 억압하는 아들의 문제

③ 할머니와 어머니의 양육방식이 달라서 혼란스러운 자녀의 문제

④ 부부불화로 아들에게 화풀이를 하자 반항행동이 증가한 아들의 문제

⑤ 밀착된 아내와 딸이 남편을 밀어내어 소외감을 느끼는 남편의 문제

해설

미누친의 구조적 가족치료는 가족을 재구조화함으로써 가족이 적절한 기능을 수행할 수 있도록 돕는 가족치료 방법이다.
비난형 아버지와 감정표현을 통제하는 어머니의 영향으로 자기감정을 억압하는 아들의 문제는 사티어의 경험적 가족치료로 개입하기 적절하다.

정답 ②

중요도 ★★★★★   (17회 기출)

02) 전략적 가족치료의 치료적 이중구속에 관한 설명으로 옳지 않은 것은?

① 증상을 이용한다.

② 빙산기법을 이용한다.

③ 지시적 기법을 이용한다.

④ 역설적 기법을 이용한다.

⑤ 치료자의 지시를 따르지 않아도 문제가 해결될 수 있다.

해설

전략적 가족치료는 인간의 행동이 일어난 이유보다는 행동의 변화에 관심을 가지며 이론보다는 문제해결에 초점을 두는 접근방법으로 빙산기법은 경험적 가족치료의 기법, 개인의 내적 과정을 이끌어내는 은유적인 기법으로 개인의 행동 이면에 있는 기대, 감정, 감정에 대한 감정, 지각, 열망 그리고 자아에 대해 탐색하며 이를 통해 자기가치를 찾고 자아통합을 하도록 돕는 기법, 개인을 빙산으로 비유할 때 수면 위에 보이는 것은 사람의 행동이고 수면 아래에 있는 것은 사람의 감정, 기대, 지각, 열망 등이다.

정답 ②

중요도 ★★★★★

03) 해결중심모델에 관한 설명으로 옳지 않은 것은?

① 클라이언트 지향적 모델이다.

② 임시대응적 기법이라는 비판이 있다.

③ 메시지와 작성과 전달, 과제를 활용한다.

④ 사회복지사와 클라이언트 간 협력적 관계를 중시한다.

⑤ 문제가 해결된 상태를 가정하는 대처질문을 활용할 수 있다.

해설

단기가족치료모델은 사회구성주의의 영향을 받아 새롭게 등장한 가족치료모델로서 가족이 원하는 해결이 무엇인가를 초점에 두어 가족을 도우려는 모델이다.

문제가 해결된 상태를 가정하는 질문은 기적질문이다.

정답 ⑤

중요도 ★★★

04) 다음 대화에서 사회복지사 B가 클라이언트 A에게 사용한 기법에 해당하는 것은?

> A: "저는 조그마한 어려움이 있어도 쉽게 좌절하는 사람이에요."
> B: "좌절감이 당신으로 하여금 새로운 일을 하는 것을 방해하네요."

① 문제의 외현화   ② 재보증   ③ 코칭(coaching)

④ 가족지도   ⑤ 체험기법

해설

문제의 외현화 기법은 이야기치료의 기법으로서, 가족 문제를 개별 성원 혹은 가족이 아닌 문제 자체로 보고, 가족을 괴롭히는 하나의 별개 존재로서 문제를 이야기하는 기법이다. 문제를 외현화 혹은 외재화한다는 것은 내면화된 증상을 인격화하는 것이다.

정답 ①

중요도 ★★★

05) 가족 실천기술과 예시의 연결로 옳은 것을 모두 고른 것은?

> ㄱ. 합류 – 사회복지사가 가족의 말투나 몸짓을 따라한다.
> ㄴ. 관계성질문 – "어머니가 여기 계신다고 가정하고 제가 어머니께 당신의 문제가 해결되면 무엇이 달라지겠냐고 묻는다면 어머니는 뭐라고 말씀하시겠어요?"

> ㄷ. 경계 만들기 – 부모와 딸의 갈등상황에서 딸에게 부모의 과도한 통제를 '관심과 염려'의 의미로 인식하게 한다.
>
> ㄹ. 균형 깨뜨리기 – 지배적인 남편과 온순한 아내 사이에서 사회복지사는 아내의 편을 들어 자기주장을 할 수 있게 한다.

① ㄱ, ㄴ   ② ㄱ, ㄷ   ③ ㄴ, ㄹ   ④ ㄱ, ㄴ, ㄹ   ⑤ ㄱ, ㄴ, ㄷ, ㄹ

해설

부모와 딸의 갈등상황에서 딸에게 부모의 '과도한 통제'를 '관심과 염려'의 의미로 인식하게 하는 것은 재명명 혹은 재구조화 기법이다.

정답 ④

중요도 ★★★★★   (16회 기출)

06) 가족조각 기법에 관한 설명으로 옳지 않은 것은?

① 가족의 상호작용 양상을 공간 속에 배치하는 방법이다.

② 가족 내 숨겨져 표현되지 못했던 감정이나 가족규칙 등이 노출될 수 있다.

③ 조각 후, 사회복지사는 현재의 조각이 어떻게 변화되기 바라는지를 다시 조각으로 표현하게 한다.

④ 조각을 하는 동안 서로 웃거나 이야기하지 않는다.

⑤ 가족을 조각한 사람은 객관성을 유지하기 위해 조각에서 제외되는 것이 일반적이다.

해설

가족을 조각한 사람은 자신을 제외한 구성원들을 이용해 조각을 마친 후 가족을 조각한 사람도 마지막에 자신을 가족조각 안으로 들어가 조각의 일부가 된다.

정답 ⑤

중요도 ★★★★★   (16회 기출)

07) 사티어(V. Satir)의 의사소통 유형과 그 내용의 연결이 옳지 않은 것은?

① 아첨형: 자신 무지, 타인 존중, 상황 존중

② 일치형: 자신 존중, 타인 존중, 상황 존중

③ 비난형: 자신 존중, 타인 무시, 상황 존중

④ 산만형: 자신 무시, 타인 무시, 상황 무시

⑤ 초이성형: 자신 존중, 타인 무시, 상황 무시

초이성형(계산형)은 매우 정확하고 완벽을 추구하며 냉정하고 침착하며 의사소통하고 결코 속마음을 내보이는 일이 없어서 사전이나 계산기에 비유된다. 초이성형은 자신과 타인을 무시하고 상황만을 중요시하며, 규칙과 옳은 것만을 절대시하는 극단성이 있다. 즉, 자신 무시, 타인 무시, 상황 존중이 초이성형이다.

정답 ⑤

중요도 ★★★   (15회 기출)

08) 다음 사례를 구조적 가족치료모델로 개입할 때 활용할 수 있는 기법이 아닌 것은?

초등학교 2학년 아이를 키우며 직장을 다니고 있는 한 부모 A씨는 아이가 자신의 말을 잘 듣지 않고 무시하는 문제를 호소하고 있는데, 아이의 행동문제가 점점 심각해지고 있다. 아이는 A씨가 올 때까지 외조모가 돌봐주고 있으며 외조모는 종종 A씨의 훈육과 반대되는 방향으로 아이를 대하며, 아이 앞에서 A씨의 훈육방법을 야단친다.

① 하위체계간 경계 만들기   ② 과제주기   ③ 가족 재구조화
④ 실연   ⑤ 외현화

외현화는 이야기 치료에서 사용하는 개입기법으로, 구조적 가족치료모델 개입기법에 해당하지 않는다.

정답 ⑤

중요도 ★★★★★   (15회 기출)

09) 사티어(V. Satir)의 의사소통 가족치료 모델에 관한 설명으로 옳지 않은 것은?

① 자아존중감 향상을 목적으로 한다.
② 개인의 내적 과정을 이끌어내기 위해 빙산기법을 활용한다.
③ 효과적인 의사소통을 위해 솔직하게 표현하고 타인의 생각과 감정을 수용한다.
④ 회유형 의사소통은 기능적 의사소통이다.
⑤ 정서적 경험과 가족체계에 대한 이중적 초점을 강조한다.

사티어의 의사소통 유형중 기능적 의사소통은 일치형이다.
회유형 의사소통은 타인의 의견에 무조건 동조하고 비굴한 자세를 취하며, 사죄와 변명을 하는 등 지나치게 착한 행동을 하는 것으로서 역기능적 의사소통에 해당한다.

정답 ④

(15회 기출)

10) 다음 사례에서 사회복지사가 사용하고 있는 기술은?

> 딸이 말을 하면 엄마가 나서서 설명하며 대변하는 일이 반복될 때 사회복지사가
> 딸을 보면서 "엄마가 대변인이시네요. 이것에 대해서 딸이 설명해보시겠어요?"라
> 고 하면서 딸이 직접 말할 수 있도록 한다.

① 추적하기   ② 경계 만들기   ③ 치료적 삼각관계
④ 대처질문   ⑤ 재명명

해설

구조적 가족치료 기법인 경계 만들기 기법이다. 이 기법은 가족 내 하위체계 간 경계가 너무 모호하거나 경직되어 성원 간 유리
되거나 밀착된 경우 경계선을 수정하는 방법인데, 엄마가 딸에 대해 지나치게 간섭하고 있어 혼돈된 경계가 형성된 경우이다. 혼
돈된 경계가 형성된 가족은 밀착된 가족이며 하위 체계 간 경계선을 강화시키고 각 개인의 독립성을 키워주는 쪽으로 경계 만들
기가 이루어진다.

정답 ②

(15회 기출)

11) 역설적 개입에 관한 설명으로 옳은 것을 모두 고른 것은?

> ㄱ. 가족이 변화에 대한 저항이 클 때 사용할 수 있다.
> ㄴ. 문제와 관련된 가족의 행동체계를 정확히 파악하여 증상처방기법을 활용한다.
> ㄷ. 원가족 분석을 중시하는 개입방법이다.
> ㄹ. 치료적 이중구속을 활용하여 문제를 해결하는 것이다.

① ㄱ, ㄴ   ② ㄷ, ㄹ   ③ ㄱ, ㄴ, ㄷ
④ ㄱ, ㄴ, ㄹ   ⑤ ㄱ, ㄴ, ㄷ, ㄹ

해설

역설적 개입 혹은 역설적 지시 기법은 전략적 가족치료모델의 기법이다. 문제해결을 위해 시도되었던 기존의 방법과는 전혀 다른
방법을 사용하는데, 사회복지사가 목표와 반대되는 것, 즉 문제행동이나 증상을 계속하거나 더 많이 실행하라고 지시하기 때문에
'역설적'이라는 표현을 한다. 증상처방, 제지기법, 시련기법 등이 해당된다. 역설적 개입은 치료 상황에서 내담자의 저항을 처리
하는 효과적인 방법으로서 치료적 이중구속을 활용한다. 치료적 이중구속이란 '변화하라'는 메시지와 '변화하지 말라'는 두 가지
모순된 메시지를 동시에 전달하는 상황이다. 변화시켜야 하는 증상에 대하여 변화시키지 말라는 지시를 내림으로써 클라이언트는
일종의 이중구속 상황에 처하게 되는데 치료자가 '변화하지 말라'고 지시를 따르지 않는다면 증상을 포기하게 됨으로써 문제가
해결되는 것이다.

정답 ④

12) 해결중심모델에 관한 설명으로 옳은 것은?

① 규범적이다.   ② 과거를 지향한다.

③ 병리적인 것에 초점을 둔다.   ④ 문제의 원인규명에 초점을 둔다.

⑤ 변화는 항상 일어나며 불가피하다.

해설

해결중심모델에서는 '변화는 항상 일어나며 불가피하다'고 본다. 일상생활에서 변화는 삶의 일부이기 때문에 변화를 막을 수 없다. 문제가 발생하지 않는 예외적인 상황을 발견하고 예외를 확장시킴으로써 긍정적 변화를 이끈다.

정답 ⑤

13) 해결 지향적 질문 유형 중 '관계성 질문'에 해당하는 것은?

① "문제가 발생되지 않을 때는 언제인가요?"

② "문제와 가장 관련이 있는 상황은 어떤 경우였나요"

③ "문제가 해결되면 당신의 생활에 어떤 변화가 있을까요?"

④ "이런 문제는 누구와의 관계에서 더 심각하게 느껴지나요?"

⑤ "당신 아버지께서는 문제가 해결된 상황에 대해 어떤 말씀을 해주실까요?"

해설

관계성 질문은 자신에게 중요한 타인의 입장에서 자신을 보도록 하여 새로운 가능성을 탐색하는 것을 돕는 기술로써 클라이언트와 중요한 관계에 있는 사람들이 갖고 있는 생각, 의견에서 클라이언트를 보게 하는 질문이다. 자신의 희망, 힘, 한계, 가능성 등을 지각하는 방식은 자신에게 중요한 인물이 자신을 어떻게 볼 것이라는 생각과 관련되는데, 클라이언트는 자신의 입장이 아닌 타인의 입장에서 상황을 보게 되면 이전에는 몰랐던 가능성을 발견해낼 수 있다. "당신 아버지께서는 문제가 해결된 상황에 대해 어떤 말씀을 하실까요?"처럼 클라이언트에게 중요한 인물인 아버지의 입장에서 이 상황을 보게 함으로써 이전에는 몰랐거나 없었던 가능성을 만들어낼 수 있다.

정답 ⑤

14) 자아분화에 관한 설명으로 옳은 것은?

① 자아분화 수준이 낮을수록 사고와 감정이 균형을 이룬다.

② 자아분화 수준이 높을수록 가족체계의 정서로부터 분화된다.

③ 자아분화 수준이 낮을수록 타인과 융합하려는 경향이 줄어든다.

④ 자아분화 수준이 높을수록 삼각관계가 형성될 가능성이 높다.

⑤ 자아분화 수준이 낮을수록 적응력과 자율성이 커진다.

자아분화가 되면 될수록 개인은 가족체계에서 정서적 접촉을 하는 동안 하나의 개체가 될 수 있다.

자아분화 수준이 높은 사람은 사고와 감정이 균형을 이루므로 예민한 정서를 갖더라도 감정적인 충동을 참을 수 있는 자제력과 객관성을 갖는다. 또한 타인과의 관계에서도 다른 사람과 구분되는 나 자신만의 분명한 입장을 가지며 자신의 신념에 따라 행동한다. 따라서 자아분화 수준이 높을수록 가족체계의 정서로부터 분화되므로 가족의 정성에 휩싸이지 않는다.

반면 자아분화 수준이 낮을수록 삼각관계가 형성될 가능성이 높다.

정답 ②

　　　　　　　　　　　　　　　　　　　　　　　　　　　(14회 기출)

15) 가족 사정 기법 중 가족조각을 통해 파악할 수 있는 것을 모두 고른 것은?

> ㄱ. 가족 간의 친밀도　　　　　　　ㄴ. 가족 규칙
>
> ㄷ. 가족 성원들의 감정　　　　　　ㄹ. 가족의 교육 수준

① ㄱ, ㄴ, ㄷ　　　② ㄱ, ㄷ　　　③ ㄴ, ㄹ　　　④ ㄹ　　　⑤ ㄱ, ㄴ, ㄷ, ㄹ

가족조각기법으로 교육수준을 알 수는 없다.

가족 조각이란 공간속에서 가족구성원들이 몸을 이용해 가족의 상호작용의 양상을 표현하게 함으로써 가족에 대한 이해를 돕는 기법이다. 가족 성원 중 한 사람이 조각자가 되어 자신이 인지하고 있는 상황을 각 성원에게 표현하도록 각자의 위치와 신체적 표현을 정해준다. 말없이도 다른 사람의 관점을 이해하는 수단을 제공하므로 특히 말이 서투른 가족원에게 유용하다.

정답 ①

　　　　　　　　　　　　　　　　　　　　　　　　　　　(14회 기출)

16) 미누친(S. Minuchin)의 구조적 가족치료의 대표적 기법을 옳게 나열한 것은?

① 과제 부여, 합류하기, 척도 질문

② 합류하기, 탈삼각화, 경계 만들기

③ 긴장 고조시키기, 균형 깨뜨리기, 실연

④ 역설적 지시, 긴장 고조시키기, 과제 부여

⑤ 균형 깨뜨리기, 역설적 지시, 탈삼각화

구조적 가족치료의 대표적 기법으로는 경계 만들기, 합류하기, 실연, 긴장 고조시키기, 과제 부여, 균형 깨뜨리기가 있다.

정답 ③

중요도 ★★★★

17) 가족 치료 모델 유형에 관한 설명으로 옳은 것은?

① 구조적 가족치료: 가족 구성원 간의 규칙 및 역할을 재조정하도록 원조하기
② 경험적 가족치료: 상담 계획이 정해진 후 첫 회기 전까지 나타난 긍정적 변화를 질문하기
③ 전략적 가족치료: 가족 구성원이 삼각관계에서 벗어나도록 정서적 체계를 수정하기
④ 보웬의 세대 간 가족치료: 문제가 되는 상황을 강화하기 위해 역설적으로 개입하기
⑤ 해결중심 가족치료: 가족의 상호작용 유형을 확인하고 문제를 외현화하기

해설

미누친의 구조적 가족치료는 가족구조의 불균형(경계가 불분명하거나 지나치게 밀착되어 있는 것, 위계질서의 모호함, 체계 간 경직성 등)의 결과로서 가족문제가 발생한다고 보고 가족구조의 변화, 즉 가족의 재구조화를 목표로 하고 가족구조의 변화, 역기능적인 가족체계를 기능적인 구조로 바꾸는 것이다.

정답 ①

중요도 ★★★★★

18) 해결중심모델에 관한 설명으로 옳지 않은 것은?

① 이론적이고 규범적이다.
② 변화를 불가피한 것으로 인식한다.
③ 현재와 미래를 지향한다.
④ 클라이언트와의 협동 작업을 중시한다.
⑤ 사회복지사는 변화 촉진을 위한 질문자 역할을 수행한다.

해설

해결중심 모델은 탈이론적이며 비규범적이다. 다른 모델에서와 같이 인간행동에 대한 가설적 이론의 틀에 맞추어 클라이언트의 문제를 사정하거나 평가하지 않는다.

보충노트

해결중심모델의 주요 원칙
① 클라이언트의 병리적인 것 대신에 건강한 것에 초점을 두고 치료에 활용
② 클라이언트의 강점, 힘과 자원을 가지고 있는 존재, 건강한 특성을 발견하여 치료에 활용
③ 탈 이론적이고 비규범적이며 클라이언트의 관점을 중시함
④ 변화는 항상 일어나며 불가피한 것임
⑤ 현재와 미래를 지향함
⑥ 클라이언트의 협동 작업을 중요시함

정답 ①

19) 다음 각각의 가족 사정 내용과 관련이 없는 가족 개입 모델은?

> • 가족 의사소통 유형의 파악
> • 가족 내 하위체계 간 경계 속성의 파악
> • 가계도를 활용하여 통합적인 가족 속성을 종단 · 횡단으로 파악
> • 문제를 둘러싼 파괴적이고 역기능적인 악순환 고리의 파악

① 전략적 모델   ② 구조적 모델   ③ 다세대 모델(M. Bowen)
④ 경험적 모델(V. Satir)   ⑤ 이야기 치료 모델

해설

⑤ 이야기 치료 모델은 개인을 구속하거나 억압하고 있는 지배적인 이야기를 새롭고 창조적인 대안적 이야기로 바꾸는 작업으로 주어진 가족사정 내용과 관련이 없다. 이야기치료모델에서는 내담자에 대한 사정이나 병리적인 분류를 하지 않고 내담자의 자아상을 약한 것에서 강한 것으로 변화시키는 것에 초점을 맞추는데 이는 내담자들에게 적극적인 주체가 되어 자신들이 삶이 책임을 지도록 돕기 위함이다.

보충노트

① 헤일리의 전략적 모델은 가족항상성의 증상은 문제가 심각한 가족일수록 변화를 성장의 기회로 인식하기보다는 가족에 대한 위협으로 지각한다. (예: 역설적 지시, 재정의, 순환적 질문 등)
② 미뉴친의 구조적 모델은 가족구조의 불균형의 결과로서 가족문제가 발생한다고 보고 가족구조의 변화, 즉 가족의 재구조화를 목표로 한다. (예: 경계 만들기, 합류하기, 실연, 긴장 고조시키기, 균형 깨뜨리기 등)
③ 보웬의 다세대 모델은 자신의 원가족 관계에서 부모와 자녀의 분화정도가 핵가족에서도 전수된다고 본다.
④ 사티어의 경험적 모델에서 역기능적인 의사소통법 4가지가 있으며, 바람직한 의사소통형의 대안으로 일치형을 제시할 수 있다. ㉠ 회유형(아첨형): 자기감정을 무시하고 상대방의 비위를 맞추려함. ㉡ 비난형: 상대방보다 강하게 보이기 위해 타인의 결점을 발견하고 잘못을 남의 탓으로 돌림. ㉢ 초이성형(계산형): 매사에 비판적이고 분석적이며 평가하는 반응, 자신의 감정을 잘 표현하지 않고 실수하지 않으려 함. ㉣ 산만형(혼란형): 의사표현에 초점이 없고 요점이 없음. 정답 ⑤

20) 다음 사례에서 사회복지사가 민수에게 준 과제에 해당하는 개입 기법은?

> 결혼 후 분가한 민수는 부모의 지나친 간섭에 시달려 왔다. 사회복지사는 민수에게 자신의 느낌과 주장을 부모 앞에서 당당히 말하게 하고, 부모에게는 자녀의 이야기를 경청하고 수용하도록 하였으나 문제는 지속되었다. 사회복지사는 대안으로 민수에게 다음과 같은 과제를 주었다. "지금부터는 부모에게 사사건건 의논하며 조그마한 도움이라도 모두 요청해 보세요."

① 실연   ② 균형 깨기   ③ 경계 만들기   ④ 역설적 지시   ⑤ 문제의 외재화

헤일리의 전략적 모델로 역설적 개입은 문제행동을 유지 혹은 강화시켜 행동을 수정하도록 하는 것으로 치료자가 목표와 다른 방향으로 실행하도록 지시하여 효과적인 결과를 기대하는 방법으로 증상 처방, 제지 기법, 시련 기법 중 증상처방에 해당한다.

정답 ④

 (12회 기출)

21) 해결중심모델의 질문유형 중 대처 질문에 해당하는 것은?

① 문제가 일어나지 않을 때는 어떤 상황인가요?

② 문제가 해결되면 당신의 생활에 어떤 변화가 있을까요?

③ 어려운 상황 속에서도 더 나빠지지 않고 견뎌 낼 수 있었던 것은 무엇 때문이라고 생각하십니까?

④ 치료를 받으러 왔을 때 스트레스 수준이 10점이라고 하고 스트레스가 완전히 해소된 상태를 0점이라고 한다면 지금 당신의 스트레스 상태는 몇 점인가요?

⑤ 간밤의 기적이 일어나 걱정했던 문제가 해결되었다고 한다면 당신은 무엇을 보고 기적이 일어난 것을 알 수 있을까요?

대처질문은 내담자가 힘든 상황 속에서 어떻게 잘 대처해 왔는지에 대하여 이야기할 수 있는 질문을 말한다.
① 예외 질문 ② 면접 전 변화에 대한 질문 ④ 척도 질문 ⑤ 기적 질문

정답 ③

 (12회 기출)

22) 보웬(Bowen)의 가족치료기법의 적용 사례로 옳은 것은?

① 재구성 – 간섭하는 부모와 갈등하는 자녀

② 경계 만들기 – 서로 무관심한 남편과 아내

③ 역설적 지시 – 끊임없이 잔소리하는 시어머니

④ 탈삼각화 – 남편보다 장남인 아들에 집착하는 엄마

⑤ 균형 깨뜨리기 – 독단적으로 자녀 문제를 결정하는 아빠

탈삼각화는 보웬의 다세대 가족치료기법으로서 가족 간 지나친 융합으로 자아분화수준이 낮을 때 탈삼각화를 통해 가족원의 자아 분화 수준을 높이는 것이 치료의 목적이다. 제3자를 두 사람의 관계에서 분리시켜 삼각관계에서 벗어나게 함으로써 가족원들이 자아분화하도록 하는 것이다.

정답 ④

23) 가족 개입을 위한 합류(joining)에 해당하지 않는 것은?

① 가족원과 라포 형성하기   ② 가족의 말투나 행동 따라하기

③ 가족 간 상호작용 맥락 이해하기   ④ 가족의 역기능적 패턴 재구성하기

⑤ 가벼운 대화로 편안한 분위기 조성하기

해설

역기능적패턴 재구성은 교류의 재구조화로써 가족의 교류유형을 변화시켜 클라이언트가 문제를 나타내지 않아도 되는 바람직한 가족구조를 만들어내는 기법으로 합류하기는 가족의 조직과 유형이 역기능일지라도 먼저 받아들인다. 가족의 상호교류 양식패턴의 장점을 경험한다. 중립화를 통해 가족원에게 공감해야 한다. 가족의 가치나 자아존중감 정도를 알아야 한다. 가족원과 함께 문제 탐색과정에 참여한다. 가족의사소통 속도, 언어스타일, 행동방식을 알고 따라야 한다.   정답 ④

24) 부인이나 자녀의 의견을 존중하지 않고 자신의 방식을 강요하는 아버지로 인해 대화가 단절된 가족이 의뢰되었다. 타인을 무시하고 탓하는 비난형 의사소통 유형을 가진 것으로 파악된 아버지의 의사소통 유형을 일치형으로 변화시키는 데 적합한 방법은?

① 전략적 접근   ② 구조적 접근   ③ 경험적 접근

④ 이야기치료   ⑤ 해결중심 모델

해설

경험적 치료기법은 의사소통을 척도로 한 새로운 치료방법을 고안하였는데 인간을 긍정적으로 이해하고 따뜻한 태도를 견지하는 데 치료과정에서 가족들의 자존심을 향상 시켜줄 뿐만 아니라 분명한 의사소통 방법을 배울 수 있는 기회가 되며 가족의 칭찬할 만한 일을 찾아내어 확대시키게 된다.

경험적 접근은 사티어의 의사소통 유형으로 가족의 문제를 해결하고자 한다. 의사소통 유형은 일치형, 비난형, 회유형, 초이성형, 혼란형(주의산만형)이 있다. 일치형은 언어적 메시지와 비언어적 메시지가 일치하며, 비난형은 잘못을 남의 탓으로 돌리며 자신에게는 충성과 복종을 요구하는 것이다. 회유형은 상대방의 의견에 무조건 동의하고 상대방이 원하는 대로 행동하며 초이성형은 지나치게 이성적이고 잘 따지며 부정적인 측면을 잘 지적한다. 혼란형(주의산만형)은 의사표현에 초점이 없고 요점이 없는 유형이다.   정답 ③

25) 다음은 사티어(V. Satir)의 의사소통 유형 중 어디에 해당하는가?

> "당신이 그 일에 대해 그렇게 생각하고 섭섭해 하는 것을 알겠소. 당신의 입장도 충분히 이해가 갑니다. 우리 두 사람의 상황 인식에 좀 차이가 있는 것 같소. 그 상황 속에서 내가 그렇게 행동하게 된 이유와 그때의 감정 상태에 대해 있는 그대로 이야기하겠소."

① 일치형   ② 이성형   ③ 산만형   ④ 회유형   ⑤ 수용형

사티어의 경험적 가족치료 모델에서 의사소통 유형에는 아첨형(회유형), 비난형, 초이성형(계산형), 산만형(주의산만형), 일치형이 있다.

일치형 의사소통 유형은 자신과 타인, 상황 모두를 고려하는 것으로 바람직한 의사사통의 유형이라 할 수 있다. 일치형은 남을 통제, 무시, 공격하거나 자신을 방어하기 위해서가 아니라 자신이기를 선택하고 타인과 연결되기 위한 것이다. 　　　　정답 ①

26) 다음 사례에서 사회복지사가 활용한 개입 기법은?

> 가족 사정 관계에서 아내는 자신에게서 멀어지는 남편을 대신하여 아들(15세)에게 지나치게 관여해 왔고, 아들은 부모의 관계 회복을 위해 문제행동을 나타내는 것으로 파악되었다. 어머니는 아들의 문제행동 해결을 위해 몇 차례 자녀훈육기술 교육을 받았으나 별효과가 없었다고 한다. 따라서 사회복지사는 아들의 문제행동을 주요 개입 대상으로 삼는 대신 아내가 남편과의 갈등을 직접 해결하도록 돕는 노력을 하기로 했다.

① 탈삼각화　　② 균형 깨뜨리기　　③ 재구성　　④ 문제의 외현화　　⑤ 경계 만들기

탈삼각화는 가족의 기존삼각관계 변형을 시도하는 것이다. 즉 두 성원의 감정영역에서 제3성원을 분리시키는 과정이다.

탈삼각화는 가족 내 두 사람 사이에서 스트레스나 긴장관계가 발생했을 때 제3자를 두 사람의 상호작용체계로 끌어들이는 것이 삼각화 또는 삼각관계인데 삼각관계는 문제를 해결하는 데 도움이 되지 못하고 오히려 문제를 은폐하거나 분산하게 한다. 따라서 제3자를 두 사람의 관계에서 분리시켜 삼각관계를 벗어나게 함으로써 가족원들이 자아분화하도록 하는 것이다. 　　　　정답 ①

27) 해결중심모델에서 사용되는 질문기법의 예로 옳지 않은 것은?

① 예외 질문 – "두 분이 매일 싸우신다고 말씀하셨는데, 혹시 싸우지 않은 날은 없었나요?"

② 대처 질문 – "이렇게 힘들고 어려운 상황을 이겨내기 위해 가족들이 어떻게 대처해야 할까요?"

③ 관계성 질문 – "당신의 어머니는 이 상황에서 당신이 무엇을 해야 문제해결에 도움이 된다고 말씀하실까요?"

④ 기적 질문 – "밤새 기적이 일어나서 모든 문제가 해결되었다고 한다면 아침에 일어나서 무엇을 보고 기적이 일어났는지를 알 수 있을까요?"

⑤ 상담 전 변화 질문 – "상담 예약을 하신 후부터 지금까지 시간이 좀 지났는데 그동안 상황이 좀 바뀌었나요? 그렇다면 무엇이 어떻게 달라졌는지 말씀해주세요."

해결중심모델의 질문기법 익히기

대처/극복 질문은 문제 상황에 있는 클라이언트에게 경험을 활용하도록 하고 새로운 힘을 갖게 하며 자신의 강점을 발견하도록 하는 데 도움이 되는 질문이다. 어려운 상황에서 잘 견뎌내고 더 나빠지지 않은 것은 강조하고 그것을 인식 및 확대하기 위한 근거로 이용한다. 예를 들면 "그렇게 힘든 상황에서도 모든 것을 포기하지 않고 어떻게 오늘까지 지탱해 왔나요?" "계속 술을 마시는 것이 어떻게 도움이 되나요?" "지금까지 해온 것을 유지하기 위해 무엇을 해야 하나요?"

정답 ②

중요도 ★★★   (11회 기출)

28) 다음 사례에 나타난 가족 개입 기법은?

> 사소한 말다툼이 큰 싸움이 되는 과정에서 서로 상처를 주는 말이 쌓여 부부관계가 악화되었고, 끝내는 이혼을 고려하고 있는 부부를 상담 중인 사회복지사는 다음과 같은 과제를 주었다.
> "잘 알겠습니다. 그럼 이렇게 해보시죠. 집으로 돌아가셔서 일주일에 이틀을 정해, 두 분이 싸울 거리를 한 가지씩 찾아내서 부부싸움을 30분간 하시는 겁니다."

① 실연   ② 코칭   ③ 증상 처방   ④ 가족조각   ⑤ 역할 연습

전략적 가족치료 개입기법 중 역설적 지시의 증상 처방에는 증상 행동을 계속하도록 격려하는 지시나 과제를 주는 기법으로 부부관계가 악화되어 이혼을 고려하고 있는 부부에게 부부싸움을 30분간 더욱 심하게 하도록 증상을 과제로 준 것이다.

정답 ③

중요도 ★★★★   (11회 기출)

29) 다음 사례에 적용된 개입 모델은?

> 어머니가 우울증을 호소하며 사회복지사에게 상담을 요청했다. 아버지는 일정하지 않은 직업과 소득으로 아내와 아들로부터 소외된 채 술로 세월을 보내고 있다. 어머니와 아들은 서로 밀착되어 가계를 이끌어오다가 최근 소득이 감소되어 우울증이 심화됐다.
> 사회복지사는 어머니와 아들 사이의 경계를 조정하고 부부 하위체계를 강화하는 개입을 시도했다.

① 구조적 치료 모델   ② 의사소통 모델   ③ 전략적 치료 모델
④ 경험적 치료 모델   ⑤ 해결중심 모델

구조적 가족치료 개입기법 중 하위체계간 경계 만들기에 해당한다.

구조적 가족치료는 가족구조의 불균형(경계가 불분명, 지나치게 밀착, 위계질서가 모호함, 체계 간 경직성 등)의 결과로써 가족문제가 발생한다고 보고 가족구조의 변화, 즉 가족의 재구조화를 목표로 한다. 　　　　　　　정답 ①

중요도 ★★★★★ 　　　　　　　　　　　　　　　　　　　　　　　　　　　　　　　(10회 기출)

30) 다음의 설명에 해당하는 사회복지실천모델은?

- 클라이언트의 자원, 건강성, 성공 경험에 초점을 둔다.
- 탈 이론적, 비규범적이며 현재와 미래 지향적이다.
- 사회복지사의 자문가 역할이 강조된다.

① 해결중심모델　　　　　② 행동수정모델　　　　　③ 문제해결모델
④ 4체계모델　　　　　　　⑤ 교류분석모델

해결중심단기 가족치료는 인간의 잠재적 자원, 문제해결능력, 과거의 성공적 경험, 변화욕구 등을 중요시 한다.

해결중심이론 주요 원칙

- 병리적인 것 대신에 건강한 것에 초점을 두고 클라이언트의 실패보다 성공 경험이나 방법에 초점을 두고 치료에 활용한다.
- 클라이언트의 강점, 힘과 자원을 가지고 있는 존재, 건강한 특성을 발견하여 치료에 활용한다.
- 탈 이론적이고 비규범적이며 클라이언트의 관점을 중시한다.
- 변화는 항상 일어나며 불가피한 것이다.
- 현재와 미래를 지향한다.
- 클라이언트의 자율적인 협력을 중요시한다.
- 중심 철학은 클라이언트가 문제 삼지 않는 것은 건드리지 않는다. 일단 효과가 있으면 더 많이 하게 된다. 만약 효과가 없다면 다시는 그것을 하지 말고 그것과는 다른 것을 하게 된다. 　　　　　　　정답 ①

중요도 ★★★★ 　　　　　　　　　　　　　　　　　　　　　　　　　　　　　　(10회 기출)

31) 상담을 받기 위해 내방한 가족에 대한 개입 내용으로 옳지 않은 것은?

① 다세대 가족치료 모델 – 문제와 클라이언트를 분리하여 이해하도록 한다.

② 전략적 가족치료 모델 – 문제가 되는 상황을 강화하도록 역설적으로 지시한다.

③ 경험적 가족치료 모델 – 클라이언트가 생각하는 가족의 모습을 조각으로 표현해 보도록 한다.

④ 해결 중심 가족치료 모델 – 상담계획 이후 첫 회기 전까지 나타난 긍정적인 변화가 있었는지 질문한다.

⑤ 구조적 가족치료 모델 – 가족에 합류한 뒤 균형 깨뜨리기를 통해 가족을 재구조화 한다.

보웬의 다세대 가족치료 모델에서는 간 개인이 원 가족과 정서적으로 어떻게 연결되어 있으며 그것이 개인의 삶의 방식에 어떤 영향을 주는지를 이해하려는 것으로 다세대 가족에 초점을 맞추며 가족이라는 맥락에서 개인을 인식하려는 맥락 안에, 문제와 클라이언트를 분리하여 이해하도록 한 것은 문제의 외연화로 이야기치료에 해당한다.

정답 ①

32) 자아 분화에 관한 설명으로 옳은 것은?

① 두 사람 사이의 갈등을 완화하고자 제3자를 끌어들인다.

② 부모를 거부하며 정서적으로 자신을 고립시킨다.

③ 과거 중요한 타인에 대해 느꼈던 감정을 현재 관계에서 느낀다.

④ 생각과 감정을 분리하고 타인과의 관계에서 자주적으로 행동한다.

⑤ 가족의 분화 수준과 기능이 세대 간 전수된다.

보웬의 다세대 가족치료에서 자아분화는 정신내적 수준과 상호대인적 수준의 두 가지 면이 있다. 정신내적 분화란 사고로부터 감정을 분리할 수 있는 능력을 말한다. 자아분화는 '사고와 감정을 분리하여 자신과 타인을 구분할 수 있는 능력' 혹은 '한 가족의 정서적 혼란으로부터 자신이 자유로워지는 과정'이다. 자아분화가 된 사람은 생각과 감정을 분리하고 타인과의 관계에서는 주체적으로 행동한다.

① 삼각화, ② 정서적 단절, ③ 전이, 역전이, ⑤ 다세대 전수과정

정답 ④

33) 가족의 하위체계 간 경계 만들기(boundary making)에 관한 설명으로 옳지 않은 것은?

① 세대 간 경계를 관찰할 때 문화적 가치를 고려해야 한다.

② 유리된 하위체계에서는 개인의 독립성을 고양해야 한다.

③ 가족 간 경계는 가족상담 시 가족이 앉은 위치를 통해 파악이 가능하다.

④ 밀착된 하위체계는 거리를 두어 가족성원의 자율성이 확보되도록 해야 한다.

⑤ 사회복지사가 자신의 신체를 이용해 분리되어야 할 사람끼리 눈 마주치는 것을 방해하는 것도 경계 만들기이다.

유리된 하위체계는 각 체계 간의 소통이 어렵고 분리되어 있어 가족 간의 결속력이 약하고 소외되어 있는 경우가 많다. 가족들의 결속력을 다지기 위한 활동을 통해 소속감을 길러주고 가족 공동체를 회복하도록 도와야 한다.

정답 ②

중요도 ★★★

34) 다음에 사용된 가족치료 모델은?

> 개입 초기 가족의 대변인인 어머니와 의사소통을 시작하였다. 가족이 사용하는 용어를 활용하고 가족의 대화속도에 맞추어 대화를 하여 문제를 파악하고 라포를 형성하였다.

① 구조적 가족치료   ② 해결 중심 가족치료   ③ 다세대 가족치료
④ 경험적 가족치료   ⑤ 전략적 가족치료

해설

구조적 가족치료 개입 기법으로서 합류하기가 사용되었다.

정답 ①

제10장 집단대상 실천기법

01) 집단유형별 특성에 관한 설명으로 옳지 않은 것은?

① 치료집단은 자기노출 정도가 높아서 비밀보장이 중요하다.

② 과업집단은 구성원의 발달과업 완수를 위해 조직구조의 영향을 최소화한다.

③ 자발적 형성집단은 구성들이 설정한 목적을 보호하는 것이 중요하다.

④ 자조집단에서 사회복지사의 역할은 공유된 문제에 대한 지지를 하는 것이다.

⑤ 비자발적 집단에서는 협상 불가능 영역이 있음이 분명히 한다.

해설

과업집단은 의무사항의 이행, 조직 또는 집단의 과업성취를 위해 구성된 집단이다. 과업집단은 집단성원들의 개인적인 성장을 주목적으로 하는 것이 아니라 사회계획이나 서비스의 조정, 정보수립, 집단발제해결, 사회행동 등을 주목적으로 한다.

정답 ②

02) 집단 프로그램 유형별 지도자의 역할로 옳지 않은 것은?

① 한 부모가족 자조모임 – 감정이입적 이해와 상호원조의 촉진자

② 중간관리자 역량강화 프로그램 – 집단토의를 위한 구조제공자

③ 에니어그램을 통한 자기인식 향상 프로그램 – 통찰력 발달의 촉진자

④ 우울증 인지행동집단치료 프로그램 – 무력감 극복을 위한 옹호자

⑤ 중도입국 자녀들의 한국 사회적응 프로그램 – 프로그램 디렉터

해설

집단 프로그램 유형별 지도자의 역할 중 옹호자의 역할을 하는 경우는 중개자로서 역할이 성공을 거두지 못하거나 주변의 환경이 성원들의 욕구와 상충되는 경우이다.

우울증 인지행동집단치료 프로그램은 치료모델에 속하며 치유집단(therapy group)이다. 치유집단에서 집단지도자는 전문적인 치료자 또는 변화 매개인으로의 역할을 한다.

정답 ④

중요도 ★★★★

03) 집단 사회복지실천의 원칙에 관한 설명으로 옳은 것을 모두 고른 것은?

> ㄱ. 집단 활동에 필요한 최소한의 규범을 설정한다.
>
> ㄴ. 집단이 직면하는 어려움을 해결하기 위해 개입한다.
>
> ㄷ. 집단 성원의 참여를 촉진하기 위해 지지한다.
>
> ㄹ. 집단 성원의 성장을 돕기 위하여 개인의 욕구에 대응한다.

① ㄱ, ㄴ, ㄷ   ② ㄱ, ㄷ   ③ ㄴ, ㄹ

④ ㄹ   ⑤ ㄱ, ㄴ, ㄷ, ㄹ

해설

집단 대상 사회복지 설천에 적용되는 원칙으로 집단 활동에 필요한 최소한의 규범을 설정하고, 집단이 직면하는 어려움을 해결하기 위해 개입을 하며, 집단 성원의 참여를 촉진하고 집단성원의 성장을 돕기 위하여 개인의 욕구에 대응한다.

㉠ 규범의 원칙 ㉡ 갈등해결의 원칙
㉢ 참가의 원칙 ㉣ 개별화의 원칙

정답 ⑤

중요도 ★★★★

04) 토스랜드와 리바스(Toseland & Rivas)가 분류한 집단 유형 중 다음 설명에 해당하는 것은?

> • 비슷한 문제를 경험한 사람들로 집단을 구성한다.
>
> • 유대감 형성이 쉽고 자기 개방성이 높다.
>
> • 상호 원조하면서 대처기술을 형성하도록 돕는다.

① 교육 집단(educational group)   ② 치료 집단(therapy group)

③ 과업 집단(task group)   ④ 지지 집단(support group)

⑤ 사회화 집단(socialization group)

해설

지지집단은 비슷한 문제를 경험한 사람들 집단을 구성하기 때문에 유대감 형성이 쉽고, 상호지기를 통해 생활상문제나 위기를 극복하고 희망과 위로를 얻고자 하는 집단으로 자기 개방수준도 높다.

예: 이혼가정의 취학아동 모임, 암 환자의 가족모임, 만성장애환자나 환자의 가족들이 질병과 그로 인한 영향 등에 대처하는 방법에 대해 토론, 정보 공유 집단, 자녀 양육의 어려움에 대해 공유하는 한 부모 집단 등이 있다.

정답 ④

05) 자조모임(self-help group)의 특성에 해당하지 않는 것은?

① 자기 노출을 통해 문제의 보편성을 경험한다.

② 집단 성원 간의 학습을 통해 모델링 효과를 얻는다.

③ 집단 과정 촉진을 위해 성원 간의 의사소통이 중요하다.

④ 과업 달성을 위해 집단 사회복지사의 주도성이 요구된다.

⑤ 집단 성원의 자율적인 참여를 위해 동기 부여가 필요하다.

해설

자조집단의 모임은 정신건강 전문가의 도움을 필요로 하지 않거나 전문가들이 돕기에 한계가 있는 문제를 지닌 사람들을 위한 집단으로 비슷한 관심사를 공유한다는 점에서 지지집단과 유사하나 집단지도자는 지지집단에 비해 주도적 역할을 하지 않는다. 자신의 삶에 대해 적극적으로 대처하고 통제한다는 장점이 있다.
예: 단주 친목모임 등 정답 ④

06) 집단 사회복지실천 과정에서의 개입 기술로 옳지 않은 것은?

① 자료수집 – 요약하기   ② 초기 사정 – 재구조화

③ 과제 수행 – 코칭   ④ 집단과정 촉진 – 초점화

⑤ 종결 – 집단경험 평가하기

해설

집단과정을 촉진 기술은 집단 성원 간 이해를 증진하고 개방적 의사소통을 형성하며 신뢰감을 형성하고, 자료수집과 사정 기술은 집단 성원의 문제를 이해하고 계획을 세우기 위해 질문을 하거나 정보를 요청하고 분석하는 기술들을 사용한다.
재구조화는 초기사정이 아니고 집단의 목적과 과업을 성취하도록 원조할 때 사용하는 행동기술이다.

정답 ②

07) 다음 사례에 해당하는 집단의 유형은?

> 장애인복지관에서 발달장애 아동의 비 장애 형제를 대상으로 주 1회 8회기 집단을 운영하였다. 집단의 목적은 비 장애 형제의 장애 형제와 관련한 부 적응적 사고와 신념의 변화였다. 이를 위해 자기 모니터링, 인지 재구성, 의사소통 훈련, 문제 해결 훈련을 활용하였다.

① 성장 집단   ② 치료집단   ③ 지지집단   ④ 과업집단   ⑤ 참 만남 집단

치료 집단은 성원들의 행동변화, 개인적인 문제의 개선, 또는 상실된 기능의 회복 원조 교육이나 성장, 치유와 사회화의 가능성과 잠재 능력을 충분히 발휘할 수 있도록 돕고 이를 통해 사회적 기능을 향상시킬 목적으로 형성된 집단으로 자기개방이 매우 높다. 집단과정의 성공여부는 집단 구성원들의 목표가 성공적으로 수행되었는가에 달려 있다.

정답 ②

(13회 기출)

08) 집단 대상 사회복지실천 접근 방법 중 상호작용 모델에 관한 설명으로 옳지 않은 것은?

① 개인과 사회의 조화가 장기적 목적이다.

② 문제 해결을 위한 상호 원조체계 개발에 초점을 둔다.

③ 사회복지사는 집단 성원과 집단 사이의 중재자 역할을 한다.

④ 정해진 목표 달성을 위해 구조화된 개입을 한다.

⑤ 사회복지사와 집단 성원 간의 협력을 통해 집단 목표를 설정한다.

정해진 목표달성을 위해 구조화된 개입을 하는 것은 치료모델이다. 상호작용 모델은 집단 간의 상호 원조 체계를 구축하는 것에 초점을 두고 있으며, 집단지도자와 집단성원들이 상호작용을 하면서 목표를 설정하고 집단 활동 이전에는 구체적인 목표를 정하지 않는다.

정답 ④

(13회 기출)

09) 초등학교 학교사회복지사가 학교폭력 피해아동의 외상(trauma) 치유를 위한 소집단을 구성할 때, 집단 구조에 관한 설명으로 옳은 것은?

① 한 학급 정원 20~30명을 하나의 단위로 운영한다.

② 아동의 기능수준을 고려하여 매 회기 3시간으로 운영한다.

③ 아동의 참여가 가능한 방과 후에 모임 시간을 가진다.

④ 아동 행동의 의미 있는 변화를 위해 개방형 집단으로 한다.

⑤ 개별 아동과의 눈 맞춤과 상호작용을 위해 사회복지사는 아동들을 일렬로 앉히고 마주 본다.

치유 집단으로 다소 심한 정서적, 개인적 문제를 가진 성원들로 구성되며 상호지지를 강조함과 동시에 치유와 회복에 중점을 둔다. ③ 아동의 참여가 가능한 방과 후에 모임시간을 가지는 것이 좋다.

① 치료 집단 크기는 7~10명 정도가 적당하다.

② 모임시간의 길이는 짧게 자주 갖는 것이 좋다.
④ 학교 폭력 피해 아동의 외상치유는 폐쇄형 집단이 적합하다.
⑤ 원행이 바람직하다.

정답 ③

중요도 ★★★★ (13회 기출)

10) 토스랜드와 리바스(R. Toseland & R. Rivas)가 분류한 세 가지 집단사회복지 실천 기술 중 집단과정 촉진 기술에 해당하지 않는 것은?

① 성원의 말이나 행동에 집중하는 반응을 한다.

② 개방적 의사소통을 위해 사회복지사가 먼저 자기노출을 할 수 있다.

③ 토론 범위를 제한하여 집단 목표와 관련 없는 의사소통을 감소시킨다.

④ 성원이 문제 상황을 긍정적으로 인식하도록 재정의 한다.

⑤ 성원이 의견을 분명하게 표현하도록 의사소통의 내용을 명확히 한다.

해설

토스랜드와 리바스는 집단사회복지사가 실무에서 활용할 수 있는 개입기술을 집단기술, 자료수정 및 사정기술 행동기술로 구분하여 제시했다.
행동 기술은 성원이 문제 상황을 긍정적으로 인식하도록 재 정의하는 것이다.
집단과정에서 촉진기술은 집단 성원의 참여를 촉진하고, 집단 성원에게 집중하기, 표현기술, 반응기술, 집단의 의사소통 초점을 유지하기, 집단과정의 명확화, 내용의 명료화, 집단 상호작용 지도하기가 있다.
④은 행동기술이다.

정답 ④

중요도 ★★★★ (12회 기출)

11) 치료 집단에 관한 설명으로 옳은 것을 모두 고른 것은?

> ㄱ. 자기 표출의 정도가 높은 편이다.
> ㄴ. 정서적·개인적 문제를 가진 성원들로 구성된다.
> ㄷ. 행동 변화 및 재활을 목표로 한다.
> ㄹ. 집단지도자는 권위적인 인물의 역할을 수행한다.

① ㄱ, ㄴ, ㄷ   ② ㄱ, ㄷ   ③ ㄴ, ㄹ   ④ ㄹ   ⑤ ㄱ, ㄴ, ㄷ, ㄹ

해설

치료 집단에는 지지집단, 교육집단, 성장 집단, 치유집단, 사회화 집단 등이 있으며 치료집단에서 사회복지사는 치료재(변화 매개자)의 역할을 수행하므로 때로는 권위적인 인물의 역할을 수행하기도 한다.

정답 ⑤

12) 집단 성원 간의 갈등이나 상반되는 관점 등을 해결할 수 있도록 원조하는 집단사회복지사의 역할은?

① 교육자(educator) ② 중개자(broker) ③ 옹호자(advocate)

④ 중재자(mediator) ⑤ 조성자(enabler)

해설

중재자의 역할은 공동의 목표나 문제해결을 위해 기관간 또는 기관내의 의사소통의 갈등이나 의견차이를 조정하는 역할을 한다.

정답 ④

13) 병리의 치료보다 사회 심리적 기능 향상에 초점을 두는 집단의 예를 모두 고른 것은?

ㄱ. 은퇴준비 노인 집단	ㄴ. 청소년을 위한 가치명료화 집단
ㄷ. 여성을 위한 의식 고양 집단	ㄹ. 부부를 위한 참 만남 집단

① ㄱ, ㄴ, ㄷ　　② ㄱ, ㄷ　　③ ㄴ, ㄹ　　④ ㄹ　　⑤ ㄱ, ㄴ, ㄷ, ㄹ

해설

병리치료보다 사회심리적 기능향상에 초점을 두는 성장집단이다.

모두 사회 심리적 기능 향상에 초점을 두는 집단에 해당한다. 성장 집단은 구성원들의 자기인식, 자의식을 증진시키고 개인적인 변화를 이끌어 낼 수 있는 기회를 제공하여 자아 향상에 초점을 두는 집단이다. 집단은 구성원이 자신의 능력을 최대한 발휘하기 위한 하나의 도구라고 볼 수 있으며 집단 내 자기표출 정도는 높은 편이다.

정답 ⑤

14) 집단의 종류와 모델에 관한 설명으로 옳은 것은?

① 지지집단 성원의 자기 표출 정도는 낮다.

② 사회적 목표 모델은 개인의 치료에 초점을 둔다.

③ 치료 모델은 민주시민의 역량개발에 초점을 둔다.

④ 과업 달성을 목적으로 구성된 집단이 치료 집단이다.

⑤ 상호작용 모델에서 사회복지사는 중재자의 역할을 담당한다.

해설

⑤ 상호작용모델에서 사회복지사는 중재자 또는 가능케 하는 사람으로서 기능한다.

① 지지 집단에서 성원의 자기 표출 정도는 높다. ② 사회적 목표 모델은 민주주의와 지역사회 정의 유지 및 개발, 구성원의 사회의식과 사회적 책임 향상을 목적으로 하고, 민주적 집단과정을 중시한다. ③ 치료 모델은 개인의 치료에 초점을 둔다. ④ 과업 달성을 목적으로 구성된 집단은 과업집단이다. ⑤ 상호 작용 모델에서 사회복지사는 조력자, 중재자의 역할을 한다.

정답 ⑤

중요도 ★★★★

15) 집단을 이해하기 위한 장이론(field theory)에 관한 설명으로 옳지 않은 것은?

① 심리적 환경이 강조된다.

② 집단은 개별성원들의 총합 이상이다.

③ 집단 내 역동적인 상호작용이 강조된다.

④ 개인의 환경에 의해 수동적으로 영향을 받는다.

⑤ 개인의 요구가 변하면 환경에 대한 지각도 변한다.

해설

장이론(field theory)은 사회심리학자인 레빈에 의해 개발되었으며 정신현상이나 사회현상도 물리학에서와 마찬가지로 전체가 하나의 장을 이루고 있으며, 각 부분은 상호의존의 관계를 이루고 있다는 것으로 체계이론과 생태 체계 관점과 비슷하다는 것이다. 장이란 서로 상호의존적이고 공존하고 있는 모든 사실들의 총합을 의미하며, 인간행동을 좌우하는 상호의존적인 모든 심리적 사실들의 총합을 말한다. 개인은 환경에 의해 수동적으로 영향을 받는 존재가 아니라 환경과 상호작용하는 존재이다.

정답 ④

중요도 ★★★★

16) 다수의 지도자가 집단을 진행할 때 클라이언트가 공동지도력으로부터 얻을 수 있는 것은?

① 소진 예방   ② 역전이 방지

③ 지도자의 전문적 성장 도모   ④ 초보 진행자의 훈련에 유리

⑤ 다양한 갈등해결 방법의 모델링

해설

공동지도력은 두 사람 이상의 상담사가 서로 협조하여 한 집단을 이끄는 형태로 말하는 것으로 소진예방, 역전이 방지, 지도자의 전문적 성장 도모, 초보 진행자의 훈련에 유리한 것은 모두 사회복지사가 얻을 수 있는 공동지도력의 장점이며 클라이언트는 다양한 갈등해결 방법을 모델링할 수 있다.

정답 ⑤

중요도 ★★★★

17) 사회적 목표모델의 설명으로 옳은 것을 모두 고른 것은?

ㄱ. 집단지도자는 중재자 역할을 주로 수행한다.

ㄴ. 성원 간 상호 원조체계 구축이 주요 초점이다.

ㄷ. 성원의 행동 변화에 초점을 두고 구조화된 개입을 한다.

ㄹ. 집단 내의 민주적 절차와 과정이 중시된다.

① ㄱ, ㄴ, ㄷ   ② ㄱ, ㄷ   ③ ㄴ, ㄹ   ④ ㄹ   ⑤ ㄱ, ㄴ, ㄷ, ㄹ

사회적 목표 모델은 민주주의와 지역사회 정의 유지 및 개발, 구성원의 사회의식과 사회적 책임 향상을 목적으로 하고, 민주적 집단과정을 중시한다.

ㄱ: 상호작용모델, ㄴ: 상호작용모델, ㄷ: 치료적 모델의 설명이다.

정답 ④

중요도 ★★★★   (10회 기출)

18) 다음 사례에 해당하는 집단의 유형은?

> 알코올중독 치료를 받은 후 퇴원한 A는 지역 알코올상담기관에서 매주 운영하는 알코올중독 회복자 자조모임에서 만나게 된 동료들의 도움으로 단주를 유지하며 회복에 대한 희망을 갖게 되었다.

① 과업집단   ② 지지집단   ③ 교육집단
④ 사회화집단   ⑤ 감수성 훈련 집단

지지집단은 일상생활을 통하여 겪는 다양한 문제들에 대처할 수 있는 힘을 향상시키기 위해 집단 성원들로부터 지지를 받기 위한 집단이다. 대개 유사한 문제를 경험하는 사람들이 참여하므로 다른 사람들로부터 낙인이나 편견의 두려움 없이 참여할 수 있어서 동질감과 유대감을 느끼기 쉬운 장점이 있다.

정답 ②

중요도 ★★★★   (10회 기출)

19) 과업달성보다 집단성원 간의 유대감 강화를 강조하는 집단리더 역할에 관한 설명으로 옳은 것을 모두 고른 것은?

> ㄱ. 모든 성원이 집단과정에 참여하도록 촉진한다.
> ㄴ. 개별 성원들의 부정적 감정을 표현하도록 격려한다.
> ㄷ. 성원 간 갈등을 해결하고 긴장을 완화한다.
> ㄹ. 성원들이 제시한 아이디어와 의견을 분석한다.

① ㄱ, ㄴ, ㄷ   ② ㄱ, ㄷ   ③ ㄴ, ㄹ
④ ㄹ   ⑤ ㄱ, ㄴ, ㄷ, ㄹ

과업 달성을 목적으로 하는 과업 집단의 리더는 성원들이 제시한 아이디어와 의견을 분석하여 집단이 성취해야 할 과업을 수행한다. ㄹ은 과업집단 리더역할이다.

정답 ①

20) 다음 사례에 포함된 집단 유형으로 옳지 않은 것은?

> 사회복지사가 한 부모들을 모집하여 일주일에 한 번 자녀양육법에 대한 정보를 제
> 공하였다. 그러나 점차 성원 간 유대가 강화되어 친목도모의 욕구가 강해지면서
> 사회복지사 없이 주기적인 만남으로 자녀양육에 대해 서로 정보를 교환하고 경험
> 을 공유하면서 전보다 효과적으로 자녀를 양육할 수 있게 되어 구성원들이 자신감
> 이 생기고, 서로를 돕게 되어 뿌듯하고 성숙해진 느낌을 가졌다.

① 교육 집단   ② 자조집단   ③ 치료 집단

④ 성장 집단   ⑤ 지지집단

해설

치료 집단은 집단성원들의 문제들이 치유 받고 회복되거나 증상이 완화될 수 있도록 개입하는 것으로 주어진 사례에는 해당되지 않는다.
① 자녀 양육법에 대한 교육 – 교육집단, ② 사회복지사 없이 모임 – 자조집단, ④ 서로 돕게 되어 성숙해짐 – 성장집단, ⑤ 정보 교환, 경험공유 – 지지집단   정답 ③

21) 대상과 집단프로그램의 연결이 잘못된 것은?

① 효과적인 코치가 되고픈 아버지 – 교육 프로그램

② 졸업 후 진로를 고민하는 대학생 – 치료 프로그램

③ 퇴원을 앞둔 사회기술훈련이 필요한 만성질환자 – 사회화 프로그램

④ 명예퇴직을 준비하는 50대 – 성장 프로그램

⑤ 최근 부모의 이혼을 경험한 중학생 – 지지 프로그램

해설

졸업 후 진로를 고민하는 대학생을 대상으로 하는 프로그램은 치료 프로그램이 아닌 교육 프로그램이 적합하다.

정답 ②

중요도 ★★★★

01) 집단을 활용한 사회복지실천의 치료적 효과 요인으로 옳지 않은 것은?

① 고유성   ② 이타성 향상   ③ 실존적 요인   ④ 재 경험의 기회 제공   ⑤ 희망고취

해설

얄롬(Yalom)의 치료적 효과로는 ① 희망의 고취 ② 보편성(문제의 일반화) ③ 정보공유 및 전달 ④ 이타심(이타주의) ⑤ 가족집단의 교정적 재현 ⑥ 사회화기술의 학습 ⑦ 감정정화(카타르시스) ⑧ 모방행동 ⑨ 대인관계 학습을 통한 감정의 교정 ⑩ 집단 응집력 ⑪ 실존적 요인: 궁극적 책임   정답 ①

중요도 ★★★★

02) 집단역학(group dynamics)의 구성요소가 아닌 것은?

① 긴장과 갈등   ② 가치와 규범   ③ 집단목적

④ 의사소통 유형   ⑤ 지식 및 정보 습득

해설

집단역할(group dynamics)은 집단 역동성이라고도 한다. 집단 내에서 전문가인 집단 지도자를 포함한 집단성원의 상호작용에 의해 발생하는 역동적 상호작용을 집단과정이라 한다. 집단과정에서 전체집단과 성원에게 미치는 힘을 집단역학이라 한다. 집단역동성의 구성요소는 가치와 규범, 지위와 역할, 집단응집력, 집단의사소통과 상호작용(정서적 유대, 하위집단 등), 집단의 크기와 물리적 환경, 집단의 발달단계, 집단지도력 등이다. 지식 및 정보습득은 집단역학의 구성요소가 아니다.   정답 ⑤

중요도 ★★★★

03) 집단과정을 촉진하기 위한 사회복지사의 실천 활동으로 옳은 것은?

① 원만한 관계 유지를 위해 추상적이고 우회적인 피드백 제공

② 집단성원이 전달하는 메시지 사이에 불일치가 있을 경우, 이를 확인

③ 집단성원의 긍정적 변화를 위해 그의 단점을 중심으로 피드백 제공

④ 자신의 경험, 감정, 생각 등을 집단 성원에게 지속적으로 상세하게 노출

⑤ 다차원적인 내용의 여러 가지 피드백을 한 번에 제공

해설

사회복지사는 집단성원들이 행동, 사고, 감정 간의 불일치가 발생할 때 이를 알아차리고 극복할 수 있도록 원조하는데, 이때 적용하는 기술은 직면기술이다. 직면을 통해 집단성원이 자신의 행동과 태도를 검토해 볼 수 있는 기회가 제공되며, 집단성원의 성장을 위해 도움이 될 수 있다. 건설적인 직면기술은 개입단계에서 필요한 핵심적인 사회복지기술이다.   정답 ②

04) 집단과정을 촉진하기 위한 피드백에 관한 설명으로 옳지 않은 것은?

① 집단 성원의 요청이 있을 때 피드백을 제공한다.

② 구체적인 행동이나 관계에 대한 피드백을 제공한다.

③ 집단 성원으로 하여금 상호 간에 피드백을 제공하도록 한다.

④ 집단 성원이 활용할 수 있는 만큼의 피드백을 제공한다.

⑤ 집단 성원의 문제해결능력 향상을 위해 단점에 초점을 둔다.

해설

피드백이란 집단 성원들에게 그들의 역할수행이나 서로를 어떻게 바라보는지에 대해 명확한 정보를 제공하는 것이다. 집단과정을 촉진하기 위해 집단 성원의 요청 시 피드백 제공, 구체적인 행동이나 관계에 대한 피드백제공, 집단성원으로 하여금 상호 간의 피드백을 제공하고, 피드백을 제공할 때는 클라이언트의 장점에 초점을 두는 게 좋다. 정답 ⑤

05) 집단응집력 향상을 위한 방안으로 옳지 않은 것은?

① 집단 성원으로서의 책임성을 강조한다.

② 집단토의와 프로그램 활동을 활용한다.

③ 집단 성원 간 경쟁적 관계를 형성하도록 돕는다.

④ 집단 성원의 기대와 집단의 목적을 일치시킨다.

⑤ 집단에 참여함으로써 얻을 수 있는 보상을 제시한다.

해설

집단 사회복지실천 중 집단응집력의 개념 알아보기 문제로 집단응집력 향상을 위해 경쟁적 관계 형성은 바람직하지 않다.

정답 ③

06) 다음 설명에 해당하는 집단의 치료적 요인은?

> 집단성원은 상호 간 유사한 걱정을 공유함으로써 다른 사람도 비슷한 문제를 겪는 다는 것을 발견하고 안도감을 얻게 된다.

① 이타주의   ② 보편성   ③ 모방 행동   ④ 희망 증진   ⑤ 카타르시스

해설

다른 사람들도 자신과 비슷한 문제를 겪고 있다는 사실을 알게 되면서 자신의 문제가 매우 일반적임을 알게 되어 불안과 긴장상태에서 안정을 찾을 수 있게 되는 것을 보편성이라 한다.

집단의 치료적 효과를 살펴보면

• 희망주기(희망 증진) 예: 사람을 보니 나도 좋아질 수 있겠구나.

• 보편성(일반화) 집단을 통해 다른 사람들의 문제가 자신과 비슷하고 보편적이라는 사실을 발견함
  예: 나만 그런 게 아니구나.
• 정보 전달(정보 습득), 이타주의(이타심), 사회기술 발달
• 모방 행동: 새로운 행동을 학습
• 대인관계 학습: 자신의 대인관계에 대해 통찰력을 갖게 됨
• 집단응집력: 소속감과 친밀감은 위로와 용기를 제공함
• 감정이 정화(카타르시스): 억압된 감정을 자유롭고 안전하게 표현
• 실존적 요인: 자기 삶에 대한 궁극적인 책임은 자기 자신에게 있음을 깨달음

1차 가족집단의 교정적 재현: 부모 역할을 하는 사람, 형제와 같은 동료, 높은 수준의 자기개방, 강한 정서적 유대, 적대감이나 경쟁심 등   정답 ②

07) 집단역동을 증진시키기 위한 방안으로 옳지 않은 것은?

① 성원 간 솔직한 의사소통이 이루어지도록 해야 한다.

② 긴장과 갈등은 하위집단의 출현을 조장하므로 피해야 한다.

③ 집단의 규칙과 규범을 제정하고 준수하도록 해야 한다.

④ 성원이 다양한 지위와 역할을 경험하도록 해야 한다.

⑤ 성원이 집단 중심적인 생각과 행동을 보이도록 촉진해야 한다.

해설

긴장과 갈등은 집단 과정에서 자연스러운 현상으로 받아들일 필요가 있다.   정답 ②

08) 집단 대상 사회복지실천의 장점이 아닌 것은?

① 일반화   ② 모방 행동   ③ 정보전달   ④ 성원의 순응   ⑤ 실존적 요인

해설

얄롬(Yalom)의 집단치료요소에 관한 내용으로 일반화는 보편성, 문제의 일반화를 말한다.
집단의 치료적 효과로는 희망 증진, 정보제공, 이타심, 모델링, 보편화, 사회화 기술, 대인관계, 응집력, 카타르시스, 실존적 요인, 가족 집단 재현 등이 있다.   정답 ④

09) 집단 대상 사회복지실천에 관한 설명으로 옳지 않은 것은?

① 목표 지향적 활동이다.

② 의도적인 집단경험을 강조한다.

③ 집단의 영향력을 서비스의 매개물로 간주한다.

④ 집단응집력이 강할수록 자기 노출에 대한 저항감이 증가한다.

⑤ 집단을 구성할 때는 동질성과 이질성을 함께 고려해야 한다.

집단응집력이 강할수록 집단 내에서 자기 노출에 대한 저항감이 줄어든다. 응집력이 높은 집단에서는 자기표현 또는 개방에 대해 긍정적으로 강화되어 있다.

정답 ④

중요도 ★★★★   (10회 기출)

10) 다음의 사례에서 나타난 치료적 효과는?

> 자신의 성정체감을 숨겨왔던 동성애자인 A는 집단 모임에 참여하면서 자신과 비슷한 갈등을 경험한 사람들을 만나 위안을 얻었다.

① 모방   ② 역전이   ③ 재경험
④ 이타성   ⑤ 보편성

보편성이란 집단의 치료적 효과 중 집단 성원을 보면서 나 혼자만의 개인적인 문제가 아니라 누구나 문제가 생길 수 있다는 생각을 갖게 하고 이로 인해 위로를 받게 된다는 것이다.

정답 ⑤

중요도 ★★★   (8회 기출)

11) 집단 역동에 대한 설명으로 옳은 것은?

> ㉠ 의사소통은 사회복지사 중심으로 한다.
> ㉡ 집단에서 갈등과 긴장은 자연스러운 현상이다.
> ㉢ 집단구성을 할 때 다양성보다는 공통성을 기반으로 한다.
> ㉣ 집단 역동성을 알아볼 수 있는 것은 출석률, 자발적 참여로 알 수 있다.

① ㉠, ㉡, ㉢   ② ㉠, ㉢   ③ ㉡, ㉣
④ ㉣   ⑤ ㉠, ㉡, ㉢, ㉣

㉡ 긴장과 갈등은 자신과 집단 전체에 부정적 영향을 미칠 수도 있지만 집단관계에 긍정적인 힘이 되기도 하므로 집단 과정에서 자연스러운 현상으로 받아들일 필요가 있다.
㉠ 의사소통은 사회복지사 중심으로 하는 게 아니라 집단성원 중심으로 한다
㉢ 집단구성시는 성원들의 동질성과 이질성간에 적절한 균형이 필요하다.
㉣ 집단응집력이 높으면 출석률이 높고 성원들이 자발적으로 참여한다.

정답 ③

중요도 ★★★★

01) 집단의 종결단계에서 집중적으로 수행해야 하는 과업으로 적절하지 않은 것은?

① 집단 의존성 감소　　　　　　② 의뢰의 필요성 검토

③ 변화노력의 일반화　　　　　　④ 구성원 간 피드백 교환

⑤ 집단 구성원 간 공통점과 차이점 파악

해설

집단의 종결단계의 과제는 성취된 변화를 일반화하기, 집단에 대한 의존성 감소시키기 종결에 대한 감저 다루기, 미래에 대한 계획 세우기, 의뢰하기, 평가하기 등이다. 집단성원 간 공통점과 차이점 파악은 주로 초기단계에 이루어진다. 초기에는 집단성원 간 공통점을 찾아 연결한다.　　　　　　　　　　　　　　　　　　　　　정답 ⑤

중요도 ★★★★

02) 집단 사회복지실천 기술에 관한 설명으로 옳은 것은?

① 집단과정의 명료화 기술은 성원들이 어떻게 상호작용하고 있는지를 인식하도록 돕는 기술이다.

② 사회복지사와의 의사소통을 집단 성원들 간 의사소통보다 중시해야 한다.

③ 사회복지사는 특정한 집단과정에 선택적으로 반응해서는 안 된다.

④ 직면은 집단 초반에 구성원의 참여를 촉진하는 기술이다.

⑤ 집단의 목표는 집단과정을 통해 성취하면 되므로 처음부터 설명할 필요는 없다.

해설

① 집단과정의 명료화기술: 집단과정이 어떻게 이루어지고 있는지 또는 어떻게 성원들이 서로 상호작용하고 있는지에 대해 집단 성원들이 인식할 수 있도록 돕는 기술이다. 집단지도자는 집단 규범이나 성원의 역할, 특정한 상호작용의 형태 등을 지적하거나 그러한 것들이 만족스러운지 물어봄으로써 집단과정을 명료화할 수 있다.　　　　　　　　　　정답 ①

중요도 ★★★★

03) 집단 사회복지실천에서 하위집단에 관한 설명으로 옳은 것을 모두 고른 것은?

> ㄱ. 집단 초기단계에 나타나 집단응집력을 촉진한다.
>
> ㄴ. 정서적 유대감을 갖게 된 집단구성원 간에 형성된다.

ㄷ. 적게는 한 명에서 많게는 다수로 구성된다.

ㄹ. 소시오메트리를 통해 측정 가능하다.

① ㄱ, ㄴ   ② ㄴ, ㄹ   ③ ㄱ, ㄷ, ㄹ

④ ㄴ, ㄷ, ㄹ   ⑤ ㄱ, ㄴ, ㄷ, ㄹ

해설

㉠ 집단성원 간에 공통점을 발견하게 되면 다양한 하위집단이 형성되기 시작하는데 집단 초기단계에 나타나기는 어렵다.

㉡ 주로 정서적 유대감을 갖게 된 집단구성원 간에 형성된다.

㉣ 소시오메트리(sociometry)는 집단사정도구인데, 집단 내 대인 간의 관계에 대한 매력을 기술하고 측정하기 위해 특정 성원에 대한 호감도를 1점(가장 싫어함)에서 5점(가장 좋아함)으로 평가한다.

정답 ②

`중요도 ★★★★` (17회 기출)

04) 집단사정이 개별성원 – 전체 – 집단 – 집단 외부환경 차원에서 수행될 때 '전체 집단' 사정에 해당하는 것을 모두 고른 것은?

ㄱ. 집단을 인가하고 지원하는 기관의 목표   ㄴ. 하위집단 형성

ㄷ. 집단구성원의 변화와 성장   ㄹ. 집단 내 상호작용 방식

① ㄱ   ② ㄴ   ③ ㄴ, ㄹ

④ ㄴ, ㄷ, ㄹ   ⑤ ㄱ, ㄴ, ㄷ, ㄹ

해설

집단 사회복지실천에서 집단사정은 다양한 차원에서 이루어지는데 전체 집단에 대한 사정은 집단행동 양식, 하위집단, 상호작용 방식, 집단 내 하위집단, 집단규범에 대한 사정 등이 해당된다.

정답 ③

`중요도 ★★★★` (17회 기출)

05) 집단 사회복지실천에 집단구성과 구조에 관한 설명으로 옳지 않은 것은?

① 일반적으로 사회적 목표모델보다 치료모델의 집단 규모가 더 작다.

② 아동집단은 성인집단에 비해 모임 시간은 더 짧게 빈도는 더 자주 설정한다.

③ 집단구성원의 동질성이 강할수록 성원 간 방어와 저항도 더 많이 발생한다.

④ 물리적 공간을 결정할 때 좌석배치까지 고려한다.

⑤ 개방형 집단이 폐쇄형 집단에 비해 위기 상황에 처한 사람들에게 더 융통성 있는 참여기회를 제공한다.

집단구성 시 집단성원 간 공통점이 높도록 성원의 인성적 특징이나 목표가 유사하면 의사소통이 촉진되고 성원 간 서로에 대한 관심과 문제 및 과업을 규명할 수 있게 되고 문제해결 활동도 적극적이다. 반면 집단성원 간 다양성이 높도록 이질적으로 구성한 집단은 유대감 형성시간이 길고 방어와 저항이 발생하기 쉽다. 너무 동질적이거나 너무 이질적인 것은 좋지 않으며 균형을 이루는 게 좋다.

정답 ③

06) 집단 회기를 마무리하는 방식으로 옳은 것을 모두 고른 것은?

> ㄱ. 회기에 대한 사회복지사의 관찰과 생각을 전달한다.
> ㄴ. 회기 중 제기된 이슈를 다 마무리하지 않고 회기를 마쳐도 된다.
> ㄷ. 회기에서 다룬 내용을 집단 밖에서 어떻게 적용할지에 대한 계획을 묻는다.
> ㄹ. 다음 회기에 다루기 원하는 주제나 문제를 질문한다.

① ㄱ, ㄷ   ② ㄱ, ㄹ   ③ ㄷ, ㄹ   ④ ㄱ, ㄷ, ㄹ   ⑤ ㄱ, ㄴ, ㄷ, ㄹ

ㄱ. 집단 회기를 마무리하면서 오늘 집단에서 무엇이 일어났는지 등을 요약하거나, 집단과정에 대해 자신이 관찰한 내용과 생각을 전달하면서 간단한 평가를 한다.
ㄴ. 회기 중에 제기된 이슈를 모두 마무리하지 않아도 된다.
ㄷ. 회기에서 다루었던 내용을 어떻게 적용할지 토의하며 일반화 계획을 세우도록 할 수 있다.
ㄹ. 이번 회기에 못다한 주제나 문제를 질문하여 다음 회합에 연결토록 한다.

집단 종결단계의 과업
① 불만족스러운 조결사유에 대한 이해
② 변화노력의 유지 및 일반화
③ 집단에 대한 의존성의 감소
④ 종결에 대한 감정의 이해
⑤ 미래에 대한 계획(사후관리계획)
⑥ 의뢰
⑦ 평가

정답 ⑤

07) 집단 사회복지실천에 관한 설명으로 옳지 않은 것은?

① 집단이 개방적일 경우, 발달단계를 예측하는 것이 용이하다.
② 하위집단의 발생은 필연적이기 때문에 전체집단에 부정적 영향을 주는지 파악하는 것이 필요하다.

③ 집단 규범은 집단 내부를 통제하기 때문에 외적 통제의 수준을 감소시킨다.

④ 집단 내 공동지도자의 참여는 집단지도자의 역전 이를 막을 수 있다.

⑤ 자기애적 성향을 가진 성원의 경우 집단에 적절한 행동과 사고를 할 수 있도록 돕는다.

> **해설**
>
> 시작부터 종결까지 동일한 성원으로 유지되는 폐쇄집단은 집단발달의 내용을 비교적 예측할 수 있으나 새로운 성원이 지속적으로 유입되는 개방집단은 성원들이 자주 교체되기 때문에 집단발달의 내용을 예측하기가 어렵다.
>
> 정답 ①

중요도 ★★★★ (16회 기출)

08) 다음의 집단 사회복지사의 활동이 주로 나타나는 단계는?

> • 집단성원의 불안감, 저항감을 감소시키기 위해 노력
> • 집단성원 간 공통점을 찾아 연결시킴
> • 집단의 목적을 집단 구성 모두가 공유하게 함

① 준비단계   ② 초기단계   ③ 중간단계   ④ 종결단계   ⑤ 사후관리 단계

> **해설**
>
> 초기단계는 집단이 시작되어 참여자들은 잘 알지 못하는 사람들과 함께 참여해야 하므로 집단성원들이 서로를 탐색하는 단계이다. 성원들의 불안수준이 높다. 따라서 사회복지사는 집단성원의 불안감, 저항감을 감소시키기 위해 노력해야 하며, 집단성원 간 공통점을 찾아 연결시킴으로써 집단 참여의 동기를 높이고 집단에 대한 소속감을 높인다. 개별성원의 목표를 설정하게 하고 집단의 목적을 집단성원 모두가 공유하게 함으로써 집단 목적을 명료화한다.
>
> 정답 ②

중요도 ★★★★ (16회 기출)

09) 집단사정을 위한 활동으로 옳지 않은 것은?

① 개별성원에 대해서는 기능적 행동과 비 기능적 행동을 파악하여 개인별 프로파일을 작성

② 소시오그램을 활용하여 집단성원 간 결탁, 수용, 거부 등을 파악

③ 의의차별척도(semantic differential scale)를 활용하여 집단의 전반적 상호작용 양상을 평가

④ 상호작용차트를 활용하여 일정 시간 동안 집단성원 간 발생한 특정 행동의 빈도를 측정

⑤ 집단에서 허용되지 않는 감정표현이나 이야기 주제, 그리고 집단 활동에 대한 성원의 태도 등을 통해 집단 규범을 확인

의의차별척도는 동료성원에 대한 평가, 동료성원의 잠재력에 대한 인식, 동료성원의 활동력에 대한 인식 등을 평가하는데 활용할 수 있다.

의의차별척도(semantic differential scale)는 의미분화척도라고도 하는데 태도척도의 한 유형이다. 어떤 대상(혹은 사람)이 개인에게 주는 주관적인 의미를 측정하는 방법인데, 두 개의 상반된 입장 중에서 하나를 선택하게 한다. 응답자들은 좋다-나쁘다. 강하다-약하다. 능동적이다-수동적이다. 빠르다-느리다와 같은 상반된 입장을 5점 혹은 7점의 척도로 평가하게 된다. 사회복지실천에서 집단사정도구로도 활용되는데, 동료성원에 대한 인식 등 집단성원이 동료집단 성원을 사정하는 데 활용될 수 있다. 집단의 전반적 상호작용 양상을 평가하기에는 적절하지 않다.

정답 ③

(15회 기출)

10) 집단 프로그램 참여자에 대한 사전면접의 중요성에 관한 설명으로 옳지 않은 것은?

① 관계형성을 하고 개별적인 관심사를 찾아낼 수 있다.

② 추가정보를 얻어서 개입의 방향을 조정할 수 있다.

③ 참여자에 대한 사전지식으로 집단 내 행동의 의미를 빨리 파악할 수 있게 한다.

④ 참여자들이 집단 내에서 좀 더 쉽게 개방적이 되도록 돕는다.

⑤ 패턴화된 집단행동을 확인하고 성장을 지원할 수 있다.

사전면접은 준비단계에 이루어지며 사전면접 이유는 집단원에게 동의를 받기 위해서, 집단 성원을 심사하고 선발하기 위해서이다. 패턴화된 집단행동을 확인하는 것은 집단 활동 시 사회복지사가 집단원 개인이나 전체로서의 집단을 사정이 이루어지는 초기단계의 과업이다. 부정적으로 패턴화된 집단행동에 대해서는 개입하여 집단이 목표하는 바를 이룰 수 있도록 돕는다.

정답 ⑤

(15회 기출)

11) 집단 구성 단계에서 유의할 점으로 옳지 않은 것은?

① 인구학적 특성, 문제 유형 간의 동질성과 이질성의 균형을 고려한다.

② 의사결정의 역효과 예방을 위해 구성들의 집단의사결정 방법을 확인한다.

③ 응집력과 신뢰감을 발달시킬 만큼 충분한 회기로 계획한다.

④ 회합의 빈도구성은 구성원들의 욕구나 문제를 다루기에 적절해야 한다.

⑤ 집단크기는 목적을 달성할 만큼 작고 경험의 다양성을 제공할 만큼 크게 구성하는 것이 좋다.

집단 구성단계는 준비단계에서 이루어져야 할 과업으로 본격적으로 집단 활동이 이루어지기 전에 사회복지사가 집단을 계획하고 준비하는 단계이다. 의사결정 활동이 이루어지는 중간단계에 해당한다. 특히 사정단계에서 집중적으로 이루어진다.

정답 ②

12) 자살유가족지지집단 참여자의 자기개발 수준이 낮아 효과적인 개입이 이루어지지 않고 있다. 간접적 자기노출을 활용하는 기법은?

① 무기명 질문목록카드로 도출된 문제에 대해 토론한다.

② 이야기막대를 잡은 사람의 자기표현을 독려하고 다른 구성원들은 이에 집중하도록 한다.

③ 감정목표로 자신의 감정과 유사한 표현을 활용하여 구체적으로 어려움을 표현하도록 한다.

④ 위기카드를 활용하여 반복되는 문제 상황의 재발을 방지한다.

⑤ 재구성하기 기법으로 현 상황에 대한 다른 해석을 촉진한다.

해설

자기개방 혹은 자기노출은 사람들이 어떤 정서를 경험하게 만든 스트레스나 외상과 같은 부정적 사건에 대해 말을 하거나 글로 씀으로써 자신의 정서를 표현하는 기법이다. 이를 통해 외상이나 트라 우마를 극복할 수 있으며, 정서적 문제를 감소시킬 수 있다. 자살유가족지지집단에 참여한 성원들은 가족 중에 자살한 경험이 있는 사람들이다. 따라서 그와 관련된 자신의 경험을 다른 집단구성원에게 말로 표현하기 쉽지 않다. 이런 경우 사회복지사는 무기명 질문목록카드로 도출된 문제에 대해 토론한다. 무기명 질문목록카드는 집단 참여자가 자신의 이름을 적지 않고 이야기를 나누고 싶은 주제나 질문사항을 적은 카드이다. 이러한 카드를 사용하면 자신이 누구이며, 어떤 문제에 대해 개방하고 싶은지 공개적으로 드러나지 않으면서 자기노출을 할 수 있기 때문에 집단 활동이 촉진된다. 이것은 간접적 자기노출 중 익명의 자기노출이다.

정답 ①

13) 집단의 종결단계에서 사회복지사의 역할에 관한 설명으로 옳은 것은?

① 계획된 목표달성 여부에 집중하며 의도하지 않는 결과는 확인하지 않는다.

② 참여자 간 서열화 투쟁이 시작되므로 책임을 설정한 계약을 재확인시킨다.

③ 집단의 목적에 따른 집단구성과 구성원의 목적 성취를 원조한다.

④ 종결에 대한 양가감정을 이해하고 이를 반영하여 다룬다.

⑤ 도움을 많이 받은 사람은 종결의 어려움을 덜 느끼므로 그렇지 않은 사람에게 집중한다.

해설

집단 종결 시 성원들은 다양한 감정을 느끼게 되는데 사회복지사는 양가감정을 이해하고 이를 반영하여 다루어야 하며 집단성원들이 느끼는 감정과 자신의 감정을 성원과 공유하며 서로 토론해보도록 격려해야 한다.

정답 ④

중요도 ★★★

14) 집단을 구성할 때 고려할 내용으로 옳지 않은 것은?

① 집단의 응집력을 높이기 위해 참여 동기가 유사한 성원을 모집한다.

② 다양한 집단성원의 참여를 유도하기 위해 폐쇄형 집단으로 구성한다.

③ 집단성원의 동질성을 높이기 위해 사전에 욕구 수준을 파악한다.

④ 집단의 목표에 따라 집단의 크기를 융통성 있게 정한다.

⑤ 집단의 서정적 안정감을 높이기 위해 쾌적한 장소를 선정한다.

해설

다양한 집단성원의 참여를 유도하기 위해서는 개방형 집단으로 구성해야 한다. 개방형 집단은 집단이 진행되는 동안 기존의 구성원이 집단을 종결하거나 결원이 생기면 새로운 집단성원을 참여할 수 있게 하는 집단을 말한다.

정답 ②

중요도 ★★★★

15) 집단 프로그램 활동을 선택할 때 사회복지사가 우선적으로 고려해야 하는 사항이 아닌 것은?

① 집단 규범과의 적합성   ② 집단 성원의 동의

③ 집단지도자의 가치   ④ 수행의 안전성

⑤ 시기의 적절성

해설

집단 대상 사회복지실천에서 프로그램 활동 선택 시 사회복지사의 역할 우선적으로 고려해야 할 사항이 있다.

집단 프로그램 활동에서는 특정 과제를 수행하는 과정에서 성원들 상호 간 중요한 정보를 공유한다. 사회복지사는 먼저 자신의 이름, 직위, 앞으로 운영될 집단 프로그램등과 같은 경력을 소개하고 ① 집단 규범과 적합성, ② 집단 성원의 동의, ④ 수행의 안전성, ⑤ 시기의 적절성 등을 우선적으로 고려해야 한다.

③ 집단 지도자의 가치는 고려할 사항이 아니다.

정답 ③

중요도 ★★★★

16) 사회복지사가 다음의 과업을 수행하는 집단 발달단계는?

- 집단 성원간의 공통점과 차이점을 파악한다.
- 집단 성원이 다양한 경험을 할 수 있도록 돕는다.
- 집단의 상호작용, 갈등, 진행 상황, 협조체계 등을 파악한다.
- 개별성원의 태도, 관계, 행동, 동기, 목표 등을 평가한다.

① 계획단계   ② 초기단계   ③ 사정단계

④ 중간단계   ⑤ 종결단계

해설

중간단계의 과업이다.

• 초기 단계에서는 집단을 계획하고 조직하며 집단 성원을 모으는 단계이다.

• 중간 단계에서는 집단의 목표와 목적 달성을 위해 사회복지사는 집단 성원이 다양한 경험을 할 수 있도록 돕는다. 또한 집단 성원간의 공통점과 차이점을 파악하고, 집단 개별성원의 태도와 관계, 동기와 목표 등을 평가한다.

• 종결단계에서는 집단에 대해 평가하고 정리하는 단계이다.

정답 ④

중요도 ★★★★   (12회 기출)

17) 가정폭력행위자 수강명령 프로그램의 초기 단계에서 사회복지사가 수행해야 하는 주요 역할이 아닌 것은?

① 집단 규칙 수립하기   ② 집단 의존성 감소시키기

③ 집단의 목적 설명하기   ④ 집단 성원의 역할 명확히 하기

⑤ 집단 성원의 저항과 불안 다루기

해설

집단 의존성 감소시키기는 종결단계의 과업에 해당하는 역할이다.

정답 ②

중요도 ★★★★   (12회 기출)

18) 다음 설명에 해당되는 집단 사정 도구는?

> 집단 성원 간 관심 정도를 측정하기 위한 방법으로 각 성원에 대한 호감도를 1점 (가장 싫어함)에서 5점(가장 좋아함)으로 평가한다.

① 소시오메트리   ② 상호작용 차트

③ 목표 달성 척도   ④ 소시오그램

⑤ 사회 관계망 표

해설

소시오메트리는 집단 사정도구로 사회적 선호도를 측정하여 집단 성원들이 서로간의 관계에 대해 인식하고 있는 정도를 사정하는 방법이다.

정답 ①

19) 다음 설명에 해당되는 집단 사정도구는?

> • 집단성원이 동료 성원에 대하여 평가하는 것이다.
>
> • 5개 혹은 7개의 응답 범주를 갖는다.
>
> • 두 개의 상반된 입장에서 하나를 선택하도록 요청한다.

① 상호작용 차트   ② PIE 분류 체계   ③ 의의 차별 척도

④ 소시오그램   ⑤ 생활주기표

해설

의의 차별 척도에 관한 설명이다.   정답 ③

20) 집단 대상 사회복지실천에 적용되는 원칙과 기술에 관한 설명으로 옳은 것은?

① 피드백은 동시에 많이 주어야 한다.

② 집단 규칙은 사회복지사가 제공해야 한다.

③ 성원의 자기 노출 수준은 집단발달단계와 관련이 있다.

④ 성장 집단에서는 낮은 수준의 구조화가 효과적이다.

⑤ 종결단계에서는 이전보다 회합의 빈도는 잦게, 시간은 길게 한다.

해설

집단 대상 사회복지실천에 적용되는 원칙과 기술에 관한 설명으로 성원의 자기노출 수준은 집단발달단계와 관련이 있다. 초기에는 자기 노출이 약하다가 점점 강해진다.

초기단계에 집단 성원이 자신의 문제를 지나치게 빨리 노출시 성원들에게 부정적인 영향을 주기 때문에 적절한 개입이 필요하다.

정답 ③

21) 집단을 구성하는 단계에서 고려할 내용으로 옳지 않은 것은?

① 목표 달성을 위해 집단 모임의 기간을 정한다.

② 상호작용을 촉진하기 위해 집단크기를 고려한다.

③ 참여자 만족도를 높이기 위해 모임 회기를 늘인다.

④ 집단 연속성을 높이기 위해 폐쇄집단으로 운영한다.

⑤ 공감대 형성을 위해 동질적인 성원들로 구성한다.

모임회기는 절대적인 규칙은 없지만 회기의 빈도수에 대한 일반적인 원칙이 있다면 성원들의 주의 집중시간에 따라 결정하는 것이다.

참여자 만족도를 높이기 위해 모임 회기를 늘이는 것이 아니다. 모임 회기는 모임의 목적에 따라 조절되며 모임이 장기화될 경우 참여자의 집중도와 만족도는 낮아질 수 있다.

나이가 어리거나 정신적 기능 수준이 낮은 사람들의 집단은 시간을 짧게 하고 횟수를 늘리는 것이 좋다.   정답 ③

중요도 ★★★★   (10회 기출)

22) 집단 사정 도구인 소시오그램(sociogram)을 통해 알 수 있는 내용으로 옳은 것을 모두 고른 것은?

| ㄱ. 성원 간 호감도 | ㄴ. 하위집단의 존재 |
| ㄷ. 성원 간 갈등관계 | ㄹ. 성원 간 의사소통 방식 |

① ㄱ, ㄴ, ㄷ   ② ㄱ, ㄷ   ③ ㄴ, ㄹ   ④ ㄹ   ⑤ ㄱ, ㄴ, ㄷ, ㄹ

소시오그램은 집단사정도구로서 성원 간 의사소통 방식은 알 수가 없다.   정답 ①

중요도 ★★★   (10회 기출)

23) 집단의 초기 단계에서 고려해야 하는 사회복지사의 과업으로 옳지 않은 것은?

① 집단 성원의 의무와 책임을 명확히 한다.
② 집단 활동에 대한 참여 동기를 확인한다.
③ 집단 구성 요소를 고려하여 집단을 계획한다.
④ 상호 관심사와 집단에 대한 기대를 공유한다.
⑤ 집단 목표에 대해 성원들의 의견을 수렴한다.

집단 구성요소를 고려하여 집단을 계획하는 것은 준비단계에서 이미 이루어져야 하는 과업이다. 초기단계에는 구성한 집단을 본격적으로 운영하는 단계이다.   정답 ③

중요도 ★★★   (9회 기출)

24) 집단사회복지실천의 계획단계 시 고려해야 할 요소로 옳은 것을 모두 고른 것은?

| ㉠ 집단 구성원의 동질성과 이질성 | ㉡ 집단의 개방 수준 |
| ㉢ 집단의 크기 | ㉣ 집단 모니터링 |

① ㉠, ㉡, ㉢ ② ㉠, ㉢ ③ ㉡, ㉣

④ ㉣ ⑤ ㉠, ㉡, ㉢, ㉣

집단 모니터링은 집단의 중간단계의 고려할 내용이다. 중간단계에서 집단 과정을 점검하고 평가하는 모니터링을 통하여 집단성원과 집단 사회복지사는 피드백을 얻을 수 있는데, 모니터링은 서면이나 구두로 집단의 전 과정에서 수행되어야 한다.

정답 ①

(8회 기출)

25) 이주 노동자들을 위한 집단교육 프로그램의 준비단계에서 고려해야 할 내용이 아닌 것은?

① 집단 성원의 역동성 파악 ② 기관승인과 자원 파악

③ 집단의 목표 설정 ④ 집단 구성

⑤ 집단 성원의 욕구 파악

집단 성원의 역동성 파악은 집단이 시작된 후 사회복지사가 수행하는 과업이다. 준비단계의 과업으로는 집단의 목표 설정, 잠재적 성원 확인 및 정보 수집, 성원 모집, 집단 구성하기, 오리엔테이션, 계약, 집단의 환경적 요소 마련하기, 기관의 승인 등이다.

정답 ①

제13장 사회복지실천 기록

중요도 ★★★★★ (17회 기출)

01) 다음을 문제중심 기록의 S - O - A - P 순서대로 배치한 것은?

> ㄱ. 질문에만 겨우 답하고 눈물을 보이며 시선을 제대로 마주치지 못함.
>
> ㄴ. "저는 이 문제를 해결할 수 없어요, 저를 도와줄 사람도 없고요."
>
> ㄷ. 우울증 검사와 욕구에 따른 인적, 물적자원 연결이 필요함.
>
> ㄹ. 자기효능감이 저하된 상태로 지지체계가 빈약함.

① ㄱ → ㄴ → ㄷ → ㄹ   ② ㄱ → ㄹ → ㄴ → ㄷ

③ ㄴ → ㄱ → ㄷ → ㄹ   ④ ㄴ → ㄱ → ㄹ → ㄷ

⑤ ㄴ → ㄹ → ㄱ → ㄷ

해설

문제중심기록은 병원 또는 정신보건센터의 세팅에서 여러 전문직이 함께 일할 때 사용하는 것으로 심리사회적 관심보다는 생의학적 관심에 초점을 두고 다양한 전문직간의 의사소통 및 정보교환이 용이하다.

문제중심기록의 S - O - A - P 기록은 진행기록 방식이다.

S(Subjective information): 주관적 정보 - 클라이언트의 자기보고에서 나오는 것.

O(Objective information): 객관적 정보 - 전문가의 직접적인 관찰, 임상적 실험, 체계적인 자료수집의 내용이 포함된다.

A(Assessment): 사정 - 주관적 정보 및 객관적 정보에 기초를 사정, 해석, 분석해서 나온 것

P(Plan): 계획 - 사정을 기반으로 확인된 문제에 대해 무엇을 할 것인지에 대한 계획을 기술한 것

정답 ④

중요도 ★★★★★ (16회 기출)

02) 사회복지실천 기록의 목적에 해당하는 것을 모두 고른 것은?

> ㄱ. 개인적 보관 및 활용   ㄴ. 지도감독 및 교육 활성화
>
> ㄷ. 책임성의 확보   ㄹ. 정보제공
>
> ㅁ. 클라이언트에 대한 이해 증진

① ㄴ, ㄹ   ② ㄱ, ㄷ, ㅁ   ③ ㄱ, ㄴ, ㄷ, ㄹ

④ ㄴ, ㄷ, ㄹ, ㅁ   ⑤ ㄱ, ㄴ, ㄷ, ㄹ, ㅁ

사회복지실천의 기록을 하는 목적에 개인적 보관 및 활용은 해당되지 않는다.

〈사회복지실천 기록의 목적과 용도〉
- 사회복지실천 활동 문서화
- 클라이언트 욕구 파악 및 개입에 필요한 자료(=서비스 수급자격 증명)
- 서비스 결정과 행동의 합리적 근거 제공
- 사회복지사와 기관의 기준 준수 증명자료
- 서비스 과정과 결과 모니터링
- 서비스 비용 청구 및 재원 확보의 근거
- 사례의 연속성 유지
- 클라이언트와 정보 공유
- 전문가 간 원활한 의사소통 및 협조체계
- 행정적 지도감독 지원(=슈퍼비전 활성화)
- 실천자의 전문적 발전 지원(=교육적 도구로 활용)
- 행정과 조사연구의 자료
- 전문가의 견해를 포함하면서도 클라이언트의 관점을 배제하지 않았다.

정답 ④

중요도 ★★★★★   (15회 기출)

03) 좋은 기록의 특징으로 옳은 것은?

① 서비스의 결정과 실행에 초점을 둔다.

② 상황묘사와 사회복지사의 견해를 구분하지 않는다.

③ 비밀보장을 위해 정보를 쉽게 분류할 수 없게 한다.

④ 모든 문제나 상황을 가능한 한 자세하고 풍부하게 기술한다.

⑤ 클라이언트의 관점은 배제하고 전문적 견해를 강조한다.

좋은 기록의 특징은 서비스의 결정과 행동실행에 초점을 두어 작성된 기록이다.

좋은 기록의 특징
1. 신속하고 정확하며 간결하다.
2. 지워지지 않는 잉크로 기록한다.
3. 기록자의 이름이 기록되어 있다.
4. 기록일자를 명확히 기록한다.
5. 기록은 검토자가 필요한 정보를 가능한 빨리 파악할 수 있도록 문단에 소제목을 붙인다.
6. 상식에서 벗어난 기호, 용어 혹은 전문용어, 모호한 말 등을 사용하지 않는다.

7. 누구나 알아볼 수 있는 필체를 사용한다.
8. 클라이언트와 한 번 이상의 접촉을 설명하는 데는 요약기록을 활용한다.

정답 ①

(14회 기출)

중요도 ★★★★

04) 사회복지실천에서 기록의 목적으로 옳지 않은 것은?

① 학제 간의 원활한 의사소통
② 클라이언트와 목표 및 개입방법 공유
③ 서비스의 연속성 유지
④ 클라이언트의 전문적 활동 입증
⑤ 슈퍼비전의 도구로 활용

해설

클라이언트가 전문적으로 활동하는 것을 입증하는 게 아니라 수급자격을 입증하는데 활용한다.

정답 ④

(13회 기출)

중요도 ★★★★

05) 사회복지실천 기록의 목적과 용도에 해당하는 것을 모두 고른 것은?

> ㄱ. 수급자격 입증자료
> ㄴ. 슈퍼비전의 활성화
> ㄷ. 프로그램 예산 확보
> ㄹ. 클라이언트 당사자와 정보 공유

① ㄱ, ㄴ, ㄷ   ② ㄱ, ㄷ   ③ ㄴ, ㄹ
④ ㄹ   ⑤ ㄱ, ㄴ, ㄷ, ㄹ

해설

사회복지실천의 기록은 책임성과 정보를 제공하고(수급자격 입증자료), 개입이나 서비스의 과정 점검 및 평가(슈퍼비전), 클라이언트에 대한 이해 증진, 지도 감독 및 교육의 활성화, 정보고유, 근거자료로 지속적인 사례관리를 하고 타 전문직과의 의사소통하기 위한 자료화(프로그램확보)를 목적으로 한다.

정답 ⑤

06) 과정기록에 관한 설명으로 옳은 것은?

① 문제를 목록화한다.

② 시간 및 비용 측면에서 효율적이다.

③ 사회복지 실습이나 교육수단으로 유용하다.

④ 클라이언트와의 면담 내용을 요약체로 기록한다.

⑤ 면담에 대하여 클라이언트가 분석한 내용을 기록한다.

해설

과정기록은 사회복지 실습, 슈퍼비전이나 교육적 도구로 유용하다.

① 문제중심기록 ② 요약기록 ④ 요약기록 ⑤ 요약기록이다.

• 문제중심기록은 문제 파악을 위한 데이터베이스를 구축, 문제의 분류 번호가 매겨진 특정한 문제의 목록화, 행동 계획과 목표의 설정, 계획의 실행 및 결과 기록이다.

• 요약기록은 사회복지사나 클라이언트의 생각, 느낌 등이 잘 드러나지 않을 수 있다. 사회복지기관에서 가장 널리 사용되는 기록형태이며 시간의 경과에 따라 일정한 간격을 기록하거나 특정 행동이나 사실 등의 기록이 필요할 때 주제별로 조직화하여 작성한다. 서비스나 개입 내용, 클라이언트의 변화에 대해 짧게 요약하며 사회복지사가 제공한 것보다 클라이언트에게 일어난 변화에 주로 초점을 둔다.

정답 ③

07) 기록 유형별 장·단점에 관한 설명으로 옳지 않은 것은?

① 과정기록 – 사회복지사와 클라이언트 사이의 활동을 개념화·조직화함으로써 사례에 대한 개입 기술을 향상시키는 데 도움이 된다.

② 문제중심기록 – 문제의 목록화와 진행을 중심으로 기록하는데, 서비스 전달의 복잡성을 간과하는 경향이 있다.

③ 이야기체 기록 – 초점을 명확히 기술함으로써 체계적이고 전형적인 정보를 구축하는 데 유용하며 나중에 정보 복구가 용이하다.

④ 복지정보시스템을 이용한 기록 – 실천과정에 따라 정해진 양식에 내용을 입력함으로써 정보 검색이 용이하고 관련 정보를 한 번에 보다 수월하게 조화할 수 있다.

⑤ 시계열 기록 – 사회복지실천 개입 전, 개입 중, 서비스 종결 후까지 클라이언트 상황을 파악·기록하여 서비스 목적이 달성되었는지를 보여준다.

해설

이야기체 기록은 이야기를 재구성하여 작성하므로 원래대로 정보를 정리하기 어렵다. 시간이 많이 소요되고, 지나치게 길며 초점이 흐리다.

이야기체 기록은 사회복지실천 분야에서 보편적으로 활용하는 방법의 하나로서 이야기하듯이 서술해 나가는 기록 형태이다. 이야기체 기록은 일정한 틀이나 양식이 있지 않으므로 총괄적인 기록이 가능하며 클라이언트의 상황, 서비스 교류의 특별한 특성들을 잘 나타낸다. 이야기체 기록의 단점은 과정기록에 비해 시간이 덜 들지만 기록할 것과 하지 않을 것을 구분하고 재구성하기 때문에 역시 시간이 많이 소요된다. 기록자가 중요하게 생각하는 내용은 반영하고 그렇지 않은 내용은 누락될 수 있다. 따라서 이야기를 재구성하여 작성하므로 원래대로 정보를 복구하기 어렵다. 또한 지나치게 단순화될 수도 있고 초점이 흐려질 수도 있다.

정답 ③

중요도 ★★★★★   (10회 기출)

08) 사회복지실천 기록에 관한 설명으로 옳지 않은 것은?

① 과정기록은 사회복지 실습이나 교육수단으로 유용하다.

② 과정기록은 시간과 비용이 너무 많이 소요되어 비효율적이다.

③ 이야기체 기록은 사회복지사의 재량에 의존하기 때문에 추후에 원하는 정보를 찾기 어렵다.

④ 문제중심기록은 기록이 간결하고 통일성이 있어 팀 접근시 활용이 용이하다.

⑤ 문제중심기록은 사회복지사와 클라이언트의 상호작용을 구체적으로 기록한다.

해설

사회복지사와 클라이언트의 상호작용을 구체적으로 기록하는 것은 과정기록이다. 문제중심 기록은 병원 또는 정신보건센터의 세팅에서 여러 전문직이 함께 일할 때 사용되는 비교적 최신 형태의 기록이다.

• 문제중심기록의 장점: 다양한 분야의 전문가들이 함께 일하는 현장에서 의사소통을 수월하게 하며, 타분야 간 협조를 원활하게 한다. 전문직 간 책무성이 증가된다.

• 문제중심기록의 단점: 클라이언트의 강점보다는 문제를 강조, 개인과 환경의 상호작용보다 개인에게 초점을 둠으로 생태 체계적 관점이나 강점관점과 맞지 않음. 심리 사회적 관심보다는 생의학적인 관심에 초점을 둔다.

정답 ⑤

중요도 ★★★★★   (9회 기출)

09) 의료사회복지사는 200개의 사례 기록을 분석하여 동료들과 공유하고, 개입효과를 병원장실에 보고하고 그 결과를 학회지에 발표하였다. 이 경우 기록의 용도에 해당하지 않는 것은?

① 개입의 효과성 평가자료   ② 서비스 수급자격 입증자료

③ 동료검토 근거자료   ④ 연구조사자료

⑤ 행정적 자료

해설

기록은 해당 기관의 서비스 수급자격을 입증할 문서로 사용되기도 한다. 여기서는 서비스 수급자격 입증자료로 사용된 것은 나오지 않았다.

정답 ②

10) S(주관적 정보), O(객관적 정보), A(사정), P(계획)의 순서대로 바르게 나열한 것은?

> ㉠ 우울증 검사 시행 및 최근 상황 변화에 대해 정보를 수집한다.
>
> ㉡ 다소 살이 빠진 모습에 표정 변화는 없지만 용모는 단정하다.
>
> ㉢ 자기관리 능력을 유지하고 있지만 정서적으로 우울하고 자존감이 저하된 상태로 판단된다.
>
> ㉣ "요즘 의욕이 없어요. '내가 왜 이렇게 되었나.' 하는 생각만 해요."

① ㉠ → ㉡ → ㉢ → ㉣　　　　　　　　　② ㉡ → ㉠ → ㉢ → ㉣

③ ㉣ → ㉡ → ㉢ → ㉠　　　　　　　　　④ ㉢ → ㉣ → ㉡ → ㉠

⑤ ㉠ → ㉢ → ㉣ → ㉡

해설

㉠ 계획(P), ㉡ 객관적 정보(O), ㉢ 사정(A), ㉣ 주관적 정보(S)

정답 ③

제14장 사례관리

중요도 ★★★★★ (15회 기출)

01) 가정폭력 가해자를 대상으로 다음의 훈련을 실시하였다. 평가 시 '암시적 행동에 대한 개별 측정척도'를 활용하지 않는 것은?

① 폭력을 유발하는 단서를 식별하는 훈련

② 긴장고조 상황에서 타임아웃 하는 훈련

③ 분노를 피하는 자기대화훈련

④ 시각적 현상화훈련

⑤ 사회기술훈련

해설

암시적 행동의 측정은 문제 유발적인 감정이나 생각 같은 자신만이 알 수 있고 외부에 의해 쉽게 관찰되지 않는 암시적 행위(covert behaviors, 예; 비이성적 공포, 우울증 상태, 자기비하적 생각, 극도의 불안을 느끼는 것 등)에 대한 기초 자료를 측정하는 것을 말한다. 클라이언트는 표적이 되는 생각의 발생빈도를 세거나 감정적 상태에 대한 점수를 매길 수 있다. 반면에 명시적 행동(overt behavior)측정에서 명시적 행동은 관찰 가능하므로 빈도를 셀 수 있다. 날마다의 평균 빈도는 발전상황을 측정하는 기초 자료가 될 것이며, 이러한 측정은 문제행동을 계량화하고 주간 발전 상황과 변화 노력의 궁극적 결과를 탐지할 수 있게 한다. 빈도측정은 클라이언트, 관찰자 또는 사회복지사가 수행할 수 있다.

정답 ⑤

중요도 ★★★★★ (10회 기출)

02) 다음 사례에서 사례관리자가 수행한 역할로 옳지 않은 것은?

> 사례관리자는 중도장애를 가진 A가 재활의 동기를 갖도록 면담을 지속하면서 생활기술훈련 프로그램에 참여하도록 지지하였다. 또한 사례회의를 통해 인근직업재활기관과 일자리지원센터의 취업 관련 서비스를 받도록 협의하고 장애인 일자리를 확대하기 위한 지역사회 인식개선 캠페인을 기획하였다.

① 중재자   ② 상담가   ③ 조력가   ④ 조정자   ⑤ 옹호자

해설

A와의 면담을 지속한 것은 ② 상담가의 역할이며, 프로그램에 참여하도록 지지하는 것은 ③ 조력가, 취업관련 서비스를 받도록 협의한 것은 ④ 조정자, 지역사회 인식개선 캠페인을 기획한 것은 ⑤ 옹호자로서의 역할이다. 중재자로서의 사례관리자는 이 문항에는 나오지 않았다.

정답 ①

중요도 ★★★★★

03) 단일 사례설계에 관한 설명으로 옳은 것을 모두 고른 것은?

> ㉠ 개입과정의 변화 정보를 제공한다.
> ㉡ 주로 하나의 클라이언트 체계 변화를 측정한다.
> ㉢ 기초서는 안정화될 때까지 반복적으로 측정해야 한다.
> ㉣ 둘 이상의 문제에 대해 개입할 때 다중 기초선 설계를 활용한다.

① ㉠, ㉡, ㉢   ② ㉠, ㉢   ③ ㉡, ㉣
④ ㉣   ⑤ ㉠, ㉡, ㉢, ㉣

해설

㉠ 단일 사례연구의 주된 목적은 변수 간의 관계를 규명하기 위한 것이라기보다는 개입방법의 효과를 규명하려는 것이다. 개입과정의 변화 정보를 제공해 준다.
㉡ 단일사례설계는 단일대상 또는 단일사례, 즉 사례수가 하나이다.
㉢ 한 사례를 반복적으로 측정함으로써 나타나는 조사대상자의 표적 행동의 변화를 관찰해 그 결과를 가지고 개입효과를 파악한다.
㉣ 다중(복수) 기초선 설계는 둘 이상의 클라이언트 체계, 둘 이상의 상황 또는 문제에 대해 AB설계를 반복하여 외부사건을 통제한다. 둘 이상의 기초선을 정하기 위해 개입을 중단하는 것이 아니라 둘 이상의 기초선을 동시에 시작하고 개입은 각 기초선의 다른 시점에서 시작한다.

정답 ⑤

중요도 ★★★★★

04) ㉠, ㉡에 해당하는 용어를 순서대로 연결한 것은?

> 단일사례설계의 결과를 분석할 때 유의성 검증은 ㉠ 클라이언트의 문제에 얼마나 의미 있는 변화가 일어났는지, ㉡ 클라이언트의 변화가 우연히 일어난 것이 아닌 확률적 판단에서 나오는 절차인지 살펴보아야 한다.

① ㉠ 실질적 유의성, ㉡ 이론적 유의성
② ㉠ 이론적 유의성, ㉡ 통계적 유의성
③ ㉠ 임상적 유의성, ㉡ 실질적 유의성
④ ㉠ 실질적 유의성, ㉡ 통계적 유의성
⑤ ㉠ 통계적 유의성, ㉡ 임상적 유의성

해설

㉠은 실질적 유의성을, ㉡은 통계적 유의성을 말하는 것이다.

정답 ④

중요도 ★★★★★

05) 사회복지실천 평가에 대하여 바르지 않은 것은? (8회 기출)

① 개별화된 평가척도는 개별 클라이드의 행동변화를 아는 데 유용하다.

② 실제 현장에서는 실험 방법보다 비동일 통제집단 방법이 유용하다.

③ 사회복지실천과 관련된 결정을 하는 데 필요한 정보를 제공한다.

④ 효과성을 평가하기 위함이다.

⑤ 클라이언트와의 접촉이 어려울 경우 개별화된 평가척도가 유용하다.

해설

단일사례설계에서 종속변인을 행동으로 설정하는 경우가 많은데 그 이유는 관찰을 통한 측정이 용이하기 때문이다. 클라이언트의 표적문제가 특정 행동으로 조직화되기 어려운 경우에는 개별화된 평가척도를 사용한다.

정답 ①

중요도 ★★★★★

06) 두 가지 이상의 문제, 두 개 이상의 세팅, 두 명 이상의 클라이언트에게 적용할 수 있는 단일사례연구 방법으로 동시에 기초선을 측정하면서 각각 다른 시점에서 개입을 시도하는 연구 설계는?

① 다중 개입 설계   ② 다중 기초선 설계   ③ ABCA설계

④ ABAB설계   ⑤ BAB설계

해설

다중(복수) 기초선 설계는 둘 이상의 클라이언트 체계, 둘 이상의 상황 또는 문제에 대해 AB설계를 반복하여 외부사건을 통제한다. 둘 이상의 기초선을 정하기 위해 개입을 중단하는 것이 아니라 둘 이상의 기초선을 동시에 시작하고 개입은 각 기초선의 다른 시점에서 시작한다.

정답 ②

제15장 사회복지실천 평가

(17회 기출)

중요도 ★★★★★

01) 다음 사례에 해당되는 단일사례설계 평가유형은?

> 대인관계 문제로 어려움을 겪던 재훈이와 수지는 사회성 측정 후 사회기술 훈련에
> 의뢰되었다. 재훈이는 곧바로 사회기술훈련을 시작하여 사회성이 변화추이를 측
> 정해 오고 있으며, 수지는 3주간 시간차를 두고 사회기술훈련을 시작하면서 변화
> 추이를 관찰하였다.

① AB 설계   ② ABAB 설계   ③ BAB 설계
④ 다중(복수)기초선 설계   ⑤ 다중(복수)요소 설계

해설

④ 다중(복수)기초선설계(multiple baseline design)는 둘 이상의 클라이언트, 둘 이상의 상황이나 문제에 대해 AB설계를 반복하여 외부사건을 통제하는 설계이다. 개입의 인과적 결론은 더욱 확실히 하기 위해 개발된 것으로 여러 문제, 여러 상황, 여러 사람에게 적용하여 같은 효과를 얻음으로써 개입의 인과적 효과의 확신을 높이려는 것이다. 2개 이상의 기초선을 설정하기 위해 개입을 중단하는 대신에 2개 이상의 기초선을 동시에 시작하고 개입은 각 기초선의 다른 시점에서 시작된다. 재훈이와 수지는 대인관계라는 공통된 문제를 겪고 있지만 각각 다른 시점에 개입을 시작함으로써 기초선이 두 개가 설정되므로 다중복수기초선 설계로 볼 수 있다.   정답 ④

(16회 기출)

중요도 ★★★★★

02) 형성평가에 관한 설명으로 옳지 않은 것은?

① 프로그램의 최종 목표 달성 여부를 효과성과 효율성 측면에서 평가한다.
② 개입이 이루어지는 동안 발생하는 자료를 수집하여 환류 하는 것을 중시한다.
③ 현재와 미래에 관련된 프로그램 수행상의 문제해결이나 결정을 내리기 위해 실시한다.
④ 프로그램의 전달체계. 기관의 운영상황, 클라이언트의 욕구 등을 염두에 두고 시행한다.
⑤ 서비스이용자의 욕구를 반영하여 사회복지사가 기대했던 진전이 이루어지고 있는지를 사정한다.

해설

형성평가
프로그램의 최종 목표 달성 여부를 효과성과 효율성 측면에서 평가하는 것은 총괄평가이다.   정답 ①

중요도 ★★★★

03) 알코올중독 노숙인의 자활을 위해 다차원적으로 개입한 후, 단일사례설계를 활용하여
사업의 성과를 평가하려고 한다. 이때 성과지표로 사용 가능한 자료가 아닌 것은?

① 밤사이 숙소 밖에 버려진 술병의 수　　② 직업훈련 참여 시간

③ 직업훈련의 성격　　④ 스스로 측정한 자활의지

⑤ 단주 모임에 나간 횟수

해설

사업의 성과를 평가하기 위해서는 측정 가능한 지표를 선택해야 하는데 직업훈련의 성격은 측정할 수가 없다. 그러나 밤사이 숙
소 밖에 버려진 술병의 수, 직업훈련 참여 시간, 스스로 측정한 자활의지, 단주 모임에 나간 횟수 등은 측정이 가능하며 음주량
감소와 구직활동 위한 준비 등의 성과로 보기에 적절하다.

정답 ③

중요도 ★★★★

04) 클라이언트의 인식에 기초한 질적 평가의 목적이 아닌 것은?

① 긍정적 피드백으로 사회복지사의 소진 예방

② 의도된 성과 외에 부가적인 성과 확인

③ 기여요인과 방해요인에 대한 피드백

④ 변화의 일반적인 요인 외에 특수한 요인을 발견하고 실천에 통합

⑤ 클라이언트의 시각에서 프로그램 의미 도출

해설

클라이언트 인식에 기초한 질적 평가의 목적이 긍정적 피드백으로 사회복지사의 소진을 예방하는 것은 아니다. 오히려 클라이언
트의 인식에 기초한 평가는 사회복지사가 실천 과정에서 부족했거나 부적절한 측면을 밝혀낼 수도 있다.

정답 ①

중요도 ★★★

05) 단일 사례 설계에 관한 설명으로 옳지 않은 것은?

① 개입 이후에 기초선 자료를 수집할 수 있다.

② 다수의 클라이언트의 변화를 점검할 수 있다.

③ 개입의 효과성을 알기 위해 반복 측정을 해야 한다.

④ 측정 지수에는 긍정적 지표와 부정적 지표가 있다.

⑤ 개입 과정에서 개입의 강도나 방식을 바꿀 수 없다.

개입 과정에서 즉각적인 환류는 진행하는 도중에 도출되는 정보는 환류·수정의 반복적인 과정을 통해 새로운 방법을 수립하거나 개입방법을 수정함으로써 개입의 효과를 높인다.

단일 사례 설계의 특징으로는 개입의 효과성 분석, 표본의 크기=1, 분석단위=1, N=1, 반복적인 관찰, 즉각적인 환류, 통제집단 없음, 개입 전후 비교를 할 수 있다.

정답 ⑤

06) 단일사례설계의 활용에 관한 설명으로 옳은 것을 모두 고른 것은?

> ㄱ. 어떤 개입이 대상문제의 변화를 설명하는지 알 수 있다.
> ㄴ. 둘 이상의 클라이언트, 둘 이상의 상황이나 문제에 적용 가능하다.
> ㄷ. 행동빈도의 직, 간접 관찰 기존척도, 클라이언트 자신의 주관적 사고나 감정 등의 측정 지수를 사용한다.
> ㄹ. 반복적 시행으로 개입효과성의 일반화가 가능하다.

① ㄱ, ㄴ, ㄷ   ② ㄱ, ㄷ   ③ ㄴ, ㄹ
④ ㄹ   ⑤ ㄱ, ㄴ, ㄷ, ㄹ

사회복지실천의 평가에서 단일사례설계 개념 알아두기 문제로서 ㄱ, ㄴ, ㄷ, ㄹ 모두가 옳은 것이다.

정답 ⑤

07) 단일 사례 설계에 관한 설명으로 옳은 것을 모두 고른 것은?

> ㄱ. 개입과 개입 철회를 반복할 수 있다.
> ㄴ. 사전 자료가 없는 경우 개입 이후에 기초선 자료를 수집할 수 있다.
> ㄷ. 여러 개의 표적행동에 대해 기초선을 설정할 수 있다.
> ㄹ. 한 명 이상의 클라이언트를 대상으로 비교할 수 있다.

① ㄱ, ㄴ, ㄷ   ② ㄱ, ㄷ   ③ ㄴ, ㄹ
④ ㄹ   ⑤ ㄱ, ㄴ, ㄷ, ㄹ

모두 단일사례설계에 해당한다. 단일사례설계는 하나의 사례를 분석하여 독립변수와 종속변수의 인과관계를 추론하는 실험설계의 방법이다. 사례는 개인, 가족, 집단, 지역사회 모두가 될 수 있다. 단일사례설계의 장점은 실천 현장 및 임상적 환경에 쉽게 적용되며 통계적 지식이나 이론적 배경 없이도 시작할 수 있다. 시각화에 유리하며 개입의 결과를 기초선과 비교하고 검토하기가 용이하다. 치료 과정에서 사회복지사와 클라이언트 간의 지속적인 피드백이 가능하다.

정답 ⑤

(11회 기출)

08) 단일사례연구의 기초선 자료 수집 방법으로 적절하지 않은 것은?

① 형성평가 척도   ② 목표달성 척도

③ 개별화된 척도   ④ 표준화된 척도

⑤ 클라이언트의 주관적 감정 강도

형성평가 척도는 활동의 진행 과정에서 개입을 부분적으로 수정, 개선, 보완하는데 필요한 정보를 얻기 위해 진행상황을 평가하는 활동으로 기초선 자료수집으로는 적당하지 않다.

정답 ①

(11회 기출)

09) 실천 평가에 관한 설명으로 옳은 것은 ?

> ㄱ. 개입과 목표달성 간 상호 관련 정도를 알아보기 위해 실시한다.
> ㄴ. 기관, 클라이언트, 전문가 집단 및 사회에 대한 책무성 향상에 도움이 된다.
> ㄷ. 개입의 지속 또는 변경 여부 판단에 필요한 정보를 제공한다.
> ㄹ. 서로 다른 문제나 특성을 가진 클라이언트에게 상대적으로 효과적인 개입방법을 선정하는데 도움이 되는 정보를 제공한다.

① ㄱ, ㄴ, ㄷ   ② ㄱ, ㄷ   ③ ㄴ, ㄹ

④ ㄹ   ⑤ ㄱ, ㄴ, ㄷ, ㄹ

사회복지실천 평가는 사회복지실천 활동 과정에 대한 평가와 결과에 대해 평가한다.

정답 ⑤

10) 도벽 습관이 있는 아동에 대한 행동치료 평가 시 활용한 단일 사례 설계의 유형은?

> • 아동의 도벽 행동에 대한 치료를 먼저 시행한 후, 문제행동 변화를 측정한다.
> • 개입 효과를 확인하기 위해 치료를 잠시 중단한다.
> • 다시 치료를 시행하면서 아동의 행동 변화를 관찰한다.

① AB   ② ABA   ③ BAB

④ ABC   ⑤ ABAB

해설

BAB 설계(개입단계 → 기초선 단계 → 개입단계)는 기초 선의 측정 없이 바로 개입할 때 사용하는 설계로 위기 개입 시 적용한다. 기초 선을 측정하지 못했기 때문에 개입의 효과성을 알기 어렵고 개입 이후에 기초 선을 측정하더라도 이미 개입이 이루어졌기 때문에 기초 선에는 개입의 효과가 어느 정도 반영되어 있다.

정답 ③

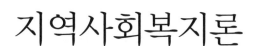

지역사회복지론

(17회 기출)

중요도 ★★★★★

01) 힐러리(G. A. Hillery)가 제시한 지역사회의 기본요소로 옳게 묶인 것은?

① 지역주민, 사회계층, 전통적 가치체계

② 사회적 상호작용, 공동의 유대감, 지리적 영역의 공유

③ 경제, 종교, 교육, 보건과 사회복지.

④ 역사적 유산의 공유, 지역 거주, 공동생활양식

⑤ 사회적 유사성, 공동체 의식, 전통과 관습

해설

힐러리(G. A. Hillery)는 지리적 영역의 공유, 공동 결속체(공동 연대감), 사회 · 문화적 상호작용을 지역사회의 3요소로 제시하였다. 공간 단위로써의 지역사회, 사회적 상호작용 단위로써 지역사회, 심리적 공동의 유대감이 있는 지역사회 세 가지 요소를 강조하였다.   정답 ②

(16회 기출)

중요도 ★★★★★

02) 지역사회(community)에 관한 설명으로 옳지 않은 것은?

① 기능적 지역사회는 이념, 사회계층, 직업유형 등을 중심으로 이루어진다.

② 지리적 지역사회는 이웃, 마을, 도시 등을 예로 들 수 있다.

③ 던햄(A. Dunham)은 지역사회를 인구 크기, 경제적 기반, 행정구역, 사회적 특수성으로 유형화했다.

④ 퇴니스 (F. Tönnies)는 지역사회를 공동사회와 이익사회로 구분했다.

⑤ 길버트와 스펙트(N. Gilbert& H. Specht)는 지역사회의 사회통합기능이 현대의 사회복지제도로 정착되었다고 했다.

해설

길버트와 스펙트(N. Gilbert & H. Specht)는 지역사회의 기능을 5가지로 제시하였는데, 이 중 지역사회의 어느 정도 결속력과 사기를 전제로 하는 사회통합기능은 현대의 종교제도로 정착되었다고 보았으며, 사회복지제도로 통합된 것은 상부상조(상호부조) 기능이다.   정답 ⑤

(15회 기출)

중요도 ★★★★★

03) 지역사회 개념에 관한 설명으로 옳지 않은 것은?

① 지리적 지역사회는 일정한 지리적 공간을 공유하는 사람들의 집단을 의미한다.

② 기능적 지역사회는 구성원 공동의 이익과 이해관계를 같이하는 공동체를 의미한다.

③ 지역사회는 사회적 상호작용과 연대성을 기초로 한다.

④ 지역사회는 이익사회에서 공동사회로 발전한다.

⑤ 가상 공동체는 새로운 형태의 지역사회로 등장하고 있다.

해설

퇴니스(Ferdinand Tönnies)는 공동사회(Gemeinschaft)와 이익사회(Gesellschaft) 개념으로 지역사회를 설명하며, 공동사회에서 이익사회로 발전해 가며, 산업화 이후 이는 더 가속화 된다고 보았다. 공동사회는 혈연과 지연과 운명공동체를 바탕으로 이루어진 소규모 대면적 사회로, 가족, 부족, 촌락이 여기에 속한다.   정답 ④

중요도 ★★★★★   (15회 기출)

04) 지역사회기능의 비교 척도로 옳지 않은 것은?

① 사회성: 지역사회의 사회적 분화 정도

② 서비스의 일치성: 지역사회 내 서비스 영역이 동일지역 내에서 일치하는 정도

③ 심리적 동일시: 지역주민들의 자기 지역을 중요한 준거집단으로 생각하는 정도

④ 자치성: 지역사회가 타 지역에 의존하지 않는 정도

⑤ 수평적 유형: 상이한 조직들의 구조적·기능적 관련정도

해설

워렌은 지역사회의 기능 비교 척도로 4가지 차원 즉 ① 지역적 자치성, ② 서비스 영역의 일치성, ③ 지역에 대한 주민들의 심리적 동일시, ④ 수평적 유형을 제시 하였으나 사회성은 비교 척도에 포함되지 않는다.   정답 ①

중요도 ★★★★★   (14회 기출)

05) 지역사회(community)에 관한 설명으로 옳지 않은 것은?

① 로스(M. G. Ross): 지역사회를 지리적인 지역사회와 기능적인 지역사회로 구분

② 메키버(R. M. MacIver):인간의 공동생활이 영위되는 일정한 지역을 공동 생활권으로 설명

③ 워렌(R. L. Warren): 지역적 접합성을 가지는 주요한 사회적 기능수행의 단위와 체계의 결합

④ 길버트와 스펙트(N. Gilbert & H. Specht): 지리적 영역, 사회·문화적 상호작용, 공동의 유대 등 3가지로 구성

⑤ 던햄(A. Dunham): 지역사회의 유형을 인구의 크기, 경제적 기반 등의 기준으로 구분

길버트와 스펙트(N. Gilbert & H. Specth)는 지역사회의 기능적 요인을 강조하여 지역사회가 공통적으로 수행하는 핵심기능을 생산, 분배, 소비, 사회화, 사회통제, 사회통합, 상부상조의 기능을 제시했다. 지역사회의 3요소로 지리적 영역, 사회·문화적 상호작용, 공동의 유대를 제시한 학자는 힐러리(G. A. Hillery)이다.   정답 ④

중요도 ★★★★★   (14회 기출)

06) 지역사회복지 기능과 사례의 연결로 옳지 않은 것은?

① 상부상조 기능: 수급자인 독거어르신을 위하여 주민 일촌 맺기를 실시하여 생계비를 연계 지원한다.

② 생산. 분배, 소비 기능: 지역 주민이 생산한 채소를 마을 공동 판매장에 진열하여 판매한다.

③ 사회화 기능: 갑 마을에서는 인사 잘하는 마을 만들기를 위하여 조례를 제정하고, 위반하는 청소년에게 벌금을 강제로 부과한다.

④ 사회통제 기능: 지역사회에서 안전한 생활영위를 위하여 법률로 치안을 강제하고, 법과 도덕을 지키게 한다.

⑤ 사회통합 기능: 을 종교단체가 지역 주민 어르신을 대상으로 경로잔치를 개최하고 후원물품을 나누어준다.

사회통제의 기능은 법을 집행하는 강제력을 발휘함으로써 나타나는데, ③ 조례 제정은 지방자치단체의 의회에서 제정되는 사회통제기능에 해당한다. 길버트의 지역사회의 주요기능은 생산, 분배, 소비의 기능과 사회화의 기능, 사회통제의 기능, 사회통합의 기능, 상부상조의 기능이 있다.   정답 ③

중요도 ★★★   (13회 기출)

07) 지역사회에 관한 설명으로 옳은 것은?

① 모든 지역사회는 사회(society)이나, 모든 사회가 지역사회는 아니다.

② 지리적 개념은 사회문화적 동질성과 상호작용성에 기초한다.

③ 퇴니스는 지역사회를 공동사회와 기계적 연대사회로 구분하였다.

④ 인구구성의 사회적 특수성을 기준으로 하여 시,군,구로 구분할 수 있다.

⑤ 상부상조 기능은 지역사회 구성원에게 법규 순응을 강제한다.

파크와 버제스는 "모든 지역사회는 사회이나 모든 사회가 지역사회인 것은 아니다"라고 강조하였다.

                    정답 ①

08) 외국인 노동자 공동체와 유사한 공동체의 내부에서 나타날 수 있는 특징으로 옳지 않은 것은?

① 지리적 공간을 공유 할 수 있다.　　② 정체성을 공유한다.

③ 공동의 관심이 있다.　　④ 상호작용이 줄어든다.

⑤ 비공식적 특성이 있다.

해설

외국인 노동자 공동체는 내부적응 상호작용 속에 유대감이 더 늘어간다.　　정답 ④

09) 워렌(R. Warren)의 좋은 지역사회에 관한 설명으로 옳지 않은 것은?

① 구성원 사이에 인격적 관계가 이루어질 수 있어야 한다.

② 권력이 폭넓게 분산되어 있어야 한다.

③ 다양한 소득, 인종, 종교, 이익집단이 포함되어야 한다.

④ 지역주민들의 자율권은 적절히 제한되어야 한다.

⑤ 정책형성과정에서 갈등을 최소화하면서 협력을 최대화해야 한다.

해설

지역사회에서 지역주민들의 자율권은 최대한 보장되어야 한다.

자신의 삶과 관련된 다양한 측면들이 타인에 의해 강압적이 아닌 스스로에 의해 결정 될 수 있어야 한다는 의미다.　　정답 ④

10) 지역사회에 관한 설명으로 옳은 것은?

① 지리적 지역사회와 기능적 지역사회로 구분한 사람은 로스만이다.

② 장애인 부모회는 지리적 지역사회에 해당한다.

③ 교통 및 통신수단의 발달로 과거에 비해 기능적 지역사회가 더 많이 나타나게 되었다.

④ 지역사회는 의사소통, 교환, 상호작용의 필요성이 점차 줄어들고 있다.

⑤ 산업화 이후 공동사회가 발전되어 왔다.

해설

교통 및 통신 수단의 발달로 지역적 개념이 약화되고 기능적 지역사회의 개념이 더 많이 나타나고 있다.

① 로스만이 아니라 로스이다.

② 장애부모회는 기능적 지역사회이다.

④ 지역사회는 의사소통, 교환, 상호작용의 필요성이 늘어나고 있다.

⑤ 도시화, 산업화가 진행되면서 전통적인 공동사회는 점차 붕괴되어 나가고 있으며, 이익사회에서 우리는 살고 있다.

정답 ③

11) 다음에서 설명하는 지역사회 기능은?

> 지역사회 내 경찰과 사법권을 통해 그 구성원들에게 순응하도록 강제력을 발휘한다.

① 사회통제   ② 생산, 분배, 소비   ③ 사회   ④ 사회통합   ⑤ 상부상조

해설

사회통제기능은 사회질서를 위한 사회규범을 지킬 수 있도록 사회 구성원들에게 규제를 가하는 것을 의미한다. 이 기능은 사회적으로 법률, 규칙 등을 제정하고 집행하므로써 지역사회의 질서를 지키고, 사회해체를 막는 기능을 한다.   정답 ①

12) 최근의 지역사회 개념으로 바르지 않은 것은 무엇인가?

① 지리적 지역사회와 기능적 지역사회를 함축하고 있다.

② 사이버공동체, 가상공동체의 개념이 지역사회로 새롭게 떠오르고 있다.

③ 동성애집단, 조기축구회 등 동질성과 공통적 관심에 기반 한 기능적 의미의 지역사회 개념이 강조되고 있다.

④ 최근에 '공동체' 라는 개념이 부각되고 있다.

⑤ 지역사회는 장소에 기초를 두어야 한다.

해설

지역사회는 지리적 의미와 기능적 의미를 함축하고 있으며 현대는 기능적의미의 지역사회가 강조되고 있으므로 장소에 기초를 두어야 되는 것은 바르지 않다.   정답 ⑤

13) 지역사회의 개념에 대한 설명으로 틀린 것은?

① 공통의 이해관계나 특성을 지닌 공동체로 설명할 수 있다.

② 지리적 지역사회가 기능적 지역사회의 의미를 포괄한다.

③ 사이버 공동체, 가상 공동체가 새롭게 등장하고 있다.

④ 종교, 동성애, 생활방식 같은 동질성을 지닌 집단을 포함한다.

⑤ 일정한 지리적 영역 내에 같이 거주하는 경우를 의미한다.

해설

지리적 지역사회의 의미가 기능적 지역사회의 의미를 포괄하는 것은 아니다.

정답 ②

중요도 ★★★★★ (17회 기출)

01) 지역사회의 역량을 향상시키는 요소로 옳은 것을 모두 고른 것은?

> ㄱ. 다양성 존중과 사회적가치의 공유
> ㄴ. 하위 집단의 집합적인 동질성 강조
> ㄷ. 구성원의 자율성 유지와 공동 이익의 극대화
> ㄹ. 법적 테두리 내에서 공동선의 추구와 조정

① ㄱ, ㄴ   ② ㄱ, ㄹ   ③ ㄴ, ㄷ   ④ ㄱ, ㄷ, ㄹ   ⑤ ㄴ, ㄷ, ㄹ

해설

지역사회복지 실천의 원칙이나 가치를 보면 자기결정과 임파워먼트 획득, 다양성 및 문화적 이해(문화의 다양성 존중) 자기 결정의 원리, 비판의식의 개발, 상호학습, 사회정의 실현, 개별화의 원칙을 중시하므로 하위집단의 동질성 강조는 옳은 것이 아니다.

정답 ④

중요도 ★★★ (17회 기출)

02) 지역사회복지실천의 원칙으로 옳지 않은 것은?

① 지역주민 간의 협력 관계 구축
② 지역사회 구성원 중심의 목표 형성과 평가
③ 지역사회의 특성과 문제의 일반화
④ 사회 문제의 구조적 요인을 반영한 개입 방안 마련
⑤ 지역사회 변화에 초점을 둔 단계적 개입

해설

• 지역 사회복지 실천의 핵심원칙은 과정지향, 자주성 중시, 합의, 능력부여자로서의 원칙으로
  ① 1차적인 클라이언트는 지역사회여야 하며
  ② 지역사회특성에 맞는 개별화의 원칙 준수
  ③ 지역사회를 있는 그대로 이해하고 수용
  ④ 자기결정의 원리 준수
  ⑤ 지역주민의 욕구 우선
• 여러 계층의 적극적인 참여 중시로써 ③번의 지역사회의 특성과 문제의 일반화는 옳지 않다.

정답 ③

중요도 ★★★★

03) 지역사회복지 실천원칙에 관한 설명으로 옳은 것을 모두 고른 것은?

> A사회복지사는 공동 사업 수행을 위해 특별 추진회를 구성하였다. 그러나 주민들
> 이 자유롭게 의견을 제시할 수 있는 기회를 제공하지 못한 채 사업추진을 진행하
> 였다.

① 기관들 간의 역할 분담   ② 효과적인 의사소통 개발 유지
③ 인간 욕구의 가변성 수용   ④ 집중과 분산 간의 균형
⑤ 전문가의 역할 강화

해설

주민들이 자유롭게 의견을 제시할 수 있는 기회를 제공하지 못하여 원활한 의사소통이 안 될 때 갈등이 일어난다. 그래서 효과적인 의사소통을 개발해야 한다. 그래서 추진위원회에 참여하는 사람들이 안정감을 가지고 자유롭게 의견을 발표할 수 있는 분위기를 만드는 것이 중요하다고 보이므로, 효과적인 의사소통 개발과 유지 원칙을 준수할 필요가 있다.

정답 ②

중요도 ★★★

04) 지역사회복지 이념에 관한 설명으로 옳은 것은?

① 정상화는 1950년대 덴마크를 비롯한 북유럽에서 시작된 이념이다.
② 탈시설화는 무시설주의를 지향하는 것이다.
③ 네트워크를 통하여 지역구성원의 개인정보를 누구나 공유할 수 있다.
④ 주민참여 이념은 주민자치, 주민복지로 설명되며 지역 유일주의를 지향한다.
⑤ 사회통합은 세대 간, 지역 간 차이에서 발생하는 경제적 우위를 추구하기 위하여 노력한다.

해설

정상화 이념은 1950년대 덴마크의 정신지체장애인 부모운동의 일환으로 시설에 격리되어 있는 아동을 지역사회로 보내는 운동에서 시작되었다. 그 후 1960년대 스웨덴에서 지적장애인의 생활을 가능 한 정상적인 생활에 가깝게 추구하기 위해 대두된 이념이다.

정답 ①

중요도 ★★

05) 지역사회복지에 관한 설명으로 옳지 않은 것은?

① 전문 또는 비전문 인력이 지역사회 수준에서 개입한다.
② 지역성과 기능성을 포함하는 지역사회 내에서 이루어진다.

③ 지역사회 내에 존재하는 각종 제도에 영향을 준다.

④ 공공과 민간의 협력이 강조되고 있는 추세이다.

⑤ 개인 및 가족 등 미시적 수준의 사회체계와 대립적인 위치에 있다.

해설

지역사회복지는 개별 또는 가족복지 보다 넓은 개념이며 아동복지, 청소년복지, 장애인복지, 노인복지 등의 특정대상층 중심의 복지활동보다 지역성이 강조 된다는 특성이 있다.

지역사회복지는 전문 또는 비전문 인력이 지역사회 수준에 개입하여 지역사회에 존재하는 각종 제도에 영향을 주고 지역사회의 문제를 해결하고자 하는 일체의 사회적 노력이다.

정답 ⑤

중요도 ★   (13회 기출)

06) 지역사회복지실천에서 추구하는 가치로 부적절한 것은?

① 문화적 다양성 존중   ② 배분적 사회정의   ③ 임파워먼트

④ 비판의식의 지양   ⑤ 상호학습

해설

지역사회복지 실천과정에서 사회복지사가 목표하는 것을 달성하기위한 중요한 것은 행동수칙으로 비판의식을 지향하며 합리적으로 문제를 해결하도록 해야 한다.

정답 ④

중요도 ★★★★   (13회 기출)

07) 지역사회복지 실천원칙에 관한 설명으로 옳은 것을 모두 고른 것은?

> 가. 지역사회는 개인과 동일하게 자기결정의 권리를 갖는다.
>
> 나. 지역사회는 있는 그대로 이해되고 수용되어야 한다.
>
> 다. 개인과 집단처럼 각 지역사회는 상이하다.
>
> 라. 문제해결 접근방법에서 다양성은 배제되어야 한다.

① 가, 나, 다   ② 가, 다   ③ 나, 라

④ 라   ⑤ 가, 나, 다, 라

해설

문제해결 접근방법에서 다양성은 배제되기보다 다양성을 존중하도록 해야 하며, 문제해결의 접근 방법 결정요소는 지역사회의 욕구여야 한다.

정답 ①

중요도 ★★★★

08) 지역사회복지 실천의 원칙으로 적절하지 않은 것은?

① 지역사회에 대한 지역주민들의 불만을 집약한다.

② 사업추진의 효율성을 위하여 지역사회의 능력 탐색을 보류 될 수 있다.

③ 지역사회에서 달성하려는 공동의 목표와 이를 실천 할 수 있는 방법을 수립한다.

④ 지역주민들이 의사를 자유롭게 표현하도록 한다.

⑤ 지역사회에서 주민의 공감을 얻을 수 있는 풀뿌리 지도자를 발굴한다.

해설

로스는 지역사회조직사업을 전개하는 주체로 추진위원회를 강조하고 있으며, 이를 매개로 사업추진의 효율성을 위하여 지역사회의 능력을 최대한 탐색해야 한다고 하였다.   정답 ②

중요도 ★

09) 지역사회복지와 관련된 개념에 관한 설명으로 옳은 것은?

① 지역사회복지실천은 공식적인 전문가에 의해서만 이루어진다.

② 지역사회자체는 지역사회복지의 실천수단이 될 수 없다.

③ 지역사회보호는 시설보호의 강점을 유지하기 위해서 등장한 개념이다.

④ 지역사회조직사업은 민간조직이 아닌 공공조직을 통하여 달성되는 영역이다.

⑤ 지역사회개발을 통하여 지역사회 구성원들의 사회적 관계를 향상시킬 수 있다.

해설

지역사회복지란 일정한 지역사회에 있어서의 사회적 욕구를 충족하는 공급체계이며, 사회적 욕구의 확대와 다양화에 따라 욕구와 자원의 수요공급이 원활하지 못할 때 필요하고, 지역사회개발은 지역사회 주민들이 공동이나 협동적 노력으로 지역주민들의 자발적, 자조적 조력에 의해 공동욕구를 해결하고 공동운명의식을 토대로 경제적·사회적·문화적 발전을 도모하는 운동이다.   정답 ⑤

중요도 ★★

10) 지역사회복지실천의 원칙으로 옳지 않은 것은?

① 사회복지기관들이 서로 협력하고 기능을 분담하도록 한다.

② 지역사회복지실천 활동은 지역주민과 그들의 욕구에 관심을 가져야 한다.

③ 일차적인 클라이언트는 지역사회이어야 한다.

④ 사회복지기관의 효과적인 운영을 위해 집중과 분산이 병행되어야 한다.

⑤ 사회복지기관의 이익을 우선해야 한다.

해설

사회복지기관은 기관의 이익보다 지역주민인 이용자의 이익을 우선적으로 고려해야 한다.   정답 ⑤

11) 다음에서 설명하는 지역사회복지 이념은?

> • 지방자치의 실시로 그 중요성이 강조되는 원리이다.
> • 주민과 지방 자치단체와의 동등한 파트너십을 형성하는 방법이기도 하다.

① 정상화   ② 탈시설화   ③ 주민참여   ④ 사회통합   ⑤ 네트워크

해설

지역사회복지이념은 정상화, 주민참여, 사회통합, 탈시설화, 네트워크 등이 있다. 사회복지의 흐름도 공급자 중심에서 이용자 중심
으로 변하고 있으며 주민참여는 지방자치제도의 실시로 더욱 더 중요시 되고 있다.
주민들의 욕구나 문제해결을 위한 주민들의 주체성을 강조하고 있다.
이러한 문제들을 해결하기 위해서 주민과 지방자치단체 간의 밀접한 관계가 필요하다.   정답 ③

12) 다음에서 설명하는 것은?

> 전통적인 전문사회사업실천의 한 방법이며, 공공과 민간 사회복지기관의 전문사
> 회복지사에 의해 수행된다. 이것은 보다 조직적이고, 추구하는 변화에 대해 의도
> 적이며, 과학적인 지식과 기술을 사용한다.

① 지역화폐운동   ② 지역사회보호   ③ 가상공동체   ④ 시설보호   ⑤ 지역사회조직

해설

전통적인 전문사회사업실천의 방법에는 개별사회사업, 집단사회사업, 지역사회조직이라는 3대 방법론이 있다.
지역사회조직은 지역주민의 공통적인 욕구를 해결하기 위하여 공공·민간의 사회복지기관의 전문 사회복지사에 의하여 지역사회
내의 자원으로 수행되며 보다 조직적, 의도적, 계획적, 과학적인 지식과 기술을 사용한다.   정답 ⑤

13) 로스가 제시한 바 있는 추진회를 매개로 한 지역사회조직사업의 원칙이 아닌 것은?

① 지역사회의 조건에 대한 불만으로부터 결성된다.

② 지역사회의 현재적, 잠재적 호의를 활용해야 한다.

③ 공식적 지도자는 발굴 및 참여시키고, 비공식적 지도자에 대해서는 가급적 발굴 및
참여를 제한시킨다.

④ 지역 주민으로부터 지지를 받을 수 있는 목표와 운영방법을 갖춰야 한다.

⑤ 정서적 내용을 지닌 활동들이 포함되어야 한다.

추진회에는 지역사회의 주요 이해관계자들이 지지하는 공식, 비공식적 지도자들을 참여시켜야 한다.
특히 주민의 마음을 사로잡는 풀뿌리 지도자들을 발견해 내는 일이 무엇보다 중요하다.

정답 ③

(9회 기출)

14) 지역사회복지 이념에 대한 설명으로 옳은 것은?

① 뒤르켐의 기계적 연대는 산업사회의 기능적 분화의 산물이다.

② 국가주의는 가족이 아닌 다른 형태의 보호를 부정적으로 평가한다.

③ 가족주의에서 비가족적인 형태의 보호를 부정적으로 평가한다.

④ 국가주의에서 집합적 책임이 작용하는 영역은 공적 영역에 국한된다.

⑤ 가족주의는 상호의존에 관한 인식을 강조하며, 국가주의는 개인의 독립성과 자율성을 강조한다.

가족주의 이데올로기 하에서는 비가족적인 형태는 비정상적인 것으로 간주되며, 가족이 아닌 다른 형태의 보호를 부정적으로 평가한다.
① 뒤르켐의 기계적 연대가 아니라 유기적 연대는 산업사회의 기능적 분화의 산물이다.
② 국가주의가 아닌 가족주의는 가족이 아닌 다른 형태의 보호를 부정적인 것으로 평가한다.
④ 국가주의에서 집합적 책임이 작용하는 영역은 공적 영역에 국한 하는 것이 아니라 공적, 사적 영역을 모두 포괄한다.
⑤ 가족주의가 개인의 독립성과 자율성을 강조하며, 국가주의는 상호의존에 관한 인식을 강조한다.

정답 ③

(8회 기출)

15) 네트워킹에 대한 설명으로 옳지 않은 것은?

① 참여자들이 속한 영역에 대한 이해와 재구조화

② 참여자들의 위계를 고려한 운영

③ 신축적인 연결망 구축

④ 관련조직들을 매개하는 중심조직 설정

⑤ 의사소통 최대화

네트워크에서 주체성을 가진 자율적인 참여자가 전체와 부분의 일체화를 이루려고 하는 구조적인 특징을 가진다. 네트워크에서는 권한과 책임이 분산되고, 목표나 수단의 선택에 관해서도 복수의 선택이 가능하며 많은 지도자가 존재하며 주체성을 가진 자율적 참여자가 전체와 부분을 일체화 하려고 하는 특징을 가진다. 위계를 고려한 운영은 관료제적 조직이다.

정답 ②

중요도 ★★★★ (17회 기출)

01) 2000년대 이후 한국의 지역사회복지발달에 영향을 미친 주요사건을 모두 고른 것은?

> ㄱ. 자방자치단체의 장 직접 선출
> ㄴ. 시·군·구에 희망복지지원단 설치
> ㄷ. 영구임대아파트단지 내 사회복지관 건립 의무화
> ㄹ. 지역사회서비스투자사업 실시

① ㄱ, ㄴ   ② ㄴ, ㄹ   ③ ㄷ, ㄹ   ④ ㄱ, ㄴ, ㄷ   ⑤ ㄴ, ㄷ, ㄹ

해설

2000년대 이후 한국의 지역사회복지발달에 영향을 미친 사건
ㄴ. 시·군·구에 희망복지지원단 설치: 2012년
ㄹ. 지역사회서비스투자사업실시: 2007년

오답노트

ㄱ. 자방자치단체장 직접 선출: 1995년 민선 1기
ㄷ. 영구임대아파트단지 내 사회복지관 건립 의무화: 1989년 이후

정답 ②

중요도 ★★★★ (17회 기출)

02) 영국 지역사회복지의 발달에 영향을 미친 주요 사건을 순서대로 나열한 것은?

> ㄱ. 토인비 홀(Toynbee Hall) 설립   ㄴ. 정신보건법(Mental Health Act) 제정
> ㄷ. 그리피스(Griffiths) 보고서   ㄹ. 하버트(Harbert) 보고서
> ㅁ. 시봄(Seebohm) 보고서

① ㄱ-ㄴ-ㄷ-ㅁ-ㄹ   ② ㄱ-ㄴ-ㅁ-ㄹ-ㄷ   ③ ㄱ-ㅁ-ㄹ-ㄴ-ㄷ
④ ㄴ-ㄹ-ㅁ-ㄹ-ㄷ   ⑤ ㄴ-ㄷ-ㅁ-ㄹ-ㄱ

해설

영국의 지역사회복지의 역사를 정리하면
ㄱ. 토인비 홀(Toynbee Hall) 설립: 1884년

ㄴ. 정신보건법(Mental Health Act) 제정: 1950년

ㅁ. 시봄(Seebohm) 보고서: 1968년

ㄹ. 하버트(Harbert) 보고서: 1971년

ㄷ. 그리피스(Griffiths) 보고서: 1988년

정답 ②

중요도 ★★★★★

(17회 기출)

03) 최근 공공사회복지전달체계가 읍·면·동 중심으로 개편됨에 따라 나타난 현상이 아닌 것은?

① 찾아가는 보건·복지서비스 확대

② 읍·면·동에서 통합사례관리 직접수행

③ 사회보장정보시스템(행복e음) 개시

④ 복지·보건·고용 연계 등 통합서비스 강화

⑤ 지역인적안전망 구성의 활성화

해설

2012년에 시·군·구 단위에 희망복지지원단이 설치된 후, 2013년에 사회보장 정보시스템이 개통되었다. 사회보장정보시스템(2013년)은 시·군·구 단위 희망복지지원단 설치(2012년) 후 개통되었다.

정답 ③

중요도 ★★★★

(16회 기출)

04) 영국의 그리피스 보고서(Griffiths Report, 1988)에서 강조하고 있는 지역사회보호에 관한 설명으로 옳은 것을 모두 고른 것은?

> ㄱ. 지역사회보호를 위한 권한과 재정을 지방 정부에 이양할 것을 주장하였다.
>
> ㄴ. 지역사회보호를 위한 지방정부의 서비스 공급자 역할을 강조하였다.
>
> ㄷ. 서비스의 적절성 확보를 위한 케어 매니지먼트(care management)를 강조하였다
>
> ㄹ. 지역사회보호 실천주체 다양화를 추구하였다.

① ㄱ, ㄴ   ② ㄱ, ㄹ   ③ ㄴ, ㄷ

④ ㄱ, ㄷ, ㄹ   ⑤ ㄴ, ㄷ, ㄹ

해설

그리피스보고서는 지방정부는 대인서비스의 직접 제공자가 아닌 계획조정 구매자로서 역할을 수행한다는 점을 강조 하였다. 그리피스보고서의 핵심내용은, 첫째, 지역사회보호의 1차적 책임은 지방 정부에 있다는 점. 둘째, 지방정부는 직접적인 대인서비스 제

공보다는 서비스 구매·조정자로서의 역할을 수행한다는 점. 셋째, 주거보호에 대한 욕구는 지방정부에 의하여 사정된다는 점이다. 그리고 케어의 혼합경제, 혹은 복지다원주의 논리에 기반을 두어 지역사회보호 실천주체의 다양화를 강조하였다.

정답 ④

---

05) 우리나라 지역사회복지의 역사적 흐름에 관한 설명으로 옳지 않은 것은?

① 1950년대 외국원조기관은 구호 및 생활보호 등에 기여하였다.
② 1970년대 사회복지관 국고보조금 지침이 마련되었다.
③ 1980년대 민주화 운동으로 전개된 지역사회 생활권 보장을 위한 활동은 사회행동모델에서 비롯되었다.
④ 1990년대 재가복지서비스의 확대가 이루어졌다.
⑤ 2000년대 도입된 지역사회서비스투자사업의 사회서비스이용권 비용 자금·정산은 사회보장 정보원이 담당한다.

해설

1970년대까지는 사회복지 관련 규정에 근거가 없이 사회복지관 사업을 추진하여 정부보조금 받는데 애로가 많았다. 사회복지관은 1983년 사회복지사업법 개정에 따라 가형과 나형, 그리고 사회복지관으로 나누어지면서 공식적으로 국가의 지원을 받게 되었다. 1988년에 사회복지관의 운영과 관련된 국고보조금 지침이 마련되었다.

정답 ②

---

06) 우리나라 지역사회복지 환경변화와 과제에 관한 다음설명 중 옳은 것을 모두 고른 것은?

> ㄱ. 지방자치단체는 지역별 특성에 맞는 사회적 기업 지원시책을 수립·시행해야 한다.
> ㄴ. 탈시설화 경향에 따라 지역사회 중심의 족지체계 구축이 중요해지고 있다.
> ㄷ. 읍면동 복지허브화로 지역사회복지 네트워크가 약화되었다.

① ㄱ   ② ㄴ   ③ ㄱ, ㄴ   ④ ㄴ, ㄷ   ⑤ ㄱ, ㄴ, ㄷ

해설

ㄱ. 2007년 제정된 「사회적 기업 육성법」 제3조 제2항에 "지방자치단체는 지역별 특성에 맞는 사회적 기업 지원 시책을 수립 시행하여야한다."고 규정되었다.
ㄴ. 탈시설화란 폐쇄적 체계에서 개방적 체계로, 시설보호에서 재가보호로 전환하자는 것으로 지역사회복지의 등장 배경이 되었다.
ㄷ. 읍면동 복지허브화로 민·관협력, 지역사회복지 네트워크가 약화된 것이 아니라 더욱 강화되었다.

정답 ③

중요도 ★★★★★

07) 미국 지역사회복지의 역사적 특징으로 옳은 것은?

① 대공황 이전에는 공공이 지역사회복지실천의 주요 전달체계를 담당하였다.

② 케네디와 존슨 행정부의 '빈곤과의 전쟁'은 사회복지의 지방정부 역할과 책임을 강조하였다.

③ 1970년대 인종차별 금지와 반전(反戰)운동은 지역사회조직사업을 촉진하였다.

④ 1990년 '복지개혁(Welfare Reform)'은 풀뿌리 지역사회조직활동을 강조하였다.

⑤ 오바마 행정부는 연방정부 중심의 지역사회복지 프로그램 평가에 주안점을 두었다.

해설

'1950년대와 1970년대는 민권운동, 학생운동, 베트남 참전반대운동 등 진보적 사회운동이 활발하게 일어났던 시기였다. 1970년대 인종차별 금지와 반전(反戰)운동은 지역사회조직사업을 촉진하였다.

정답 ③

중요도 ★★★★★

08) 조선시대 흉년으로 인한 이재민과 빈민을 구제한 국가기관은?

① 향약   ② 활인서   ③ 진휼청

④ 기로소   ⑤ 동서대비원

해설

진휼청은 조선시대 생겨난 제도로 의창이나 상평창과 같이 물가조절과 빈민구제를 담당하였던 국가기관이다. 인조13년(1636년)에 상평창이 진휼청에 병합되었다.

정답 ③

중요도 ★★★

09) 영국의 지역사회보호 역사 중 다음의 특성과 관련 있는 것은?

- 사회서비스 부서 창설 제안   • 대인사회서비스
- 지역사회를 사회서비스 제공자로 인식   • 서비스의 협력 및 통합

① 시봄(Seebohm) 보고서

② 하버트(Harbert) 보고서

③ 바클레이(Barclay) 보고서

④ 그리피스(Griffiths) 보고서

⑤ 베버리지(Beveridge) 보고서

1968년 시봄 보고서가 제출되면서 영국사회복지제도의 개혁을 지향한 지방자치단체 및 관련 "대인사회서비스"위원회의 보고서로서 지방정부에 사회서비스국이 창설되어 홈헬퍼서비스제도 업무를 담당함으로써 대인 사회복지서비스 업무는 지방자치단체의 의무 업무로 정착하였다. 서비스 통합의 중요성을 강조한 이 제안은 대인사회서비스의 효율적인 조정에 기여하였다.

정답 ①

10) 우리나라 새마을운동에 관한 설명으로 옳지 않은 것은?

① 지역사회개발사업과 관련이 있다.

② 농촌생활환경 개선운동으로 시작되었으나 소득증대운동으로는 발전하지 못하였다.

③ 근면 · 자조 · 협동을 주요 정신으로 한다.

④ 1970년대 새마을운동 기록물은 유네스코 세계기록유산에 등재되어 있다.

⑤ 매년 4월 22일은 정부 지정 새마을의 날이다.

1970년 10월부터 새마을운동은 전국 33,000여개의 자연부락에서 근면 · 자조 · 협동을 주요 정신으로 농한기 농촌마을 가꾸기 시범사업 형태로 시작한 농촌 중심의 새마을운동은 1977년에는 공장 새마을운동으로 전개되었다. 1979년에는 도시민의 의식개선운동으로 확대되면서 전국, 전 직장으로 새마을운동이 전개되었다. 당초 새마을운동은 농촌생활환경 개선운동으로 시작되었으나 소득증대운동으로 발전한 것이다. 이로 인해 1970년대 새마을운동 기록물은 유네스코 세계기록유산에 등재되어 있다.

정답 ②

11) 각국의 지역사회복지 발전 역사에 관한 내용으로 옳지 않은 것은?

① 미국: 1980년대 레이거노믹스로 중앙정부의 지역사회복지 예산축소

② 영국: 1990년대 지역사회보호법 제정

③ 일본: 1990년대 지역복지계획 수립 법제화

④ 한국: 2000년대 지역사회복지의 중앙집권 강화

⑤ 한국: 2000년대 지역사회복지계획 수립 의무를 법제화

한국은 2003년 7월 '사회복지사업법' 개정을 통해 각 지역의 실정에 맞는 사회복지서비스를 주도적으로 계획하고 수행할 수 있는 지역사회복지협의체를 구성 · 운영토록 하였다. 중앙집권이 아닌 지방분권화로 지방자치에 의한 복지를 실시하였다.

정답 ④

12) 우리나라 지역사회복지 발전과 관련한 내용의 연결로 옳지 않은 것은?

① 사회복지공동모금회 출범 – 민간 재원의 발굴

② 재가복지서비스 – 생활시설의 확대

③ 사회복지시설평가 – 기관운영의 효율성증대

④ 지방분권 – 지방자치단체의 복지 발전추구

⑤ 지역사회보장계획수립 – 지역복지욕구파악

해설

재가복지서비스는 생활시설 중심의 서비스에서 탈피하여 지역사회와 상호 보완하여 서비스를 개선해 나가자는 내용으로 정상화, 탈시설화의 이념에 따라 가정에서 가사, 간병, 자립지원 서비스를 제공하는 것이다. ② 생활시설이 아닌 이용시설을 확대해 나간다.

정답 ②

13) 인보관에 관한 설명으로 옳지 않은 것은?

① 세계 최초 인보관은 영국의 토인비홀이다.

② 일본의 인보관은 간다(神田)의 킹스레이관에서 시작되었다.

③ 우애방문 활동을 중심으로 전개하였다.

④ 주요 이념은 자유주의, 급진주의이다.

⑤ 빈곤문제 해결을 위하여 환경에 관심을 갖고 접근하였다.

해설

자선조직협회에서는 우애방문원을 활용하여 빈민층 교화를 위한 활동을 실시하였다.
우애방문 활동을 중심으로 진행했던 것은 자선조직협회(COS)이다.

정답 ③

14) 우리나라 지역사회복지 역사에 관한 설명으로 옳지 않은 것은?

① 오가통(五家統)은 지역이 자율적으로 주도한 인보제도이다.

② 두레는 촌락단위의 농민상호협동체이다.

③ 향약은 지역민의 순화, 덕화, 교화를 목적으로 한 자치적 협동조직이다.

④ 계(契)는 조합적 성격을 지닌 자연발생적 조직이다.

⑤ 품앗이는 농민의 노동력을 서로 차용 또는 교환하는 것이다.

오가통은 조선시대 세조 때 실시되었으며, 정부에 의해 어느 정도 강제성을 지닌 인보제도로 지역의 질서유지, 주민의 동태파악 등 오늘날의 반, 통조직과 유사한 점이 많은 인보, 구빈과 함께 지역통제 목적으로 실시한 제도였다.

정답 ①

15) 우리나라의 지역사회복지 발달에 관한 설명으로 옳은 것을 모두 고른 것은?

> ㄱ. 1950년대 – 외국공원조단체 한국연합회 조직
>
> ㄴ. 1960년대 – 최초 사회복지관 건립
>
> ㄷ. 1970년대 – 재가복지봉사센터 설치 및 운영
>
> ㄹ. 1990년대 – 16개 광역 시*도에 사회복지공동모금회 설립

① ㄱ, ㄴ, ㄷ　　② ㄱ, ㄷ　　③ ㄴ, ㄹ　　④ ㄹ　　⑤ ㄱ, ㄴ, ㄷ, ㄹ

1998년에 16개 광역시와 도에 사회복지 공동모금회가 설립되었다.

ㄱ. 1950년대 – 외국 민간 원조 단체 한국연합회 조직

ㄴ. 1920년대 – 최초 사회복지관 건립

ㄷ. 1990년대 – 재가복지봉사센터 설치 및 운영

정답 ④

16) 미국의 지역사회보호 발달 과정을 빠른 연대순으로 배치한 것은?

> ㄱ. 헐하우스 건립
>
> ㄴ. 자선조직협회 창설
>
> ㄷ. 지역공동모금을 위한 상공회의소의 자선연합회 출현
>
> ㄹ. 작은 정부 지향으로 복지에 대한 지방정부 책임 강조
>
> ㅁ. 빈곤과의 전쟁 선포로 사회복지에 대한 연방정부 역할 증대

① ㄱ-ㄴ-ㄷ-ㄹ-ㅁ　　② ㄱ-ㄴ-ㄷ-ㅁ-ㄹ　　③ ㄱ-ㄷ-ㄴ-ㄹ-ㅁ

④ ㄴ-ㄱ-ㄷ-ㅁ-ㄹ　　⑤ ㄴ-ㄷ-ㄱ-ㅁ-ㄹ

ㄴ. 자선조직협회 창설 – 1877년(커틴 목사)

ㄱ. 헐하우스 건립 – 1889년(제인 아담스)

ㄷ. 자선연합회(지역공동모금) 출현 – 1913년(상공회의소)

ㅁ. 빈곤과의 전쟁 선언 – 1960년(존슨 행정부)

ㄹ. 작은 정부 지향(지방정부 책임 강조) – 1980년(레이건 정부)

정답 ④

중요도 ★★★★　　　　　　　　　　　　　　　　　　　　　　　　　　　　　　　　(11회 기출)

17) 지역사회복지 전달체계 개편 과정을 순서대로 바르게 나열한 것은?

> ㄱ. 사회복지통합관리망 출범　　　　ㄴ. 보건복지사무소 시범사업
>
> ㄷ. 주민생활지원 서비스 시행　　　　ㄹ. 희망복지 지원단 운영
>
> ㅁ. 사회복지사무소 시범사업

① ㄱ-ㄴ-ㄷ-ㄹ-ㅁ　　　　② ㄴ-ㅁ-ㄱ-ㄷ-ㄹ　　　　③ ㄴ-ㅁ-ㄷ-ㄱ-ㄹ

④ ㅁ-ㄴ-ㄱ-ㄷ-ㄹ　　　　⑤ ㅁ-ㄴ-ㄷ-ㄱ-ㄹ

해설

전달체계 개편 순서

ㄴ. 보건복지사무소 시범사업: 1995년부터 1999년까지 4년 동안 전국 5개 지역에서 시범사업 실시

ㅁ. 사회복지사무소 시범사업: 2004년 7월부터 2006년까지 6월까지 서울 서초구, 강원 춘천시, 충북 옥천군 등 9개 시, 군, 구 지역에 사회복지사무소 시범사업 실시

ㄷ. 주민생활지원 서비스 시행: 2006년 7월부터 복지서비스 전달체계가 주민생활지원서비스 제공방식으로 개편

ㄱ. 사회복지통합관리망 출범: 2010년 1월 4일부터 사회복지통합관리망 '행복 e음' 개통

ㄹ. 희망복지 지원단 운영: 2012년 4월부터 시, 군, 구별로 조직 및 운영시기 등의 차이가 있으나 상반기 준비기간을 거쳐 하반기 부터는 전국 203개 시, 군, 구에서 희망복지지원단이 설치, 운영

정답 ③

중요도 ★★★★　　　　　　　　　　　　　　　　　　　　　　　　　　　　　　　　(11회 기출)

18) 최근 지역사회복지에서 해결해야 할 과제로 옳은 것을 모두 고른 것은?

> ㄱ. 지역사회복지계획의 실효성 제고
>
> ㄴ. 복지재정분권화로 인한 지역 간 사회복지재정의 불균형 해소
>
> ㄷ. 민간복지 전달체계의 네트워크 강화
>
> ㄹ. 중앙정부 중심의 통합적 서비스 체계 구축
>
> ㅁ. 사회복지사무소 시범사업

① ㄱ, ㄴ, ㄷ　　　② ㄱ, ㄷ　　　③ ㄴ, ㄹ　　　④ ㄹ　　　⑤ ㄱ, ㄴ, ㄷ, ㄹ

ㄹ. 지방재정분권으로 인해 사회복지사업 중 상당부분이 지방으로 이양되었다.

ㅁ. 사회복지사무소 시범사업은 2004년부터~2007년까지 9개 지역에서 실시되었다.

중앙정부는 지방이양사무에 필요한 재정을 지방정부에 이전하기 위하여 2004년 12월 지방교부세법 개정으로 분권교부세를 신설 (2005년 분권교부세 도입)하였다. 사회복지서비스 공급에서 지방정부의 책임성과 자율성이 강화되었다. 중앙정부 중심의 통합적 서비스체계 구축은 맞지 않다.

정답 ①

19) 자선조직협회에 관한 설명으로 옳은 것은?

① 가난의 책임은 개인에게 있다고 여겼다

② 급진적 이데올로기로 설명된다

③ 바네트(Barnet) 목사가 주도했고, 옥스퍼드대 학생과 교회청년들이 참여했다.

④ 서비스 조정보다 서비스 직접 제공에 역점을 두었다.

⑤ 헐하우스(Hull House)와 같은 형태가 있다

자선조직협회는 빈곤의 원인이 개인적 성격이나 생활방식에 있다고 보았다. 사회개혁이 개인의 쇄신으로 시작 되어야 한다고 믿었다.

이 시기는 복지의 선별적인 요소로 국가의 개입보다는 개인의 책임을 중시하여, 보수주의적이었다.

정답 ①

20) 2000대에 이후 한국의 지역사회복지에 대한 설명으로 옳지 않은 것은?

① 지역사회복지 협의체에서 지역사회복지계획을 심의한다.

② 아동복지법으로 개정으로 지역아동센터가 아동복지시설로 바뀌었다.

③ 국민기초생활보장법의 개정으로 중앙자활센터가 생겼다.

④ 사회복지공동모금회법의 제정으로 다른 기부금품 모집자와 협력사업이 시작되었다.

⑤ 지역사회복지협의체에서 실무분과가 생겼다.

④ 사회복지공동모금회법의 제정으로 다른 기부금품 모집자와의 협력 사업이 시작된 것은 1990년대 말이다

①, ⑤ 지역사회복지협의체는 대표협의체, 실무협의체, 실무분과 등으로 구성되며 지역사회복지협의체에서의 지역사회복지계획 심의는 2005년부터 이루어졌다.

② 아동복지법이 2004년 개정되어 아동복지시설로 바뀌었다.

③ 국민기초생활보장법의 개정으로 중앙자활센터의 설치 근거가 마련된 것은 2006년 12월이다.

정답 ④

중요도 ★★

21) 인보관 활동에 대한 설명으로 옳은 것은?

① 지역주민 대상 교육

② 가치 있는 빈민과 가치 없는 빈민으로 구분

③ 자선기관의 서비스 조정

④ 사회조사의 실시

⑤ 우애방문원을 통한 사례개입

해설

인보관 활동가들은 지역사회의 주민들과 함께 생활하면서 이들을 위한 사회교육 집단 활동, 공동 활동, 연구조사, 지역의 문제들을 상호 의논하여 해결하려고 노력했다.

②, ③, ④, ⑤: 자선조직협회에 대한 설명

정답 ①

중요도 ★★★

22) 미국 지역사회복지 역사에 대한 설명으로 옳은 것은?

> ㄱ. 제1차 세계대전 이후 공동모금 활성화
>
> ㄴ. 인보관은 다양한 사회문제에 대처하기 위해 활동
>
> ㄷ. 자선조직협회는 기관 간 서비스의 조정을 실시
>
> ㄹ. 1990년대 이후에는 지역사회조직에 기초한 옹호적 접근을 강조

① ㄱ, ㄴ, ㄷ   ② ㄱ, ㄷ   ③ ㄴ, ㄹ   ④ ㄹ   ⑤ ㄱ, ㄴ, ㄷ, ㄹ

해설

미국의 지역사회복지에서 1990년대에는 지역사회조직과 지역사회에 기초한 옹호적 접근보다는 사회복지기관의 행정과 계획, 평가 등이 강조되고 있다.

정답 ①

제4장 지역사회복지의 실천 이론

01) 다음 설명에 해당하는 지역사회복지 실천이론은?

> A사회복지사는 결혼이주여성들을 지원하는 과정에서 그들의 행동에 영향을 미쳤던 자국의 사회, 경제 및 정치적 구조를 이해하고 그들의 문화적 가치와 규범에 대한 의미를 해석해야 한다.

① 사회연결망이론   ② 사회교환이론   ③ 사회구성론
④ 권련의존이론   ⑤ 갈등이론

해설

사회구성론의 관점에서 고려할 사항
• 역사: 문화, 사회적 맥락과 구조에 관심
• 권력기관, 제도의 억압적인 영향에 대하여 이해하고 지식과 이론을 개발
• 사회: 경제, 정치적 구조에 대한 이해, 클라이언트의 문화적 가치, 규범 이해
• 다양한 문화에 대한 지속적, 집중적 대화 과정 강조
• 소수자에 대한 억압 구조를 해석 등이다.

정답 ③

02) 다음을 설명하는 지역사회복지 이론과 관계없는 것은?

> 독거노인과 지역대학생 1:1 관계망 프로그램을 통한 지역사회 노인 자살률 감소 및 노인 문제 관심도 향상

① 진화   ② 참여   ③ 호혜성   ④ 네트워크   ⑤ 교환

해설

사회자본이론은 개인이나 조직 및 지역사회의 연결과 참여를 구축하는 행위가 지역사회의 협조와 협력의 토대를 형성한다고 보아서 지역사회 내 사회관계에 내재된 자원을 사회적 자본이라 간주하고 신뢰, 호혜성, 네트워크 공유된 인지 등을 강조한다. 진화를 강조하는 이론은 조직군생태학이론이다.

정답 ①

중요도 ★★★

03) 다음은 도농복합지역 A시의 최근 10년간 사회지표 분석결과다. 이를 설명하는 이론은?

> 원도심 지역은 공동화가 이루어지면서 노인가구 및 1인 가구 증가율이 급상승한
> 반면, 농촌지역은 공공기관 이전으로 인구의 평균연령이 낮아져 A시가 계층화되
> 고 있는 것으로 나타났다.

① 생태체계이론   ② 사회연결망이론   ③ 사회구성론
④ 사회교환이론   ⑤ 다원주의이론

해설

생태체계이론에서는 인간과 환경, 그리고 그 둘의 상호작용에 초점을 맞추어 개인, 가족, 집단, 조직뿐 아니라 지역사회의 영향력
을 강조한다. 지역사회의 변화과정을 역동적으로 설명하기 위해 경쟁, 중심화, 분산, 분리 등의 다양한 개념들을 사용하는데 농촌
지역이 공공기관 이전으로 인구의 평균 연령이 낮아지게 된 것은 생태체계이론의 분산의 개념으로 설명할 수 있다.

정답 ①

중요도 ★★★

04) 다음 사례를 설명할 수 있는 지역사회복지 이론은?

> 사회복지관은 생존 차원에서 외부 재정지원을 필요로 하지만 재정지원자의 요구
> 를 무시하기 어렵다. 이런 상황에서 A사회복지관은 기관운영 재원을 마련하기 위
> 해 다양한 후원 기관을 발굴하였고, 이를 통해 직원들은 사업운영의 자율성이 확
> 대되는 것을 경험하였다.

① 생태학이론   ② 사회구성론   ③ 기능주의이론
④ 권력의존이론   ⑤ 사회체계이론

해설

권력의존이론은 지역사회에 있는 집단이나 조직들이 힘을 얻고 분산하면서 지역사회가 발전한다는 점을 강조한다. 지역사회의 발
전은 권력의 소유 여부에 달려 있다고 본다. 중앙정부와 지방자치단체의 권력관계는 소유한 자원의 크기에 의해서 지방자치단체
가 중앙정부에 의존적일 수밖에 없다는 것이다.

정답 ④

중요도 ★★★★★

05) 다음 설명과 관련된 지역사회복지 이론은?

- 다양한 집단과 조직이 이익을 표출함으로써 정책과정에 영향을 미칠 수 있다.
- 지역사회복지정책은 이익집단들 간의 갈등과 타협의 산물로 간주한다.
- 지역사회복지정책 결정은 이익집단들의 상대적 영향력 정도에 따라 달라진다.

① 구조기능론 ② 교환이론 ③ 상호작용론
④ 역할이론 ⑤ 다원주의이론

해설

다원주의이론에서는 다원화된 현대사회에서 각 개인은 특정목표를 중심으로 여러 집단과 조직을 구성하면서 이익을 표출하는 것을 통해 정책과정에 영향을 미칠 수 있다고 주장하며 사회를 이끄는 집단이 소수의 엘리트 집단이 아니라 다양한 다수의 이익집단들이라고 본다. 다원주의이론은 사회복지정책의 내용과 형태가 이익집단들의 상대적 영향력의 정도에 따라 달라진다고 보며, 사회복지정책은 이러한 이익집단들 간의 갈등과 타협의 산물로 간주한다.

정답 ⑤

중요도 ★★★ (15회 기출)

06) 사회자본이론 내용에 관한 설명으로 옳지 않은 것은?

① 사회적 교환관계에 내재된 자본이다. ② 수평적 관계에서 형성된다.
③ 자본의 총량은 고정적이다. ④ 구성원 일부가 아닌 모두에게 공유된다.
⑤ 호혜적 문화를 기초로 형성된다.

해설

사회자본은 다른 경제적 거래처럼 동등한 가치를 가진 것 사이의 교환이 아니며 개인이나 조직 및 지역사회의 연결과 참여를 구축하는 행위가 지역사회의 협조와 협력의 토대를 형성한다고 본다. 지역사회 내 사회관계에 내재된 자원을 사회적 자본이라 간주하며, 신뢰, 호혜성, 네트워크, 공유된 인지 등을 강조한다. 사회 자본은 사용하면 사용할수록 총량이 증가하는 특성이 있다.

정답 ③

중요도 ★★★★ (14회 기출)

07) 지역사회에 관한 기능주의 관점을 설명한 것으로 옳은 것을 모두 고른 것은?

ㄱ. 사회는 항상 불안하다고 전제한다.
ㄴ. 조화, 적응, 안정, 균형을 중시한다.
ㄷ. 소수엘리트에 의한 주도적 가치판단을 중시한다.
ㄹ. 사회변화가 점진적으로 이루어진다고 전제한다.

① ㄱ, ㄴ, ㄷ ② ㄱ, ㄷ ③ ㄴ, ㄹ ④ ㄹ ⑤ ㄱ, ㄴ, ㄷ, ㄹ

기능주의이론은 조화, 적응, 안정, 균형을 중시한다.

ㄴ. 지역사회는 여러 제도로 구성되어 있으나 그 제도들은 합의된 가치와 규범에 따라 조화, 적응, 안정, 균형을 중시한다.

ㄹ. 사회변화는 점진적, 개량주의적으로 진행되며 체제유지를 위해 공동체 의식을 강조한다.

ㄱ. 사회의 모든 구성요소는 균형 또는 안정 지향적이다.

ㄷ. 사회는 각 부분들의 합의된 가치에 따라 변화한다. 소수 엘리트의 판단을 중시하지 않는다.   정답 ③

중요도 ★★★★   (14회 기출)

08) 지역사회복지 이론에 관한 설명으로 옳지 않은 것은?

① 지역사회상실이론: 과거의 지역사회 공동체는 이상적인 것으로 복구될 수 없는 잃어버린 세계로 간주한다.

② 사회체계이론: 지역사회를 하나의 체계로 간주하고 지역사회화 환경의 관계를 설명한다.

③ 생태이론: 지역사회의 변화과정을 역동적으로 설명하기 위해 경쟁, 중심화, 분산, 분리 등의 다양한 개념들을 사용한다.

④ 갈등주의이론: 사회적으로 구성된 지식을 교환 가능한 자원을 매개로 사회적 행동을 추구하고자 한다.

⑤ 지역사회개방이론: 사회적 지지망의 관점에 비공식적인 연계를 강조한다.

교환 가능한 자원을 매개로 사회적 행동을 추구하고자 하는 것은 자원동원이론이다.

갈등주의이론은 지역사회의 권력과 정치, 경제, 재산 등 자원이 불평등하게 배분된 상황에서 갈등은 불가피하므로 이러한 갈등을 해결해 나가는 과정에서 사회변화가 일어난다고 보는 것이다.   정답 ④

중요도 ★★★   (14회 기출)

09) 지역사회 권력구조를 설명하는 정치적 의사결정 모델 중 다음에 해당되는 것은?

> 지역사회에서 주요 의사결정이 이익집단들의 경쟁과정을 통해 최종정책이 결정되는 점을 전제로 한다. 이런 의미에서 지방자치단체나 지방의회의 주요 역할은 이익집단들 간의 경쟁이나 갈등을 중재하는 것으로 볼 수 있다.

① 다원주의 의사결정 모델   ② 엘리트주의 의사결정 모델

③ 신엘리트주의 의사결정 모델   ④ 공공선택 의사결정 모델

⑤ 시민선택 의사결정 모델

다원주의이론은 사회를 이끄는 다양한 이익 단체들과 집단이 권력을 가지려고 경쟁하며 정책결정에 영향을 미치려 한다는 시장 논리에 근거하여 개발된 이론이다. 사회복지정책의 내용과 형태는 이익집단들의 상대적 영향력의 정도에 따라 달라진다고 간주하며, 사회복지정책 역시 이러한 이익집단들 간의 갈등과 타협의 산물이라고 본다.

정답 ①

10) 다음에서 설명하는 지역사회복지 실천이론은?

> • 지역사회는 공간을 점유하는 인간 집합체로서 경쟁, 중심화, 분산 및 분리 등의 현상이 존재한다.
> • 지역사회의 변화과정을 역동적 진화과정으로 설명할 수 있다.

① 갈등이론   ② 사회자본이론   ③ 생태이론
④ 자원동원이론   ⑤ 사회체계이론

생태이론이 중요하게 다루는 개념은 환경에 대한 적응과 지역사회의 변천과정을 역동적으로 설명하는데 유용하다. 생태이론은 개인이나 지역사회가 직면하고 있는 주변 환경과의 상호작용과 이에 따른 변화와 역동을 중요하게 다룬다.

정답 ③

11) 사회복지사는 아동보호를 위한 마을 만들기 지원사업을 시작하기 위해 지역사회복지 이론에 기초한 실천을 계획하였다. 다음 중 옳은 것을 모두 고른 것은?

> ㄱ. 사회체계이론의 관점에서 학교나 병원과 같은 아동 관련 하위체계를 조사하고 방문할 계획이다.
> ㄴ. 생태이론의 관점에서 과거부터 지금까지의 아동 관련 지역사회활동을 조사할 계획이다.
> ㄷ. 사회자본이론의 관점에서 아동이 살기 좋은 마을은 모두에게 안전한 마을이라는 슬로건하에 지역사회의 호혜성을 강화 할 계획이다.
> ㄹ. 갈등주의이론의 관점에서 학부형의 연대가 중요하므로 비학부형은 참여대상에서 제외할 계획이다.

① ㄱ, ㄴ, ㄷ   ② ㄱ, ㄷ   ③ ㄴ, ㄹ   ④ ㄹ   ⑤ ㄱ, ㄴ, ㄷ, ㄹ

ㄱ. 사회체계이론에서는 하위체계를 동시에 고려한다.

ㄴ. 생태학이론관점은 사회환경의 변천과정을 역동적으로 설명하는데 유익하다.

ㄷ. 사회적 자본은 신뢰와 상호호혜성과 같은 문화적 요소를 결합하고 활용하여 생성된 자본형태를 말한다.

ㄹ. 갈등주의이론은 갈등, 긴장, 논쟁을 강조한다.   정답 ①

(13회 기출)

12) 사회자본(social capital)이 갖는 특성으로 옳지 않은 것은?

① 사용할수록 총량이 감소한다.

② 동시에 교환되는 것을 전제로 하지 않는다.

③ 한번 획득 되더라도 언제든지 사라질 수 있다.

④ 보상에 대한 믿음이 존재할 수 있다.

⑤ 관계를 맺고 있는 지역사회 주민들과 이익이 공유 될 수 있다

사회자본은 물리적 자본과 대비되는 개념으로 사회적 신뢰, 규범, 네트워크 등의 저량을 뜻하는 것으로 사용할수록 총량은 증가하는 특성을 가지고 있다.   정답 ①

(12회 기출)

13) 다음에서 설명하는 지역사회복지 실천이론은?

> • 사회운동을 발전시키기 위하여 회원들을 적극적으로 참여하도록 독려한다.
> • 조직의 발전을 위해서 구성원 모집, 자금 확충, 직원 고용에 힘쓴다.
> • 외부체계와의 종속관계를 약화시키기 위하여 회원의 수를 늘린다.

① 상호조직이론   ② 자원동원이론   ③ 생태체계이론

④ 사회연결망이론   ⑤ 사회체계이론

자원동원은 인적, 물적 자원을 외부에서 내부로 연결시켜 사용하는 이론이다. 조직이 활성화되기 위해서는 자원이 필요하며 자원의 유무에 따라 사회운동의 성패가 결정되는 것으로 본다.

정답 ②

(12회 기출)

14) 하드캐슬(Hardcastle)이 제시한 전략 중 A 정신보건센터가 사용한 전략은?

A정신보건센터는 B 정신병원으로부터 클라이언트를 의뢰받고 있다. 최근에는 B 정신병원이 클라이언트를 의뢰해 주는 조건으로, 입원환자들을 위한 상담서비스에 A 정신보건센터의 자원봉사자를 활용할 수 있도록 요구하였다. A정신보건센터는 현재의 자원봉사인력을 고려할 때, 이러한 조건을 들어주기가 어려웠다. 이에 인근에 있는 C정신병원과 새롭게 연계하여 필요한 클라이언트를 의뢰받기로 하였다.

① 경쟁　　　② 연합　　　③ 강압　　　④ 타협　　　⑤ 호혜

해설

A정신보건센터가 사용한 전략은 경쟁 전략에 해당한다. 경쟁전략은 A로 하여금 B와의 교환보다는 다른 방법을 찾도록 하는 것이다.　　　　　정답 ①

중요도 ★★★　　　　　　　　　　　　(11회 기출)

15) 다음에서 설명하는 지역사회복지 실천이론은?

- 지역사회가 변화에 순응하면 살아남고 순응하지 못하면 도태된다는 자연의 섭리를 강조.
- 중심화나 분산 등의 개념을 사용하여 지역사회의 변화과정을 역동적으로 설명할 수 있음.

① 사회체계이론　　　② 생태이론　　　③ 자원동원이론
④ 교환이론　　　　　⑤ 사회체계이론

해설

생태이론은 인간과 환경의 관계를 독립적이고 일방적인 관계로 보지 않으며 인간과 환경의 상호작용에 초점을 둔다. 지역이 변화에 순응하면 살아남고 순응하지 못하면 도태됨을 강조한다.　　　　　정답 ②

중요도 ★★★　　　　　　　　　　　　(11회 기출)

16) 자원동원 이론에 관한 설명으로 옳은 것은?

① 사회적 불만의 팽배가 사회운동의 직접적 원인 이다.

② 지역사회의 신뢰, 네트워크, 호혜성을 강조한다.

③ 의사결정시 각 조직간의 자원불균형을 고려하지 않는다.

④ 자원동원 이론은 힘의존이론(powerdependencytheory)에 영향을 받았다.

⑤ 자원에는 연대성이 포함 되지 않는다.

자원동원이 조직의 발전에 영향을 미칠 수 있다고 보는 이론은 자원동원이론이다. 어떻게 힘을 얻고, 어떻게 분산할 것인가를 강조한 힘의존이론에 의해 영향을 받았다.

정답 ④

(10회 기출)

17) 교환이론에서 하드캐슬(hardcastle) 등이 제시한 권력균형 전략은?

① 경쟁, 재평가, 구조화

② 상호호혜, 지역사회개발, 연합

③ 자원개발, 상호호혜, 강압

④ 경쟁, 연합, 평가

⑤ 구조화, 재평가, 강압

하드캐슬, 워노커, 파워스는 교환상의 불균형을 수정하기 위해 취할 수 있는 힘균형전략으로 5가지를 제시하였는데, 경쟁, 재평가, 호혜성, 연합, 강제 등이 있다.

정답 ④

(10회 기출)

18) 지역사회복지에서 갈등이론에 관한 설명으로 옳은 것을 모두 고른 것은?

> ㄱ. 호만스와 블라우에 의해 형성된 이론이다.
> ㄴ. 지역사회복지실천은 불평등 관계를 바꾸고자 한다.
> ㄷ. 인간이 환경과 교류하며 적응과 진화를 한다는 견해이다.
> ㄹ. 알린스키의 지역사회조직 활동에 영향을 미쳤다.

① ㄱ, ㄴ, ㄷ   ② ㄱ, ㄷ   ③ ㄴ, ㄹ

④ ㄹ   ⑤ ㄱ, ㄴ, ㄷ, ㄹ

갈등주의이론은 불평등한 관계에서 발생하는 갈등을 사회변화의 원동력으로 간주한다. 그리고 지역사회복지실천은 불평등 관계를 변화하는 의도적 활동으로 본다. 알린스키는 갈등주의이론을 지역사회 조직화에 적용하였다.

ㄱ – 호만스와 블라우가 개발한 이론은 교환이론

ㄷ – 생태이론

정답 ③

19) 이론이 순서대로 나열한 것은?

> ㄱ. 지역사회 하부체계 간의 상호작용을 중시한다.
>
> ㄴ. 지역사회 안팎의 역동적 변화에 대한 현상을 설명한다.
>
> ㄷ. 사회운동 조직들의 역할과 한계를 설명한다.
>
> ㄹ. 모든 현상에 대한 객관적 진실이 존재한다는 점에 의구심을 던진다.

① 생태학이론 – 체계이론 – 사회구성론 – 사회교환론

② 갈등이론 – 사회구성론 – 체계이론 – 사회교환론

③ 체계이론 – 생태이론 – 사회구성론 – 자원동원론

④ 체계이론 – 생태이론 – 자원동원론 – 사회구성론

⑤ 사회교환론 – 사회구성론 – 생태이론 – 자원동원론

해설

ㄱ. 지역사회 하부체계 간의 상호작용을 중시하는 것은 체계이론

ㄴ. 지역사회 안팎의 역동적 변화에 대한 현상을 설명하는 것은 생태이론

ㄷ. 사회운동 조직들의 역할과 한계를 설명하는 것은 자원동원론

ㄹ. 모든 현상에 대한 객관적 진실이 존재한다는 점에 의구심을 던지는 것은 사회구성론

정답 ④

제5장 지역사회복지실천 모델

01) 다음 예시문의 (   )에 들어갈 내용을 옳게 나열한 것은?

> 지역사회복지실천의 효과성을 높이기 위해 로스만(J. Rothman)의 모델을 순차적으로 적용해 볼 수 있다. 즉, (ㄱ)모델로 지역사회 내의 자원배분과 권력의 이양을 성취한 후, 고도의 복잡한 지역사회를 조사·분석하고 해결 방안을 모색하기 위해 (ㄴ)모델을 적용할 수 있다.

① ㄱ: 사회행동, ㄴ: 사회계획

② ㄱ: 지역사회개발, ㄴ: 계획

③ ㄱ: 사회행동, ㄴ: 근린지역의 지역사회조직

④ ㄱ: 근린지역의 지역사회조직, ㄴ: 계획

⑤ ㄱ: 연합, ㄴ: 사회계획

해설

로스만은 지역사회개발, 사회계획, 사회행동의 각 모델의 내용을 활용해 보면 ㄱ은 사회행동모델을 적용하고 ㄴ은 사회계획모델을 적용할 수 있다.   정답 ①

02) 웨일과 갬블(M. Weil & D. Gamble)이 제안한 프로그램 개발과 지역사회연계 모델에서 사회복지사의 역할로 옳게 묶인 것은?

① 대변자, 계획가, 중재자   ② 계획가, 관리자, 프로포절 제안자

③ 대변자, 조직가, 촉진자   ④ 관리자, 대변자, 교육자

⑤ 협상가, 전문가, 프로포절 제안자

해설

웨일과 갬블의 지역사회복지 실천모델 중 프로그램 개발과 지역사회연계모델에서 사회복지사의 역할로는 계획가, 사업계획 작성자, 대변자, 중재자, 촉진자, 관리자, 감독자, 평가자 등이다.

프로그램 개발과 지역사회연계 모델의 목표는 지역사회 서비스의 효과성을 향상시키기 위한 기관 프로그램의 확대, 새로운 서비스 기획이다. 이와 관련하여 사회복지사의 역할을 계획가, 관리자, 프로포절 제안자, 발표자 등으로 보았다.

정답 ②

중요도 ★★★

03) 로스만(J. Rothman)의 지역사회개발모델에 관한 설명으로 옳은 것은?

① 지역사회 주민의 광범위한 참여를 전제한다.

② 조력자, 촉매자, 조정자로서의 사회복지사 역할을 강조한다.

③ 과업의 성취보다는 과정중심 목표에 중점을 둔다.

④ 변화의 매개체로 과업지향적인 소집단을 활용한다.

⑤ 변화전략은 표적대상에 대한 조치를 취할 수 있도록 주민을 동원하는 것이다.

해설

변화전략이 표적대상에 대한 조치를 취할 수 있도록 주민을 동원하는 것은 사회행동모델이다. 지역사회모델의 변화전력은 자신의 문제규정과 해결에 있어서 광범위한 사람들이 참여하는 것이며, 사회계획모델의 변화전략은 문제에 대한 사실 수집과 가장 합리적인 행동조치에 대해 결정하는 것이다.　　　　　　　　　　　　　　　　　정답 ⑤

중요도 ★★★★★

04) 다음 설명에 해당하는 테일러와 로버츠(S. Taylor & R. Roberts)의 지역사회복지 실천모델은?

> • 갈등이론과 다원주의 사회에서의 다양한 이익집단의 경쟁원리에 기초한다.
> • 시민의 참여를 보장하고 극대화하는 데 중요한 목적이 있다.
> • 전문가들은 교육자, 자원개발자, 운동가의 역할을 한다.

① 프로그램 개발 및 조정　　　② 계획　　　　　　　　③ 지역사회연계

④ 지역사회개발　　　　　　　⑤ 정치적 권력강화

해설

정치적 권력강화(정치적 역량강화) 모델은 로스만의 사회행동모델과 밀접히 관련된 것으로, 갈등주의이론과 다원주의 사회에서의 다양한 이익집단의 경쟁원리에 기초하고 있다.　　　　　　　　　　　　　　　정답 ⑤

중요도 ★★★★★

05) 웨일과 갬블(M. Weil & D. Gamble)의 지역사회복지실천모델에 관한 설명으로 옳은 것을 모두 고른 것은?

> ㄱ. 사회운동모델: 성취목표는 특정 대상집단 또는 이슈 관련 사회정의를 위한 행동이다.
> ㄴ. 근린지역사회조직모델: 사회복지사의 역할은 정보전달자, 관리자 등이다
> ㄷ. 사회계획모델: 관심영역은 특정 욕구를 가진 대상자를 위한 서비스 개발이다.
> ㄹ. 정치·사회행동 모델: 일차적 구성원은 선출된 공무원, 사회복지기관 등이다.

① ㄱ   ② ㄱ, ㄴ   ③ ㄴ, ㄷ   ④ ㄷ, ㄹ   ⑤ ㄱ, ㄷ, ㄹ

웨일과 갬블은 근린지역의 지역사회 조직모델, 기능적 지역사회 조직모델, 지역사회의 사회적·경제적 개발 모델, 사회계획모델, 프로그램 개발과 지역사회 연계 모델, 정치·사회적 행동화 모델, 연대(연합)모델, 사회운동모델을 제시하였다. 이 중 사회운동모델은 특정 인구집단이나 현안 문제에 새로운 패러다임을 제공하는, 사회정의를 위한 행동화를 강조한다.

ㄴ. 사회계획모델
ㄷ. 프로그램개발과 지역사회연계 모델
ㄹ. 사회계획모델

정답 ①

중요도 ★★★★★   **(16회 기출)**

06) 다음 상황에 해당하는 사회복지사의 실천기술 내용이 아닌 것은?

> 마을축제 개최를 위해 사회복지사는 지역주민을 조직화하여 주민 스스로 계획, 홍보 및 진행을 하게 하였다.

① 주민의 자발적 참여 유도   ② 주민 역량 강화
③ 지역사회 특성 및 반영   ④ 취약계층 권리 대변
⑤ 주민들 갈등 시 중재

조직화는 지역 주민에 대해서도 사회참여 과정에서 사회적 약자를 특별한 존재가 아닌 동등한 인격체라고 인식할 수 있도록 돕고, 그들의 역량을 최대화하여 지역사회 문제의 예방 및 해결 활동에 적극 참여할 수 있도록 지원하는 것을 목적으로 한다.

취약계층 권리 대변은 옹호 기술에 해당한다.

정답 ④

중요도 ★★★   **(15회 기출)**

07) 로스만(J. Rothman)의 지역사회복지 실천모델 중 지역사회개발모델에 관한 설명으로 옳은 것은?

① 사회복지사의 역할은 분석전문가이다
② 수급자 역할의 개념을 소비자로 본다.
③ 변화전술과 기법은 합의와 집단토의이다.
④ 수급자 체계 범위는 약물중독과 같은 특정 집단이다.
⑤ 제도의 변화를 목표로 한다.

지역사회개발모델의 기본변화전술과 기법은 자신의 문제결정 및 해결에 다수의 사람이 참여하는 것이며 합의(consensus)와 집단토의를 사용한다.

정답 ③

(15회 기출)

08) 다음에서 설명하는 웨일과 갬블(Weil & Gamble)의 지역사회복지실천모델은?

- 목표는 프로그램의 방향 또는 자원을 최대한 끌어낼 수 있는 조직기반
- 변화의 표적체계는 선출된 공무원, 재단, 정부기관
- 일차적 구성원은 특정 이슈에 이해관계가 있는 조직
- 사회복지사의 역할은 중재자, 협상가, 대변인

① 연합   ② 정치적 권력 강화   ③ 근린지역사회조직
④ 기능적인 지역사회조직   ⑤ 프로그램의 개발과 조정

연합모델의 목표는 연합의 공통 이해관계에 대응할 수 있는 자원 동원의 잠재력을 동원시키고 분리된 집단 및 조직을 사회변화에 동참시키는 데 있다. 이 모델의 목표는 연합의 공동 이해관계에서 대응할 수 있는 자원동원의 잠재력을 증진시키고, 사회적 프로그램의 방향에 영향을 미칠 수 있는 다조직적인 권력기반을 구축하는 것이다. 사회복지사의 역할은 전문적 또는 휴먼서비스 연합에서의 지도자와 대변인이며, 사회복지사는 연합을 만들고 유지하기 위해서 중개와 협상기술이 필요하다.

정답 ①

(14회 기출)

09) 다음 내용에서 사용되어지고 있는 로스만(J. Rothman)의 지역사회복지실천모델의 적용으로 옳은 것은?

사회복지사로 종사하는 '갑'은 지역 내에 독거노인들이 급격히 증가하면서 여러 가지 생활 어려움에 직면해 있는 현실을 직시하고, 동시에 관련 자료의 수집 및 분석과 분야의 전문가들을 만나서 설명과 그 문제해결을 위한 모임을 갖기로 하였다. 그리고 지역주민들이 참여하는 토론회 개최 등을 통해 문제해결방안을 모색한다.

① 사회행동모델, 지역사회개발모델   ② 사회행동모델, 사회계획모델
③ 지역사회개발모델, 사회계획모델   ④ 지역사회개발모델, 사회운동모델
⑤ 사회운동모델, 사회계획모델

해설

지역 내 클라이언트를 직접 대면해서 자료의 수집 및 분석과 분야의 전문가를 만나 설명과 문제해결을 위한 모임을 갖는 것은 사회계획 모델이며, 지역주민들이 참여하는 토론회 개최 등을 통해 문제해결방안을 모색한 것은 지역사회개발모델이다. 정답 ③

중요도 ★★★ (14회 기출)

10) 테일러와 로버츠(S. H. Taylor & R. W. Roberts)의 지역사회복지 실천모델이 아닌 것은?

① 정치적 권력강화 ② 지역사회개발 ③ 지역사회연계
④ 연합 ⑤ 계획

해설

테일러(S. H. Taylor)와 로버츠(R. W. Roberts)는 로스만의 기본 모델을 중심으로 2가지의 모델을 새로 추가하여 프로그램 개발 및 조정모델, 계획모델, 지역사회연계모델, 지역사회개발모델, 정치적 역량강화모델의 5가지 모델을 제시하였다.

오답노트

④ 연대(연합)모델은 웨일(Doroty N. Weil)과 갬블(Marie Gamble)의 지역사회복지실천모델에 속한다. 정답 ④

중요도 ★★★ (13회 기출)

11) 다음은 테일러와 로버츠(Taylor&Roberts)의 지역사회복지실천 모델 중 어떤 모델에 관한 설명인가?

> 합리적 기획모델에 기초한 조사전략 및 기술을 강조한다. 특히 사람들과의 상호교류적 노력을 강조하고, 옹호적이며 진보적인 접근을 포함한다.

① 정치적권력강화 ② 프로그램 개발 및 조정 ③ 지역사회개발
④ 계획 ⑤ 지역사회연계

해설

계획모델은 초기 사회계획모델을 인간지향적인 측면을 강조하도록 수정한 것으로 조직의 과정의 관리, 영향력의 발휘, 대인 관계 등의 과정 지향적인 기술뿐 아니라 설계 및 실행과 같은 과업 지향적인 기술적 측면도 강조한다. 기획에 있어 사람들과 상호교류적인 노력을 강조하고 보다 옹호적이며 진보적인 정치적 접근을 포함하고 있다. 정답 ④

중요도 ★★★ (13회 기출)

12) 다음은 지역사회복지의 실천모델 중 어떤 모델에 관한 설명인가?

> 웨일과 갬블이 제시한 모델로 사회적, 경제적 환경의 변화를 위한 구성원의 능력 개발을 목표로 하며, 사회복지사의 주된 역할은 조직가, 교사, 촉진자이다.

236

① 근린 지역사회조직　　　② 사회계획　　　③ 정치적 권력 강화

④ 지역사회 연계　　　⑤ 프로그램 개발 및 조정

해설

근린 지역사회조직 모델은 지리적으로 가까운 지역사회조직에 초점을 두고 있으며 사회적, 경제적 환경의 변화를 위한 구성원의 능력개발과 과업수행이라는 두 가지 목표를 강조한다. 사회복지사는 조직가, 교사, 코치 그리고 촉진자로서 역할을 수행한다.

정답 ①

(13회 기출)

중요도 ★★★★

13) 다음은 로스만(J. Rothman)의 지역사회조직 모델 중 어떤 모델에 관한 설명인가?

- 변화 매개체로서 과업지향의 소집단을 활용한다.
- 권력구조에 있는 구성원을 협력자로 인식한다.
- 기본 변화전력은 자신의 문제결정 및 해결에 다수의 사람이 참여하는 것이다.
- 변화전술로 합의를 사용한다.

① 지역사회연계　　　② 사회행동　　　③ 사회계획 및 정책

④ 연합　　　⑤ 지역사회개발

해설

변화 매개체와 관련하여 지역사회개발 모델에서는 지역사회의 변화를 위한매개체가 과제지향적인 소집단 간의 조종으로 지역주민들의 사회적 분리를 위해서 각 소집단 간에 합리적인 조작의 매가가 필요하다고 본다. 사회계획 모델에서는 공식조직 내 전문가에 의한 관련 자료의 조종으로 보며, 사회 행동 모델에서는 정치적 과정과 대중조직의 조종으로 본다.

정답 ⑤

(13회 기출)

중요도 ★★★★★

14) 지역사회복지실천 모델 중 테일러와 로버츠(Taylor&Roberts)모델에 해당하는 것을 모두 고른 것은?

ㄱ. 로스만(Rothman)의 기본 3가지 모델을 분화하여 지역사회복지실천 모델을 5가지 유형으로 구분하였다.

ㄴ. 이 모델의 특징은 후원자의 의사결정 영향정도를 구체적으로 구분하였다는 것이다.

ㄷ. 정치적 권력강화 모델은 로스만의 사회행동모델과 유사하다.

ㄹ. 지역사회연계 모델은 후원자가 클라이언트보다 더 많은 결정권한이 있다.

① ㄱ, ㄴ, ㄷ   ② ㄱ, ㄷ   ③ ㄴ, ㄹ

④ ㄹ   ⑤ ㄱ, ㄴ, ㄷ, ㄹ

해설

지역사회연계 모델은 후원자의 영향력과 클라이언트의 영향력이 동등하게 가각 1/2 결정권한을 가지고 있다.

정답 ①

중요도 ★★★★   (12회 기출)

15) 다음은 지역사회복지실천 모델 중 어떤 모델에 관한 설명인가?

> 2014년 A시의 지역복지전문가들이 보건, 교육, 주택, 고용, 복지 등 지역사회 문제를 해결하고자 문제규명, 욕구사정, 목표개발 등을 실행하려는 움직임이 있다.

① 지역사회개발모델   ② 사회계획모델

③ 사회행동모델   ④ 연합모델

⑤ 기능적인 지역사회모델

해설

사회계획모델은 지역사회의 사회적 복지문제, 즉 비행, 일탈, 실업, 소득, 건강, 교육, 범죄, 주택, 정신건강과 같은 사회문제를 해결하고자 하는 기술적 과정을 강조한다. 문제 확인, 사정, 목표개발, 실행, 평가를 주로 활용한다.

정답 ②

중요도 ★★★   (11회 기출)

16) 로스만(J. Rothman)의 사회행동 모델에 관한 설명으로 옳은 것은?

① 조사와 분석기술이 주로 사용되는 전술이다.

② 지역사회는 전통을 고수하며, 소수의 전통적 지도자에 의해 지배된다고 본다.

③ 갈등이나 대결의 전술이 이용된다.

④ 권력을 가진 사람들도 전 지역을 향상시키는 목적을 위해 공동의 노력을 기울인다고 본다.

⑤ 클라이언트를 아직 완전히 개발되지 않은 잠재력을 가진 정상인으로 간주한다.

해설

사회행동모델에서 갈등이나 대결의 전술이 이용되는데 정면대결, 직접적인 실력행사 등의 방법이 있다.

① 조사와 분석기술은 사회계획모델이다

②, ④, ⑤ 지역사회개발에 대한 설명이다.

정답 ③

17) 웨일과 갬블(M. Weil & D. Gamble)의 지역사회복지 실천모델과 사회복지사의 역할이 바르게 연결된 것은?

① 근린지역사회조직모델 – 선동가

② 사회운동모델 – 계획가

③ 프로그램개발과 지역사회 연결 모델 – 관리자

④ 지역사회의사회 · 경제개발모델 – 옹호자

⑤ 정치 · 사회행동모델 – 프로포절제안자

해설

지역사회개발모델 – 안내자, 조력자, 전문가, 사회치료자
사회계획모델 – 계획가, 전문가, 조직가, 행정가
사회행동모델 – 조력자, 중개자, 옹호자, 행동가

정답 ③

18) 로스만(J. Rothman)의 지역사회조직 실천모델에 관한 설명으로 옳은 것은?

① 지역사회개발모델은 과업중심의 목표를 강조한다.

② 지역사회개발모델은 지리적 측면에서의 지역사회 전체를 대상집단으로 본다.

③ 사회계획모델은 과정중심의 목표를 강조한다.

④ 사회계획모델에서는 클라이언트가 전문가의 동지로 여겨진다.

⑤ 사회행동모델에서는 권력의 소재를 전문가의 후원자나 고용기관으로 본다.

해설

지역사회개발모델은 복지 수급자를 성별 · 집단 · 인종 · 국가 · 종교 · 경제 · 사회문제를 초월하여 지역사회에 거주하고 있는 주민 전체로 본다.

정답 ②

19) '지역사회는 혜택과 권한의 분배에 따른 계층이 유지되고 있다'고 보는 지역사회복지 실천모델은?

① 지역사회개발모델   ② 사회계획모델

③ 근린지역사회조직모델   ④ 프로그램개발모델

⑤ 사회행동모델

사회행동모델은 지역사회가 혜택과 권한의 분배에 따른 계층을 유지하고 있다고 본다. 그래서 억압받고 박탈당하고 무력한 주민들이 권력이나 자원에 있어서의 재분배와 지역사회정책 결정에의 참여가능성 확대를 통해 정부나 공공기관의 정책에 대한 근본적인 변화를 유도해야 한다고 본다.

정답 ⑤

(11회 기출)

20) 새마을운동에 관한 설명으로 옳지 않은 것은?

① 1980년대 시작한 우리나라의 전형적 지역사회개발사업이다.
② 농한기 농촌마을가꾸기 시범 사업 형태로 시작되었다.
③ 근면, 자조, 협동을 주요 정신으로 한다.
④ 농촌 생활환경개선운동으로 시작되었으나 소득증대운동으로 확대되었다.
⑤ 도시민의 의식 개선운동으로도 전개되었다.

우리나라의 전형적인 지역사회개발사업인 새마을운동은 1970년대 10월부터 전국 33,000여 개의 자연부락에서 새마을 가꾸기 운동을 전개하였다. 농촌 중심의 새마을 운동은 1977년에는 공장 새마을운동으로, 1979년에는 도시 새마을운동으로 확대되면서 전국, 전 직장으로 새마을운동이 전개되었다.

정답 ①

(10회 기출)

21) 지역사회집단들 간에 적대적이거나 이해가 상반되는 문제가 있는 경우나 논의·협상으로 결정하기 어려운 문제를 해결하는데 적합한 모형은?

① 지역사회개발 모형
② 사회계획 모형
③ 사회행동 모형
④ 기능적 지역사회조직화 모형
⑤ 지역사회 사회·경제개발 모형

사회행동모형은 지역 사회 내 구성집단 간 이해관계가 다양하며 상충되어 조화를 이룰 수 없다고 본다.
논의나 협상으로 결정하기 어려운 문제를 해결하기 위해서 항의나 시위, 협상 등의 기술을 이용한 모델은 사회행동 모형에 대한 설명이다.

정답 ③

22) 사회계획 모형에 대한 설명으로 옳은 것은?

> ㄱ. 정책집행의 효과성과 효율성을 강조한다.
> ㄴ. 과정보다 과업 완수에 초점을 둔다.
> ㄷ. 사회복지사의 전문적 역할이 강조된다.
> ㄹ. 지역사회 자원의 재분배에 관심을 갖는다.

① ㄱ, ㄴ, ㄷ   ② ㄱ, ㄷ   ③ ㄴ, ㄹ

④ ㄹ   ⑤ ㄱ, ㄴ, ㄷ, ㄹ

해설

사회계획 모델은 각종 지역사회문제를 해결하는데 있어 합리적인 면을 강조한다. 공식적인 계획과 정책 근거 틀에 대한 설계가 핵심적이며 계획이나 정책 집행의 효과성과 효율성을 강조하기 때문에 과업중심 목표에 초점을 둔다.
ㄹ. 지역사회 권력, 자원의 재분배에 관심을 갖는 것은 사회행동 모델이다.

정답 ①

23) 로스만(J. Rothman)의 지역사회개발 모델의 한계로 옳은 것은?

> ㄱ. 시간과 자원의 제약을 받는다.
> ㄴ. 지역사회주민들이 수단에 대해 저항을 보일 수 있음
> ㄷ. 관련 집단과의 대립, 기대성과 불충분
> ㄹ. 지역 내 관련 집단 간에 합의와 협력을 이끌어내기 어려움

① ㄱ, ㄴ, ㄷ   ② ㄱ, ㄷ   ③ ㄴ, ㄹ

④ ㄹ   ⑤ ㄱ, ㄴ, ㄷ, ㄹ

해설

ㄱ. 사회계획 모델의 한계
ㄴ. ㄷ. 사회 행동 모델의 한계

정답 ④

제6장 지역사회복지실천의 과정

01) 다음 설명하는 욕구사정 자료수집 방법으로 옳은 것은?

> • 욕구의 배경이나 결정과정보다 욕구내용 결정에 초점을 둔다.
> • 모든 참여자가 직접 만나서 욕구에 대한 우선순위를 결정한다.
> • 욕구순위에 대한 합의의 과정이 반복시행을 거쳐 이루어질 수 있다.

① 초점집단기법　　　　② 델파이기법　　　　③ 지역사회포럼
④ 명목집단기법　　　　⑤ 민속학적 조사방법

해설

명목집단기법은 지역사회에 영향을 미치는 문제에 대한 공유된 이해를 형성하고 조장하기 위해 사용되는 기법으로 토론자들이 한자리에 모여서 토론 없이 의사결정을 한다는 점이 초점집단기법과 다르다. 이 방법의 주된 특징은 참석자들로 하여금 서로 대화(말)에 의한 의사소통을 못하도록 하여 집단의 각 구성원들이 진실로 마음속에 생각하고 있는 바를 끄집어내려는 것이다.

정답 ④

02) 지역사회복지 실천과정과 실행내용의 연결로 옳지 않은 것은?

① 문제와 표적 집단의 이해: 지역사회 상황 확인과 인구집단에 대한 이해
② 지역사회 문제 분석: 인과관계에 근거한 개입가설의 개발
③ 개입전략 개발: 개입목적과 목표의 설정
④ 지역사회 개입: 프로그램 기획과 실행
⑤ 평가: 효율성 및 효과성 평가

해설

지역사회 문제 분석은 지역사회에서 발생하고 있지만 충족되지 않은 욕구나 문제를 인지하여 해결방안을 마련하고 실천에 옮길 수 있도록 집약시키고 문제의 핵심을 분명하게 규정하는 단계이다. ② 개입가설의 개발은 개입전략 개발에 해당한다.

정답 ②

03) 지역사회복지실천에서 이루어지는 초기 욕구사정에 관한 설명으로 옳지 않은 것은?

① 욕구의 상대적 중요성을 확인하는 목적이 있다.

② 지역사회복지 실천을 위한 성과평가의 의미를 갖는다.

③ 욕구사정에 대한 다양한 방법론을 이해해야 한다.

④ 문제 확인과 해결의 우선순위에 주안점을 둔다.

⑤ 욕구사정의 초점은 서비스 및 접근 가능성이 포함된다.

해설

지역사회에 대한 욕구사정은 지역사회의 복지문제를 해결하기 위한 실천전략의 계획을 수립하기 전에 이루어지는 것이며 지역사회 사정 단계에서는 지역사회가 걸어온 발전과정, 지역사회의 정치·사회구조, 경제적 상황, 사회문화 등을 사정한다. 실천을 통해서 성취하고자 하는 목표가 어느 정도 달성되었는지 지역사회복지 실천을 위한 성과평가의 의미를 갖는 것은 평가단계이다.

정답 ②

중요도 ★★★ (15회 기출)

04) 다음에서 설명하는 지역사회의 욕구사정방법은?

- 지역사회집단의 이해관계를 가장 잘 대표할 수 있는 참여자들을 선택한다.
- 선택된 사람들은 한곳에 모여 특정 문제에 대한 의견을 집단으로 토론한다.
- 의사소통은 개방형 질문으로 진행한다.

① 델파이(Delphi) 기법   ② 지역사회포럼(Community Forum)

③ 민속학적(Ethnographic) 기법   ④ 명목집단(Nominal Group) 기법

⑤ 초점집단(Focus Group) 기법

해설

초점집단(Focus Group) 기법은 어떤 문제나 관심 또는 욕구를 가장 잘 나타낼 수 있는 소수의 사람들(6~8명 정도)을 한곳에 모아 어떤 문제에 대한 의견을 개진하게 하고(참여자들끼리 토론도 가능) 의견을 심도 있게 듣는 방법이다.

정답 ⑤

중요도 ★★ (15회 기출)

05) 지역사회복지실천 과정 중 다음 활동을 해야 하는 단계는?

- 참여자 적응 촉진하기   • 참여자간 저항과 갈등 관리하기

① 실행단계   ② 자원계획단계   ③ 목적·목표 설정단계

④ 문제분석단계   ⑤ 평가단계

실천(실행)단계에서는 문제를 직접 해결하기보다는 클라이언트 및 조직 구성원들이 스스로 문제를 인식하도록 도와주고, 문제 해결을 위한 다양한 방안을 강구하면서 참여자를 적응시키고 참여자 간 저항과 갈등을 관리하기와 자기 규제 및 통제 개발하기가 있다.

정답 ①

---

06) 지역사회복지실천 과정에 관한 설명으로 옳은 것으로 모두 고른 것은?

> ㄱ. 실행과정 점검단계(monitoring)에서는 실행과 결과를 추적함으로 프로그램의 진척도를 파악한다.
>
> ㄴ. 목적·목표 설정단계에서는 갠트 차트(Gantt chart)를 활용하기도 한다.
>
> ㄷ. 평가단계에서는 결과평가만 실시한다.
>
> ㄹ. 욕구조사단계에서는 주요 정보제공자 인터뷰, 지역사회포럼 개최, 사회지표 등을 활용할 수 있다.

① ㄱ, ㄴ   ② ㄴ, ㄹ   ③ ㄷ, ㄹ   ④ ㄱ, ㄴ, ㄹ   ⑤ ㄱ, ㄷ, ㄹ

평가 단계에서는 평가는 변화의 장점이나 가치에 대해 판단을 내리는 과정으로 사업 대상 지역이나 클라이언트에 대한 지속적인 모니터링과 피드백을 통해 지역주민의 반응을 분석하고 원래 의도했던 목표의 달성 가능성 및 효과 여부를 파악하며, 실천을 통해서 성취하고자 하는 목표가 어느 정도 달성되었는지를 측정한다. 일반적으로 효과성 평가와 효율성 평가가 함께 이루어진다.

정답 ④

---

07) 지역사회에 이용할 수 있는 권력, 전문기술, 재정, 서비스 등을 조사하는 사정(assessment) 유형은?

① 자원 사정   ② 포괄적 사정   ③ 협력적 사정

④ 하위체계 사정   ⑤ 문제중심 사정

자원 사정은 지역사회에서 이용할 수 있는 권력, 전문기술, 재정, 서비스 등을 사정하는 것이다. 주로 클라이언트의 욕구보다 이용 가능한 자원의 본질, 운용, 질에 초점을 둔다(예: 관할구청, 아동복지예산, 지역아동센터, 바우처 사정).

정답 ①

---

08) 지역사회복지 실천단계에 관한 설명으로 옳은 것은?

① 문제발견 및 분석단계는 계획을 행동으로 변환시키는 실행단계 이후에 진행한다.

② 평가단계에서 총괄평가는 모든 실천과정이 종료된 이후에 실시한다.

③ 자원계획 및 동원단계는 실행단계 이후에 진행한다.

④ 목적 및 목표 설정단계는 지역주민 욕구사정 이전에 진행한다.

⑤ 지역사회 포럼은 실행단계에서 진행한다.

해설

평가단계에서 총괄평가는 변화의 종결 시 즉, 모든 실천과정이 종결된 이후 최종적인 결과 자료를 포함한 완성된 자료를 사용한다.

정답 ②

(13회 기출)

09) 지역사회의 사정방법에 관한 설명으로 옳은 것은?

① 비공식적 인터뷰는 자료수집 과정에서 신뢰도와 일관성을 높이는 방법이다.

② 하위체계 사정은 하위체계의 정태적인 이해를 높이는 데 활용된다.

③ 민속학적 방법은 일반적으로 표준화된 면담도구를 사용된다.

④ 명목집단 기법은 문제이해, 목표확인, 행동계획 개발 등에 활용된다.

⑤ 델파이 기법은 명목집단 기법을 대신하여 지역사회 포럼 맥락 내에서 사용된다.

해설

명목집단기법은 지역문제에 대한 이해를 높이고 목표확인과 행동계획개발에 활용되는 방법이다.

① 공식적 인터뷰는 표준화된 인터뷰 도구를 사용하므로 자료수집 과정에서 신뢰도와 일관성을 높여준다.

② 하위체계 사정은 하위체계의 역동성을 고려하므로 동태적인 이해를 높여준다.

③ 민속학적 방법은 현지관찰을 통해 지역주민이 지역문제를 어떻게 인식하고 어떤 해결방법을 사용하는지에 대한 통찰력을 얻을 수 있다.

⑤ 델파이 기법은 전문가들이 한자리에 모이지 않으며 익명 처리된 설문을 수차례 반복하여 합의점을 찾는 방법이다.

정답 ④

(13회 기출)

10) 지역사회복지 실천과정에 관한 설명으로 옳은 것을 모두 고른 것은?

> ㄱ. 평가단계에서는 개입방향과 수준을 정한다.
>
> ㄴ. 실행단계에서는 참여자를 적응시키고 활동을 조정하는 것은 필요하지 않다.
>
> ㄷ. 자원계획 및 동원단계에서는 문제의 우선순위를 결정한다.
>
> ㄹ. 지역사회 사정은 지역사회의 욕구와 자원을 파악하는 과정이다

① ㄱ, ㄴ, ㄷ　　② ㄱ, ㄷ　　③ ㄴ, ㄹ　　④ ㄹ　　⑤ ㄱ, ㄴ, ㄷ, ㄹ

지역사회의 사정은 지역주민이 필요로 하는 복지문제는 무엇인가, 충족되어야 할 욕구는 무엇인지를 발견하여 그 해결방법을 제시하는 것을 말한다.　　　　　　　　　　　　　　　　　　　　　　　　　　정답 ④

11) 지역사회를 분석하기 위해서는 지역사회 사정(assessment)을 해야 하는데, 다음의 지역사회 사정과정 중 사회복지사가 확인한 변수는?

> A종합사회복지관에 근무하는 사회복지사는 지역에 혼자 사는 노인에게 밑반찬 서비스를 제공하는 지역 부녀회, 기초노령연금(기초연금)을 지급하는 동주민센터, 후원금을 지원하는 종교단체가 있다는 사실을 확인하였다.

① 사람　　② 사회문제　　③ 가치　　④ 자원의 유용성　　⑤ 서비스 전달 조직

서비스 전달조직으로 지역주민에게 서비스를 전달하는 공식적, 비공식적 조직을 확인하는 것이다.　　　　　정답 ⑤

12) 지역사회복지 실천과정 중 (　　) 들어갈 내용은?

> 문제정의 및 확인 – (　　　　　　) – 실천계획 수립 – 자원동원 – 실행

① 실행과정 점검　　　　　② 지역사회 욕구사정　　　　　③ 성과측정
④ 정치적 지지기반 구축　　⑤ 관리정보체계의 활용

지역사회 문제 분석은 지역사회에서 문제의 정의 및 확인 후에는 지역사회의 욕구사정과 조사를 마치고 충족되지 않은 욕구나 문제를 인지하여 해결방안을 마련하고 실천에 옮길 수 있도록 집약시키고 문제의 핵심을 분명하게 규정하는 단계이다.
　　　　　　　　　　　　　　　　　　　　　　　　　　　　　　　　정답 ②

13) 다음 사례에서 첫 번째로 실천해야 할 과업은?

> 00시 지역사회복지협의체는 무장애도시를 실현하기 위해 공공건물의 건축장애요소를 제거하자는 운동을 전개하려고 한다.

① 시민을 상대로 서명운동을 벌인다.

② 00시 정부에 공공건물의 개선을 촉구한다.

③ 시민에게 건축장애 실태에 대해 홍보한다.

④ 00시 의회에 공공건물의 개선을 위한 청원을 한다.

⑤ 건축장애의 개념에 대한 조작적 정의를 한다.

해설

사회문제에 대한 분석과 정의가 충분하게 이루어진 후 구체적인 해결방안을 찾아 해결을 위한 실제적인 조치를 취하기 위하여 구체적으로 조작화되어야 한다. 사회문제를 조작화한다는 것은 그 개념을 측정할 수 있고 실천할 수 있으며 평가할 수 있도록 구체화시키는 것을 말한다.

정답 ⑤

중요도 ★★★　　　　　　　　　　　　　　　　　　　　　　　　　　(10회 기출)

14) 지역사회복지실천 과정에서 문제 확인에 관한 설명으로 옳지 않은 것은?

① 관련된 당사자들과 폭 넓게 대화를 나눈다.

② 문제의 범위 설정에 있어 초기에는 개방적인 태도를 갖는다.

③ 시간과 자원의 양에 따라 표적집단을 결정하는 것이 필요하다.

④ 과거의 지역사회복지실천을 위한 장애요인은 무시해야 한다.

⑤ 문제 확인을 위해서는 다양한 조사방법을 통해 객관적인 자료를 확보해야 한다.

해설

지역사회문제가 어떤 특성을 갖고 있는지를 파악하는데 문제의 복잡성 정도, 문제의 강도정도, 문제의 확산정도, 긴급성, 지속성을 고려해야 한다.
지역사회복지실천은 과거요인을 참고하고 수정해 나가는 과정이기 때문에 이러한 요인들을 무시해서는 안 된다.

정답 ④

중요도 ★★★　　　　　　　　　　　　　　　　　　　　　　　　　　(10회 기출)

15) 지역사회복지실천 과정에서 가장 나중에 수행해야 하는 것은?

① 지역사회 자원파악　　　　　　　　② 욕구사정

③ 실천계획수립 및 홍보　　　　　　④ 성과측정

⑤ 목표설정

해설

지역사회복지 실천 과정의 수행순서는 문제의 발견 및 분석 – 정책 및 프로그램개발 – 프로그램 실천 – 평가로 이루어지며 성과측정은 평가에 해당하는 것으로 가장 나중에 실시한다.

정답 ④

중요도 ★★★★

16) 다음과 같은 지역사회욕구 파악 방법은?

> 비교적 짧은 시간 안에 다양한 배경을 가진 지역사회내 집단의 이익을 수렴하여 욕구조사와 우선순위를 결정할 수 있는 유용한 방법이다. 지역주민을 한 자리에 모아 지역에 영향을 미치는 문제나 이슈를 제시하도록 하고, 참가자들로 하여금 열거된 문제에 대한 우선순위를 매기도록 하는 과정을 거친다.

① 초점집단기법　　　　　　　② 명목집단기법
③ 델파이기법　　　　　　　　④ 대화기법
⑤ 지역사회포럼

해설

명목집단기법은 소수의 응답자를 선정하여 지역사회문제에 대한 질문에 각자의 의견이나 해결방법을 제시하고 응답자 간에 공유한다. 실체가 존재하지 않는 명목상 집단을 말하며 이는 각자의 의견을 메모지에 적어내 수렴된 메모에서 가장 좋은 의견을 추려내는 기법으로 시간이 절약되고 비용도 절감된다.

정답 ②

중요도 ★★★

17) 지역사회복지실천 과정 중 욕구사정 단계에서 고려해야 할 사항을 모두 고른 것은?

> ㄱ. 프로그램의 적절성 정도
> ㄴ. 지역사회 문제해결을 위해 필요한 재원 확보
> ㄷ. 사회변화를 추구하는 집단 간의 합의 도출
> ㄹ. 지역사회의 사회구조와 경제적인 상황

① ㄱ, ㄴ, ㄷ　　　　　② ㄱ, ㄷ　　　　　③ ㄴ, ㄹ
④ ㄹ　　　　　　　　　⑤ ㄱ, ㄴ, ㄷ, ㄹ

해설

ㄱ. 평가단계에서의 평가 영역
ㄴ. 집단 간 합의 도출은 프로그램 실천의 단계

정답 ③

18) 질적 자료수집 방법의 하나로 소집단으로 구성되며 여러 명이 서로 상호작용하면서 동시에 질의응답에 참여할 수 있고 집중적인 토론에 유용한 지역사회 사정기법은?

① 참여관찰　　　　　　　② 공청회　　　　　　　③ 명목집단 기법
④ 구조화된 서베이　　　　⑤ 초점 집단 기법

해설

① 참여관찰: 연구자가 실제 현장에 들어가서 활동하면서 관찰한 결과를 자료로서 수집하는 방법
② 공청회: 국민적인 관심의 대상이 되거나 사회 일반에 영향력이 큰 안건을 심의하기 전에 국회나 행정기관이 학자, 경험자 또는 이해관계자를 참석하게 하여 의견을 듣는 공개회의
③ 명목집단 기법: 전문가들을 한 장소를 모아놓고 각자의 의견을 적어내게 한 후 그것을 정리하여 집단이 각각 의견을 검토하는 절차를 합의가 이루어질 때까지 계속하는 방법
④ 구조화된 서베이: 표준화된 설문지를 통해 설문 조사하는 방법

정답 ⑤

중요도 ★★★ (17회 기출)

01) 지역사회복지실천에서 조력자의 역할로 옳은 것을 모두 고른 것은?

> ㄱ. 지역사회 내 다양한 집단들에 의해 표출된 불만의 집약
> ㄴ. 지역사회문제의 조사 및 평가
> ㄷ. 지역사회 내 불이익을 당하는 주민의 옹호와 대변
> ㄹ. 지역사회조직 과정에서 지역주민들에게 공동의 목표 강조

① ㄱ, ㄴ   ② ㄱ, ㄷ   ③ ㄱ, ㄹ   ④ ㄴ, ㄷ   ⑤ ㄴ, ㄷ, ㄹ

해설

조력자의 역할은 불만의 집약, 조직화를 격려 하는 일, 좋은 대인 관계를 육성하는 일(좋은 인간관계 조성) 공동의 목표를 강조하는 일이다.

정답 ③

중요도 ★★★ (16회 기출)

02) 밑줄 친 사회복지사의 핵심 역할로 옳은 것은?

> A 지역은 공장지대에 위치해 있어 학교의 대기오염도가 매우 높게 나타났다. 그래서 사회복지사는 학생들의 건강권 확보를 위한 조례제정 입법활동을 하였다.

① 계획가   ② 옹호자   ③ 치료자   ④ 교육자   ⑤ 행정가

해설

옹호자의 역할이 학생들의 건강권 확보를 위한 조례재정활동 등이다.
옹호(advocacy)는 클라이언트의 이익 혹은 권리를 대변하거나 방어하는 활동으로 주로 사회정의를 지키고 유지하기 위한 목적에서 정당한 처우나 서비스를 받지 못하는 경우에 활용한다. 옹호는 사회 정의와 복지를 증진시키기 위해 입법영역, 행정영역, 사법영역에서 다양한 형태로 전개된다.

정답 ②

중요도 ★★★★ (15회 기출)

03) 지역사회복지실천에서 다음의 모든 활동과 관계되는 사회복지전담공무원의 역할은?

> • 잠재적 수급권자 파악 • 자산조사 및 수급권자 욕구조사
> • 서비스 및 시설입소 의뢰 • 취업정보 제공 및 알선

① 자문가   ② 옹호자   ③ 조력자   ④ 상담가   ⑤ 자원연결자

해설

자원연결자의 역할은 연계기술과 관련된 역할이다.
자원연결자는 주민들에게 필요한 자원이 어디 있는지 알려줌으로써 자원 접근성을 높여준다. 위기 상황에 처한 클라이언트에게 긴급한 식품과 주거를 제공하고, 법률적 도움이나 다른 필요한 자원을 얻도록 도와주며, 지역사회의 다양한 시설 및 기관에 연계하는 것이다.

정답 ⑤

중요도 ★★★★   (13회 기출)

04) 사회복지사가 지역사회개발모델에 근거하여 아래와 같은 실천을 하였다. 이를 모두 충족하는 사회복지사의 역할은?

> 사회복지사는 낙후된 도시지역을 대상으로 지역 진단을 실시하고, 해당 지역에 대한 주민들의 이해를 높였다. 그리고 주민간의 협력을 방해하는 요인을 제거하도록 도왔다

① 안내자   ② 조정자   ③ 사회치료자   ④ 촉매자   ⑤ 조사자

해설

지역사회개발모델에서 사회복지사의 역할 중 사회치료자는 적절한 진단을 통해 규명된 성격. 특성을 주민들에게 제시하며, 지역사회 전반적인 부분을 이해해야 한다. 그들에게 이해시켜 도와주고 긴장을 해소하게 하고 합리적인 작업을 방해하는 요인을 제거하도록 도와준다.

정답 ③

중요도 ★★★   (12회 기출)

05) 다음에서 설명하는 사회복지사의 역할은?

> P사회복지사는 사회복지관 평가에 대비하여 업무를 조정하고 준비를 위한 계획표를 작성하였다. 그리고 해당 기간 동안의 문서를 정리하고 직원들이 각 분야별로 역할을 분담하도록 하였다. 이는 사회복지관이 우수하게 평가받을 수 있도록 하기 위한 노력이다.

① 행정가   ② 조직가   ③ 계획가   ④ 분석가   ⑤ 치료자

행정가의 역할은 현장 실천을 위한 프로그램의 적합성을 계획하고 진행할 수 있도록 해주는 역할을 의미한다.
행정가는 프로그램이 계획에서 설정한 목표를 효과적이고 효율적으로 달성하게 하기 위해서 모든 인적·물적 자원을 적절히 관리해야 한다.

정답 ①

06) 다음 사례에서 사회복지관에 근무하는 사회복지사의 과업과 관련 있는 역할은?

> ○○사회복지관은 저소득층 밀집지역에 있다. 이 복지관의 K사회복지사는 지역주
> 민들과 마을의 문제에 대해 이야기를 하다가 어린이놀이터가 방치되어 우범지대
> 화되어 있다는 것을 알게 되었다. 또한 놀이터를 개량하기를 희망하는 주민들이
> 있다는 것도 알게 되었다. K사회복지사는 이들 주민들을 조직하여 놀이터 개량사
> 업을 추진하기로 하였다.

① 행정가   ② 조력자   ③ 중개자   ④ 분석가   ⑤ 조정가

조력자 역할은 지역사회조직 과정을 용이하게 하는 사회복지사 역할이다.
조력자란 주민의 불만이나 욕구를 표현할 수 있도록 격려하고 집약하는 것을 말한다.

정답 ②

07) 사회복지사의 역할에 관한 설명이 바르게 연결된 것은?

① 조력자 – 조직화를 격려   ② 안내자 – 공동목표의 강조
③ 전문가 – 불만의 집약   ④ 계획가 – 자기 역할의 수용
⑤ 행동가 – 프로그램 운영 규칙 적용

① 조력자 역할이 불만을 집약하는 일, 조직화를 격려하는 일, 그리고 좋은 대인관계를 육성하는 일과 공동목표를 강조하는 일이다.
② 안내자 – 가이드 역할
③ 전문가 – 지역사호 자원에 대한 지식을 소유하고 클라이언트의 유익을 위한 역할
④ 계획가 – 문제를 분석하고 개입하는 역할
⑤ 행동가 – 갈등적 상황에서 중립적이거나 수동적인 자세를 거부하며 직접 행동하는 것

정답 ①

중요도 ★★

08) 다음에서 설명하는 지역사회복지 실천모델에서의 사회복지사 역할은?

> 이 모델은 문제해결을 위한 합리적 계획수립과 통제된 변화를 강조한다.

① 조력자   ② 치료자   ③ 계획가   ④ 중개자   ⑤ 옹호자

해설

계획가는 사회계획모델에서 사회적 서비스를 개선하고 사회문제를 완화시키는 주요 수단으로 공공기관의 정책을 고치는 것이며, 이러한 목적을 달성하기 위해서 노력하는 사람이다.

정답 ③

중요도 ★★

09) 사회복지사는 중증장애아동을 양육하고 있는 부모의 양육스트레스를 경감시키고자 장애인 주간보호서비스에 대한 정보를 제공하였다. 장애인의 부모는 사회복지사의 정보를 활용하여 장애인 주간보호서비스를 이용하게 되었다. 이 때 사회복지사가 수행한 역할은?

① 격려자   ② 조직가   ③ 분석가   ④ 계획가   ⑤ 중개자

해설

중개자란 클라이언트와 지역사회 자원을 연결하여 지역주민이 필요로 하는 자원에 쉽게 접근할 수 있도록 자원의 소재를 연결해주는 것이다.

정답 ⑤

중요도 ★★★

10) 사회복지사의 조력자의 역할을 모두 고르시오

> 가. 불만집약   나. 조직화 격려
>
> 다. 대인관계 육성   라. 공동목표 창출

① 가, 나, 다   ② 가, 다   ③ 나, 라   ④ 라   ⑤ 가, 나, 다, 라

해설

조력자는 지역사회의 조건에 대한 불만을 일깨우고 집약함으로써 지역사회를 돕고, 그들이 그들의 불만에 대해서 서로 토론과 논의를 통해 해결하게 도와주는 역할이다.

정답 ⑤

11) 다음에 해당하는 사회복지사의 역할은 ?

> 지역 내 환경문제를 해결하기 위해 주부들을 모집하여 환경봉사단을 결성하고 교육 훈련 프로그램을 참여하도록 하여 지역사회의 환경문제에 스스로 해결해 나갈 수 있도록 원조하였다.

① 행정가   ② 분석가   ③ 조직가
④ 옹호자   ⑤ 계획가

해설

③ 조직가는 지역사회 내 집단이나 단체를 참여시키기 위해 그들의 역할을 분명히 하고, 그 역할을 효과적으로 수행할 수 있도록 훈련시키는 역할
① 행정가: 계획에서 설정한 목표를 효율적, 효과으로 달성을 하기위해 각종 자원을 관리
② 분석가: 사회문제에 영향을 미치는 요인들에 관한 조사, 사회변화를 위한 프로그램 과정분석, 계획수립의 과정분석, 유도된 변화에 대한 평가를 실시
④ 옹호자: 지역사회 주민들의 입장에서 정당성을 주장하고 이들을 방어해주고 개입하고 지지
⑤ 계획가: 목표를 달성하기 위한 수단을 검토한 후 이를 위한 수단과 과정을 계획.

정답 ③

중요도 ★★★　　　　　　　　　　　　　　　　　　　　　　　　　　　(17회 기출)

01) 지역사회복지실천에서 연계기술(networking)에 관한 설명으로 옳지 않은 것은?

① 사회복지관의 서비스 제공과정에서 효율성 증대

② 사회복지사의 연계망 강화 및 확장

③ 이용자 중심의 통합적 서비스 제공

④ 서비스 계획의 공동 수립과 서비스제공에서 팀 접근 수행

⑤ 지역사회 복지의제 개발과 주민 의식화

해설

연계기술이란 제반자원의 공유와 상호교류를 위해 또는 클라이언트를 원조하기 위해 사회복지사의 역량 강화를 위해 합당한 능력을 갖춘 둘 이상의 개인이나 기관, 또는 조직의 특성을 파악하여 이들을 엮어 놓은 기술이다. ① ② ③ ④
⑤ 지역사회 복지의제 개발과 주민 의식화는 임파워먼트 기술에 관한 설명이다. 임파워먼트 기술은 대화, 강정확인, 자원 동원 기술 등을 포함한다.　　　　　　　　　　　　　　　　　　　　　　　　　　　　정답 ⑤

중요도 ★★★★★　　　　　　　　　　　　　　　　　　　　　　　　(17회 기출)

02) 다음 설명에 해당하는 지역사회복지 실천기술은?

> A사회복지사는 지역사회 내 저소득 장애인의 취업 문제를 해결하는 과정에서 당사자들이 문제의식을 갖게 하고, 그들 스스로 문제해결 능력을 향상시키기 위해 노력하였다.

① 중개　　　　② 연계　　　　③ 옹호　　　　④ 조직화　　　　⑤ 자원개발

해설

지역의 당면 사안이나 문제해결을 위해서 변화를 추구하는 보통사람들이 자신들의 힘을 모아 권력토대를 세우는 과정이다.
　　　　　　　　　　　　　　　　　　　　　　　　　　　　　　　　　정답 ④

중요도 ★★★　　　　　　　　　　　　　　　　　　　　　　　　　　(16회 기출)

03) 다음 상황에 해당하는 사회복지사의 실천기술 내용이 아닌 것은?

> 마을축제 개최를 위해 사회복지사는 지역주민을 조직화하여 주민 스스로 계획, 홍보 및 진행을 하게 하였다.

255

① 주민의 자발적 참여 유도   ② 주민 역량 강화

③ 지역사회 특성 및 반영   ④ 취약계층 권리 대변

⑤ 주민들 갈등 시 중재

해설

조직화는 지역 주민에 대해서도 사회참여 과정에서 사회적 약자를 특별한 존재가 아닌 동등한 인격체라고 인식할 수 있도록 돕고, 그들의 역량을 최대화하여 지역사회 문제의 예방 및 해결 활동에 적극 참여할 수 있도록 지원하는 것을 목적으로 한다. ④ 취약계층 권리 대변은 옹호 기술에 해당한다.

정답 ④

(16회 기출)

중요도 ★★

04) 다음 기관의 사회복지사가 자원개발을 위해 활용한 기술은?

> 최근 개관한 사회복지관은 바자회를 개최하는 과정에서 지역의 다양한 후원단체를 발굴하고, 자원봉사자를 모집하였다.

① 근본적인 제도의 변화 추구   ② 지역사회 실정에 맞는 교육 진행

③ 기관의 신뢰성 형성·유지를 위한 노력   ④ 주민들의 지도력 강화 지원

⑤ 정치적지지 기반의 구축

해설

사회복지시설·기관은 조직 운영이나 서비스 창출에 필요한 현금과 물품을 자체적으로 생산하거나 조달하는 것이 쉽지 않다. 자원들은 대게 실천가의 모금 또는 후원을 통해 혹은 사업제안서 제출을 통해 마련된다. 자원의 개발 및 동원에서 중요한 것은 후원자에게 조직의 신뢰성을 유지하는 것이다. 이를 위해 무엇보다도 현금이나 물품의 사용에 대한 투명성을 확보하고 전문성과 사명감을 통해 후원자에게 신뢰성을 유지해야 한다.

정답 ③

(15회 기출)

중요도 ★★★★

05) 옹호(advocacy) 기술의 특성 중 옳은 것을 모두 고른 것은?

> ㄱ. 사회정의를 지키고 유지하는 목적
>
> ㄴ. 조직 구성원의 경제적 자립 강조
>
> ㄷ. 표적 집단에 대한 강력한 영향력이나 압력 행사
>
> ㄹ. 정당한 처우나 서비스를 받지 못하는 경우에 활용

① ㄱ, ㄴ   ② ㄱ, ㄷ   ③ ㄴ, ㄷ   ④ ㄱ, ㄷ, ㄹ   ⑤ ㄱ, ㄴ, ㄷ, ㄹ

ⓒ 조직구성원의 경제적 자립을 강조하는 것은 옹호기술이 아니다.

옹호는 ㄹ. 표적집단이 정당한 처우나 서비스를 받지 못하는 경우 ⓒ 표적집단에 대한 강력한 영향력이나 압력을 행사 하는 것이다. ㉠ 사회정의를 지키고 유지하기 위함이다.   정답 ④

중요도 ★★★   (15회 기출)

06) 사회복지사가 활용하는 조직화 기술에 해당하지 않는 것은?

① 회의 기술   ② 협상 기술

③ 지역문제 이슈설정 기술   ④ 지역사회 지도자 발굴 기술

⑤ 주민통제 기술

해설

조직화의 주요 기술은 자원을 모으고(동원), 조직의 목표의 방법을 논의하며(회의) 조직을 이끌 지도자를 찾아내는(리더십개발) 등이 있다.

주민을 통제하지 않고 지역 주민의 역량을 최대화하여 지역사회 문제의 예방 및 해결활동에 적극 참여할 수 있도록 지원한다.

정답 ⑤

중요도 ★★★   (14회 기출)

07) 지역사회 조직화 과정에서 사회복지사가 지켜야 할 중요한 원칙으로 옳지 않은 것은?

① 지역사회는 여러 갈등을 갖고 있음을 알아야 한다.

② 지역사회의 외적 능력에 우선 중점을 두어야 한다.

③ 모든 일에 솔직하고 근면하여야 한다.

④ 행사에 참여하여 운영과정을 이해해야 한다.

⑤ 지역사회 관련법, 제도, 규칙 등을 알아야 한다.

해설

조직화는 지역사회 전체나 일부 집단을 하나의 역동적 실체로 만드는 과정에서 활동되는 기술로써 지역사회의 당면문제인 내적 능력에 우선 적으로 중점을 두고 외적자원동원을 연계해야 한다.   정답 ②

중요도 ★★   (14회 기출)

08) 지역사회복지실천에서 옹호(advocacy)기술 중 하나인 설득의 구성요소가 아닌 것은?

① 대상   ② 메시지   ③ 전달형식   ④ 전달자   ⑤ 의제설정

해설

설득의 네 가지 요소로는 메시지 전달자, 전달형식, 전달할 메시지, 전달 대상이 있다.   정답 ⑤

중요도 ★★★

09) 지역사회행동 전략 중 다음 설명과 관계있는 타 조직과의 협력 전략으로 옳은 것은?

> 사회복지사가 서비스의 중복을 방지하고 자원 활용의 효율성을 도모하기 위해 조직의 정체성을 유지하면서 정기모임이나 회의를 통해 이루어지도록 조력하는 것

① 연락(communication)　　② 융합(convergence)　　③ 통합(intergration)
④ 동맹(alliance)　　⑤ 조정(coordination)

해설

다른 조직과의 연계로 정보를 공유하며 서로를 도와주고 중복을 피하기 위해 함께 일하며 조직의 정체성 유지와 회의를 통해 조력하는 것은 조정에 해당한다.

정답 ⑤

중요도 ★★

10) 다음 중 지역사회 인적 자원을 동원하는 기술로 옳은 것을 모두 고른 것은?

> ㄱ. 지역사회 기존 조직의 활용　　ㄴ. 개별적 접촉
> ㄷ. 지역사회 네트워크 활용　　ㄹ. 지역사회 재정 분석

① ㄱ, ㄴ, ㄷ　　② ㄱ, ㄷ　　③ ㄴ, ㄹ　　④ ㄹ　　⑤ ㄱ, ㄴ, ㄷ, ㄹ

해설

인적 자원을 동원하는 기술로는 ⑦ 기존의 조직 활용, ⑥ 개인으로 하여금 직접 참여를 촉진하고, ⑥ 사회적 네트워크를 활용하는 방법 그리고 네트워크 구성하기, 토착지도자 발견하기, 지역사회 연대의식 만들기 등의 기술이 활용된다.

정답 ①

중요도 ★★

11) 후원 개발사업의 장점으로 옳은 것을 모두 고른 것은?

> ㄱ. 나눔문화 확산으로 공동체 의식 함양 기여
> ㄴ. 후원자의 자아실현 기회 제공
> ㄷ. 프로그램을 통한 지역주민 참여 유도
> ㄹ. 민간비영리조직의 자율성 향상 기여

① ㄱ, ㄴ, ㄷ　　② ㄱ, ㄷ　　③ ㄴ, ㄹ　　④ ㄹ　　⑤ ㄱ, ㄴ, ㄷ, ㄹ

후원 개발사업은 경제적인 지원 이외에도 다른 방법에서 수행하지 못하는 여러 장점들을 가지고 있다. 모두 장점에 해당한다.

정답 ⑤

(13회 기출)

12) 지역사회복지 실천기술에 관한 설명으로 옳지 않은 것은?

① 계획 · 프로그램: 욕구분석, 대안모색, 단계별 실행 계획, 평가 등을 포함한다.

② 연계: 참여조직들에 대한 업무의 배분과 조정에 초점을 둔다.

③ 임파워먼트: 대화, 강점 확인, 자원 동원 기술 등을 포함한다.

④ 자원 개발 · 동원: 기존 집단, 개인의 직접적인 참여, 네트워크 등을 활용한다.

⑤ 자조: 집단의 역동성을 불러일으키며, 갈등을 활용한다.

자조란 집단 스스로 역동성을 불러 일으켜서 문제를 해결하도록 하는 것이다. 집단의 역동성을 일으키며 갈등을 활용하는 것은 조직화 기술이다.

정답 ⑤

(13회 기출)

13) 저소득층 독거노인을 위한 의료 네트워크 형성 사업을 하려고 하는 사회복지사의 역할로 부적절한 것은?

① 옹호자　　　② 촉매자　　　③ 협상가　　　④ 조정가　　　⑤ 혁명가

혁명가는 기존의 사회 체계를 거부하고 법이나 사회제도, 경제 조직 따위의 기초를 급격하게 바꾸기 위하여 활동하는 사람이다. 네트워크 형성사업을 하는 것은 부적절하다.

정답 ⑤

(12회 기출)

14) 사회복지사가 클라이언트를 위한 옹호를 할 때, 옹호의 구체적 전술에 해당하지 않는 것은?

① 설득　　　　　　② 증언청취　　　　　③ 표적을 난처하게 하기

④ 정치적 압력　　　⑤ 의뢰

옹호의 전술로는 설득, 대변, 고충처리, 이의신청, 표적을 중지에 몰기, 정치적 압력, 청원, 증원 청취 등이 있다.

정답 ⑤

15) 다음에서 설명하는 자원개발 방법은?

> • 기업이 전략적으로 이용하는 방법이다.
> • 기업의 이미지를 높여 상품판매에도 긍정적인 영향을 준다.
> • 사회복지기관의 자원개발에도 기여하며 사회공헌활동도 한다.

① 우편발송(DM: Direct Mail)

② 공익연계마케팅(CRM: Cause Related Marketing)

③ 네트워크(network)

④ 자동응답시스템(ARS: Auto Response System)

⑤ 공동모금(Community chest)

해설

공익연계 마케팅은 비영리 조직과 기업이 연계하여 기업의 이미지 제공을 위해 활용하는 마케팅이다.

정답 ②

16) 자기옹호(self-advocacy)에 관한 설명으로 옳은 것은?

① 희생자 집단을 위한 옹호자의 활동　② 특정 법안의 통과를 저지하는 활동

③ 성평등을 이루기 위한 여성운동　④ 자조집단이 스스로 돕는 것

⑤ 근본적인 제도상의 변화를 추구

해설

④ 자기옹호란 클라이언트 개인 및 집단의 스스로 자신을 옹호하는 활동으로 자조집단 및 지지집단을 구성하여 스스로 돕는 것이다.
① 집단 옹호
② 정치 또는 정치적 옹호
③, ⑤ 체제 변화적 옹호

정답 ④

17) 사회복지사들이 지역사회자원을 개발하거나 동원하는 기술로서 옳지 않은 것은?

① 클라이언트, 기부자들과 같은 이해당사자들의 욕구를 규명한다.

② 자원개발은 자연발생적 상황에 따라 대처한다.

③ 자원동원의 원천이나 특성에 따라 서로 다른 방법들을 사용한다.

④ 자원개발을 위한 기법에는 이벤트, 대중매체 광고, ARS 등이 있다.

⑤ 명분연계마케팅(CRM)은 기업이미지 제고와 사회복지기관의 자원개발에 기여하고 있다.

해설

자원개발은 인적, 물적 및 기타 자원들을 주변과 연계해 지속적으로 발굴해야 한다. 그러므로 현금이나 물품을 효과적으로 확보하기 위해서 마케팅기법이 필요하다.

정답 ②

(10회 기출)

중요도 ★★★

18) 다음에 해당하는 지역사회복지실천 기술은?

> 지역사회가 처한 상황과 해결방향에 따라 목표를 세우고 합당한 주민을 선정하여 모임을 만들고 지역사회의 욕구나 문제를 해결해 나가도록 돕는 기술이다. 지역사회 전체 또는 일부 집단을 하나의 역동적 실체로 만들어 나가는 과정이기도 하다. 초기에는 사회복지사가 주도적인 역할을 수행하다가 점차 지역주민이 주도적인 역할을 수행하도록 한다.

① 조직화기술   ② 옹호기술   ③ 동원기술

④ 연계기술   ⑤ 사례관리기술

해설

지역사회복지에서 조직화란 가장 기본적인 기술로써 문제를 해결하기 위하여 클라이언트 및 단체를 유기적인 관계를 만들어 스스로 문제를 해결할 수 있도록 역동적인 실체로 만들어 가도록 지원하는 과정이다.

정답 ①

(9회 기출)

중요도 ★★

19) 지역사회복지실천기술 중 조직화 기술에 대한 설명으로 옳지 않은 것은?

① 지역사회복지운동은 조직화 기술을 활용한 것이다.

② 클라이언트 문제 해결을 위해 필요 인력이나 서비스를 규합한다.

③ 지역사회의 문제 해결을 위해 전체 주민을 대표하는 주민을 선정하여 모임을 구성한다.

④ 효과적인 조직화를 위해서 갈등과 대립을 의도적으로 피한다.

⑤ 사회복지관을 비롯한 다양한 지역사회기관에서 활용된다.

효과적인 조직화를 위해서 때로는 갈등이론의 시각에서 갈등과 대립을 의도적으로 피하는 것이 아니라 적극 활용한다.

정답 ④

(8회 기출)

20) 옹호(advocacy)에 대한 설명으로 옳지 않은 것은?

① 클라이언트의 평등한 처우 보장을 위해 공청회 개최를 요청한다.

② 각종 대중매체를 활용하여 해당 사안을 쟁점화 한다.

③ 클라이언트의 이익을 위해 전문적인 대변인으로 활동한다.

④ 타협적이고 양보하는 태도를 유지한다.

⑤ 탄원서 서명을 통해 표적체계를 설득한다.

적극적이고 단호한 태도를 요구, 유지한다.

정답 ④

(8회 기출)

21) 지역사회복지실천 기술에 대한 설명으로 옳지 않은 것은?

① 조직화 기술: 리더십과 잠재적 리더십 개발

② 연계 기술: 조직 공동의 목표 도출

③ 임파워먼트: 클라이언트가 자신의 삶에 대한 통제력 획득

④ 대변 기술: 클라이언트가 직접 활동하도록 하는 것

⑤ 자원동원/개발 기술: 경제적, 도덕적 자원

옹호/대변 기술은 사회정의를 지키고 유지하려는 목적으로 클라이언트가 직접 활동하도록 하는 게 아니라 지역주민이나 지역사회의 입장에서 대변, 보호, 개입, 지지를 하며 일련의 행동을 제안하는 것이다.

정답 ④

제9장 사회행동의 전략과 전술

(13회 기출)

중요도 ★★

01) 지역사회 내 조직간 협력전략에 관한 설명으로 옳은 것은?

① 동맹(alliance)은 조직의 자율성을 중시하면서 힘을 증대시키는 방식이다.

② 협조(cooperation)는 특정 이슈에 관해 유사 조직들의 일시적 연결방식이다.

③ 연합(coalition)은 전문가를 둔 영속적 조직구조를 갖고 있다.

④ 동맹, 협조, 연합은 정책결정과 관련하여 개별조직의 승인이 있어야한다.

⑤ 조직 간의 협력체계 정도는 협조→동맹→연합 순으로 갈수록 강화된다.

해설

협조는 타조직과 최소한의 협력을 유지하는 관계유형으로 특정 이슈에 관해 유사 조직들이 필요에 따라 일시적인 협력을 하는 것이다.

동맹은 가장 높은 수준의 연대로 영속적인 형태를 유지한다.

연합은 협동과 비슷하지만 장기적인 쟁점을 해결하기 위해 연대한다.

협력체계 강도는 협조 연합 동맹순으로 갈수록 강화된다.

정답 ②

중요도 ★★

(11회 기출)

02) 사회행동모형에서 사용할 수 있는 행동이나 전술 유형이 아닌 것은?

① 대중조직개발

② 조직적 대항

③ 입법로비활동

④ 불매운동

⑤ 보건교육활동

해설

사회행동은 막강한 힘을 가진 집단(정부, 대기업, 거대한 공사조직)에 따라서 지역주민들이 단합된 힘을 과시함으로써 그들에게 유리한 결정을 하도록 영향력을 행사하고자 하는 행동이다.

정답 ⑤

중요도 ★★★

03) A마을 앞의 도로를 확장 공사하기 위해 오래된 나무를 베어내려고 하자, A마을 사람들은 이를 반대하는 운동을 전개하기로 하였다. 이 운동의 목적을 달성하기 위한 적절한 전술을 모두 고른 것은?

> 가. 시의원들에게 도로공사를 반대하는 편지를 보낸다.
>
> 나. 공청회에 집단으로 참석하여 반대 발언을 한다.
>
> 다. 신문사에 도로확장을 반대하는 홍보자료를 배포한다.
>
> 라. 도로공사를 반대하는 성토대회를 개최한다.

① 가, 나, 다   ② 가, 다   ③ 나, 라
④ 라   ⑤ 가, 나, 다, 라

해설

전술에는 집단들 간에 공동행동이 필요한 협력, 상대방의 진영 밖으로 나올 수밖에 없도록 하는 캠페인, 구체적 갈등을 취해야 하는 경쟁, 대항 전술 등이 있다.
가, 나는 정치적 압력전술
다, 홍보활동
라, 사회적 대결

정답 ⑤

중요도 ★★★

04) 사회행동 조직이 타 조직과 맺는 협력관계 유형 중 연합관계에 관한 설명으로 옳은 것은?

① 각 조직은 모든 행동에 참여할 필요가 없음

② 유사한 목표를 가진 조직들의 일시적 연결

③ 언제든지 어느 한 쪽에 의해 중단 가능

④ 전문가를 둔 영속적인 구조

⑤ 중앙위원회나 직원에 의해 장기적인 활동 수행

해설

• 연합은 연대적 성격으로 느슨하고 구조화된 협력관계이다. 연합관계는 조직들 간의 이슈와 전략을 공동으로 선택하는 것 보다 협력관계를 말하는 것이다.
• 운영위원회를 통해 조직간 협력이 이루어진다.
• 협동과 비슷하지만 연합은 개별적인 사회행동조직의 노력만으로는 쉽사리 해결될 수 없는 장기적인 쟁점을 해결하기 위해 연대하는 것이다

정답 ①

05) 사회행동의 전략과 전술에 관한 설명으로 옳지 않은 것은?

① 피해를 입힐 수 있는 잠재력도 힘의 원천이 된다.

② 사회행동 전술들의 혼합사용을 피해야 한다.

③ 추상적 논쟁이 아니라 대상 집단과의 힘겨루기다.

④ 힘의 원천은 상대방의 약점을 들추어내어 수치심을 갖게 하는 것도 포함된다.

⑤ 다른 조직과의 협력관계는 협조, 연합, 동맹 등의 유형이 있다.

해설

사회행동의 전략에는 대상 집단을 이기기 위한 힘의 전략, 사회행동의 합법성 확보, 타조직과의 협력 전략, 전술 연결의 전략, 협상을 전개하는 전략 등이 있으며 이러한 전략 하에서 다수의 전술을 적절하게 혼합사용이다.

정답 ②

06) 다음 중 협상 전술에 대한 설명으로 옳은 것은?

ㄱ. 양보와 타협의 완급을 조절한다.

ㄴ. 상대방에게 확실한 응집력을 보여주면서도, 융통성을 발휘한다.

ㄷ. 상대방의 취약점을 노출시킨다.

ㄹ. 협상시한을 정하지 않는다.

① ㄱ, ㄴ, ㄷ　　　② ㄱ, ㄷ　　　③ ㄴ, ㄹ　　　④ ㄹ　　　⑤ ㄱ, ㄴ, ㄷ, ㄹ

해설

협상에 시한을 두어야 한다.

보충노트

프로이트가 제시한 협상전술

1. 협상에 시한을 두어야 한다.
2. 요구하는 입장을 확고히 해야 한다.
3. 양보와 타협의 완급을 조절할 수 있어야 한다.
4. 상대방의 제안에 대응함에 신중해야 한다.
5. 협상이 계속 진행 되도록 해야 한다.
6. 중재자를 개입시킬 필요가 있는지 고려해야 한다.

정답 ①

(17회 기출)

중요도 ★★★

01) 지역사회보장계획의 수립 과정을 순서대로 옳게 나열한 것은?

> ㄱ. 세부사업 계획 수립   ㄴ. 지역사회보장협의체 심의
>
> ㄷ. 지역사회보장조자   ㄹ. 행·재정계획 수립
>
> ㅁ. 의회보고   ㅂ. 추진 비전 및 목표 수립

① ㄱ-ㄴ-ㅁ-ㄹ-ㅂ-ㄷ   ② ㄴ-ㄹ-ㄱ-ㅁ-ㅂ-ㄷ

③ ㄷ-ㄹ-ㅂ-ㄱ-ㄴ-ㅁ   ④ ㄷ-ㅂ-ㄹ-ㄱ-ㄴ-ㅁ

⑤ ㄷ-ㅂ-ㄱ-ㄹ-ㄴ-ㅁ

해설

시·군·구 지역사회보장계획의 수립 절차: 지역사회보장조사 실시 → 지역사회보장계획(안)마련 → 지역 주민 의견 수렴 → 지역사회보장협의체 심의 → 시·군·구 의회보고 → 시·도에 계획 제출 → 시행 및 평가

정답 ⑤

(16회 기출)

중요도 ★★★★

02) 지역사회보장계획에 관한 설명으로 옳지 않은 것은?

① 지역사회보장서비스의 수급조정과 안정적 공급을 위해 필요하다.

② 시·군·구 및 시·도는 4년마다 지역사회 보장계획을 수립해야 한다.

③ 시·군·구 지역사회보장계획은 시·군·구 의회의 심의와 지역사회보장협의체의 보고를 거쳐야 한다.

④ 「사회보장급여의 이용·제공 및 수급권자 발굴에 관한 법률」에 근거한다.

⑤ 시·군·구 지역사회보장계획은 시행연도의 전년도 9월 30일까지 시·도지사에게 제출되어야 한다.

해설

③ 시·군·구 지역사회보장계획은 지역사회보장협의체의 심의와 시·군·구 의회의 보고를 거쳐서 도지사에게 제출하여야 한다.

정답 ③

266

중요도 ★★★★

03) 지역사회보장계획에 관한 설명으로 옳지 않은 것은?

① 사회보장급여의 사각지대 발굴 및 지원 방안을 모색한다.

② 지역사회보장 수요를 측정하고, 목표 및 추진전략을 수립한다.

③ 주택, 고용, 문화를 제외한 보건과 의료영역에 초점을 둔다.

④ 시 · 도 및 시 · 군 · 구에서 계획을 수립한다.

⑤ 지역사회보장서비스의 수급조정과 안정적 공급을 도모한다.

해설

「사회보장급여의 이용, 제공 및 수급권자 발굴에 관한 법률」 이전

「지역사회복지협의체가 보건의료 및 사회복지 서비스 중심이었다면 2015년 7월 시행된 지역사회보장협의체」에서 보건의료 및 사회복지 뿐 만 아니라 고용, 주거 ,교육, 문화, 환경 등의 영역으로 확대되었다.

지역사회보장계획은 지역 주민 전체를 위한 계획 및 개별 복지 대상 집단별 계획을 모두 포함하는 계획으로 사회복지 영역별 종합화뿐 아니라, 주민복지와 관련된 보건 · 의료분야와 체육, 문화, 교육, 노동 등 지역사회복지 및 지역 주민의 삶과 밀접하게 관계가 있는 유관분야를 계획의 범위에 포함시키는 종합계획의 성격을 갖도록 한다.

정답 ③

중요도 ★★★★

04) 지역사회보장계획에 관한 설명으로 옳은 것을 모두 고른 것은?

> ㄱ. 최근 지역사회복지계획이 「사회보장급여 이용 · 제공 및 수급권자 발굴에 관한 법률」에 의거하여 지역사회보장계획으로 변경되었다.
> ㄴ. 사회보장급여의 사각지대 발굴 및 지원방안 등을 포함한다.
> ㄷ. 지역사회보장협의체에서 지역사회보장계획을 심의한다.
> ㄹ. 시 · 도지사 및 시장 · 군수 · 구청장은 4년마다 지역사회보장계획을 수립하여야 한다.

① ㄱ, ㄴ, ㄷ   ② ㄱ, ㄷ   ③ ㄴ, ㄹ

④ ㄹ   ⑤ ㄱ, ㄴ, ㄷ, ㄹ

해설

「사회복지 사업법」에 규정되어 있던 지역사회복지계획의 수립 시행 규정이 「사회보장급여 이용 · 제공 및 수급권자 발굴에 관한 법률」이 2014년 12월 30일 제정되어 2015년 7월 1일부터 시행되어 기존의 지역사회 복지 계획이 지역사회보장계획으로 변경되었다. ㄱ, ㄴ, ㄷ, ㄹ 모두 옳은 내용이다.

정답 ⑤

중요도 ★★

05) 지역사회복지계획 수립의 기본원칙이 아닌 것은?

① 과학성　　　② 비연속성　　　③ 실천성　　　④ 지역성　　　⑤ 자율성

해설

지역사회복지계획은 상위계획, 유관기관, 연차별계획 등과의 연속성이 확보되어야 하며 중·단기 계획을 통해 실현가능하도록 작성되어야 한다.

정답 ②

중요도 ★★★

06) 사회복지사업 관련 법령에서 지역사회보장복지계획에 관한 설명으로 옳은 것을 모두 고른 것은?

> ㄱ. 시·도지사는 사회복지위원회의 심의를 거쳐 지역사회보장복지계획을 수립하여야 한다.
> ㄴ. 시장·군수·구청장은 지역주민 등 이해관계인의 의견을 들은 후 지역사회보장복지협의체의 심의를 거쳐야 한다.
> ㄷ. 지역보건의료계획 및 사회보장에 관한 지역계획과 연계되어야 한다.
> ㄹ. 지역의 지역사회활동계획과 연계되어야 한다.

① ㄱ, ㄴ, ㄷ　　　　　② ㄱ, ㄷ　　　　　③ ㄴ, ㄹ
④ ㄹ　　　　　　　　⑤ ㄱ, ㄴ, ㄷ, ㄹ

해설

「사회보장기본법」 제16조에 따라 사회보장에 관한 기본 계획과 연계하도록 한다. ㄹ지역의 지역사회 활동계획과 연계되어야 하는 건 아니다.

보충노트

지역사회복지계획 수립 시 준수 사항
• 지역사회보장복지계획 수립은 법적 의무사항이다.
• 시행결과의 평가는 의무사항은 아니다.
• 시도지사에게 제출한다.
• 4년 단위의 증가계획이다.
• 사회복지위원회의 심의를 받는다.
• 복지수요의 측정 및 전망한다.
• 사회복지시설 및 재가 복지의 장단기 공급대책 마련
• 사회복지서비스 및 보건의료서비스의 연계제공 방안연구
• 인력, 조직 및 재정 등 복지자원의 조달 및 관리에 관한 사항

- 사회복지전달체계에 관한 사항, 사회복지시설에 종사하는 자의 처우개선에 관한 사항
- 지역사회복지에 관련된 통제수집 및 정리에 관한 사항
- 사회복지전달체계에 관한 사항
- 복지자원의 조달 및 관리에 관한 사항
- 사회복지시설에 종사하는 자의 처우개선에 관한 사항

정답 ①

(11회 기출)

중요도 ★★★

07) 사회보장급여의 이용, 제공 및 수급권자 발굴에 관한 법률상 시, 군, 구 지역사회보장 계획에 포함되는 내용이 아닌 것은?

① 지역사회보장 수요의 측정, 목표 및 추진 전략

② 지역사회보장의 목표를 점검할 수 있는 지표의 설정 및 목표

③ 지역사회보장의 분야별 추진전략, 중점 추진사업 및 연계협력 방안

④ 지역사회보장협의체의 구성에 관한 사항

⑤ 사회보장급여의 사각지대 발굴 및 지원 방안

해설

사회보장급여의 이용, 제공 및 수급권자 발굴에 관한 법률 제 36조로 지역사회보장복지협의체의 구성에 관한 사항은 해당사항이 아니다.

정답 ④

(10회 기출)

중요도 ★★★

08) 시 · 군 · 구 지역사회복지계획의 수립절차가 옳은 것은?

| ㄱ. 지역사회복지계획의 시행 | ㄴ. 지역사회복지협의체의 심의 |
| ㄷ. 지역주민 등 이해관계자 의견 수렴 | ㄹ. 지역사회복지계획의 시행결과 평가 |

① ㄱ → ㄴ → ㄷ → ㄹ   ② ㄴ → ㄷ → ㄹ → ㄱ

③ ㄴ → ㄱ → ㄷ → ㄹ   ④ ㄷ → ㄴ → ㄱ → ㄹ

⑤ ㄷ → ㄱ → ㄴ → ㄹ

해설

「사회보장급여의 이용 · 제공 및 수급권자 발굴에 관한 법률」제35조(지역사회보장에 관한 계획의 수립)에 지역사회보장복지계획은 먼저 주민의 의견을 수렴하는 공청회를 거쳐, 시 · 군 · 구에 있는 지역사회보장복지협의체의 심의가 통과되면 계획을 시행하고 후에 결과에 대한 평가를 한다.

정답 ④

중요도 ★★

09) 지역사회복지계획 시행에 따른 변화가 아닌 것은?

① 지역 여건과 현황에 맞는 복지정책의 실행이 가능하다.

② 지속적이고 장기적인 복지정책을 구현할 수 있다.

③ 사회복지와 보건의료를 연계할 수 있는 토대가 마련되었다.

④ 민관협력을 통한 복지자원의 효율적 운영이 가능하다.

⑤ 공급자중심의 지역사회복지실천이 강화된다.

해설

지역사회복지계획은 주민복지욕구를 질적·양적으로 파악하고 그 욕구를 충족시키기 위한 서비스 공급체계를 확보하는 것으로 공급자 중심이 아니라 이용자 중심의 실천계획이 강화되어야 한다.

정답 ⑤

중요도 ★★

10) 지역사회보장계획에 대한 설명으로 옳지 않은 것은?

① 시장, 군수, 구청장은 지역사회보장계획을 수립해야 한다.

② 사회복지위원회는 시, 도의 지역사회보장계획을 심의해야 한다.

③ 지역사회보장계획은 지역보건의료계획과 연계되어야 한다.

④ 보건복지부장관은 시, 군, 구 지역사회보장계획의 시행결과를 평가해야 한다.

⑤ 지역사회보장계획을 수립할 때에는 지역주민 등 이해관계인의 의견을 들어야 한다.

해설

보건복지부 장관은 시도지역사회보장계획의 시행결과를 시도지사는 시군구 지역사회보장계획의 시행결과를 각각 보건복지부령으로 정하는 바에 따라 평가할 수 있다고 규정하고 있다. 보건복지부장관은 시도지역사회보장계획의 시행결과를 평가하나, 시행결과 평가가 의무사항은 아니다.

정답 ④

(17회 기출)

중요도 ★★

01) 읍 · 면 · 동 지역사회보장협의체의 역할로 볼 수 없는 것은?

① 복지대상자 발굴   ② 지역특화사업 추진

③ 지역자원의 발굴 및 연계   ④ 지역인적안정망 구축

⑤ 지역사회보장지표의 생성

해설

지역사회보장지표의 설정은 시 · 군 · 구 지역사회보장협의체의 역할에 해당한다.

보충노트

시 · 군 · 구 계획에 포함되는 사항

① 수요측정, 목표 및 추진전략

② 지역사회보장지표 설정 및 목표

③ 중점 추진사업 및 연계 협력 방안

④ 전달체계의 조직과 운영

⑤ 사각지대 발굴 및 자원

④ 재원의 규모와 조달방안

⑤ 통계수집 및 관리 방안   정답 ⑤

(16회 기출)

중요도 ★★★★

02) 최근 우리나라 지역사회복지 동향에 관한 내용으로 옳은 것은?

① 중앙정부 중심의 지역사회복지서비스 전달체계 구축

② 복지재정 분권화로 인한 지역 간 사회복지 불균형

③ 다양한 서비스 공급 주체의 참여 축소

④ 서비스 이용자의 권리 제한

⑤ 지역사회 복지네트워크의 중요성 감소

해설

복지 재정의 분권화의 단점으로 지방정부간의 재정 격차 복지인식과 사업의지 차이 등이다.

사회복지 재정을 확대하기 어려운 중앙정부가 지방분권화라는 이름하에 지방정부에게 사회복지 업무를 강제로 떠맡김으로써 재정능력이 취약한 지방자치단체는 주민의 욕구를 충분히 충족시키지 못하게 되며, 이로 인해 지역 간 복지수준의 격차가 더 벌어지게 되었다. 뿐만 아니라 각 지방자치단체의 재정자립도의 격차는 지방자치제와 지역사회복지사업에 문제를 야기하여 지역 간 복지 불평등을 초래하고 있다.

정답 ②

중요도 ★★★
03) 다음 사회복지전담공무원의 핵심 역할은?

> A씨는 최근 건강이 나빠져서 일을 할 수 없게 되자 주민센터(행정복지센터)를 찾아갔다. 사회복지전담공무원은 지원 가능한 급여와 서비스 등을 알려주고, A씨는 이를 이용하였다.

① 조직가　　② 교육자　　③ 옹호자　　④ 협상가　　⑤ 자원연결자

해설

'전담공무원이 지원 가능한 급여와 서비스 등을 A씨에게 알려주어서 A씨가 이를 이용하였다.'는 것은 지역사회자원(물적, 인적 자원) 개발 및 연결, 취업정보 제공 및 알선 등을 활동내용으로 하는 자원연결자로서의 역할이다.

정답 ⑤

중요도 ★★★
04) 지방자치가 지역사회복지에 미친 긍정적 영향을 모두 고른 것은?

> ㄱ. 지역사회복지에 대한 주민의 주체적 참여기회 제공
> ㄴ. 주민욕구 맞춤형 복지 프로그램 제공
> ㄷ. 지방행정부서의 역할 강화
> ㄹ. 비정부조직(NGO)의 자원 활용

① ㄱ, ㄴ　　② ㄴ, ㄷ　　③ ㄱ, ㄴ, ㄷ　　④ ㄱ, ㄷ, ㄹ　　⑤ ㄱ, ㄴ, ㄷ, ㄹ

해설

지방분권화로 지방자치제 실시의 긍정적 효과로는 주민의 욕구에 적합한 서비스 제공, 주민의 욕구에 민감하게 반응, 양질의 서비스 개발 등 ⓒ 지방행정부서의 역할이 강화되고 ⑦ 지역사회복지에 대한 주민의 주체적 참여기회 확대 ⑧ 비정부조직(NGO)의 자원을 활용하여 ⓛ 주민욕구 맞춤형 복지 프로그램 제공도 가능해졌다.

정답 ⑤

중요도 ★★★
05) 지역사회발전을 위한 지방분권화의 부정적인 측면을 모두 고른 것은?

> ㄱ. 지방자치단체 간 재정능력의 차이로 복지수준이 다를 수 있다.
> ㄴ. 지방자치단체 간의 경쟁이 심화되어 지역이기주의가 나타날 수 있다.
> ㄷ. 지방자치단체장의 의지에 따라 복지서비스의 지역 간 불균형이 나타날 수 있다.
> ㄹ. 지방자치단체의 권한과 책임을 강화시킬 수 있다.

① ㄱ, ㄴ, ㄷ   ② ㄱ, ㄷ   ③ ㄴ, ㄹ   ④ ㄹ   ⑤ ㄱ, ㄴ, ㄷ, ㄹ

해설

지방분권의 부정적 영향으로는 ㉠ 지역 간의 복지수준의 격차, ㉢ 지역 간 불균형, 지역 ㉡ 이기주의 팽배, 중앙정부의 사회적 책임성 약화 등이 있다. ㉣ 권한과 책임성 강화는 긍정적 측면에 해당한다.

정답 ①

중요도 ★★★★ (13회 기출)

06) 지역사회보장협의체에 관한 설명으로 옳지 않은 것을 모두 고른 것은?

> ㄱ. 공공 간의 연계방식으로 시작해서 공공과 민간의 연계방식을 전개되었다.
> ㄴ. 지역사회복지자원을 개발하고, 발굴하는 기능을 갖고 있다.
> ㄷ. 시,도에서 전달하는 상위계획은 실무분과에서 심의권을 갖는다.
> ㄹ. 실무협의체에서는 실무분과에서 발위 된 쟁점에 대해 논의한다.

① ㄱ, ㄴ, ㄷ   ② ㄱ, ㄷ   ③ ㄴ, ㄹ   ④ ㄹ   ⑤ ㄱ, ㄴ, ㄷ, ㄹ

해설

㉠ 지역사회보장협의체는 공공과 민간, 민간과 민간 간의 공동 협력을 위한 기구이다.
㉢ 시군구에서 시도로 지역사회보장계획을 제출하는 것이며, 시도의 지역사회보장계획은 시도사회보장위원회에서 심의권을 갖는다.

정답 ②

중요도 ★★★★ (12회 기출)

07) 지역사회복지를 위한 지방분권의 부정적 측면이 아닌 것은?

① 사회복지 행정업무와 재정을 지방에 이양함으로써 중앙정부의 사회적 책임성을 약화시킬 수 있다.

② 지방정부가 사회개발정책에 우선을 두는 경우 지방정부의 복지예산이 감소될 수 있다.

③ 복지의 분권화를 통해 효율적인 복지집행체계의 구축이 용이해질 수 있다.

④ 지방자치단체장의 의지에 따라 복지서비스의 지역 간 불균형이 나타날 수 있다.

⑤ 지방정부간의 재정력 격차로 복지수준의 차이가 나타날 수 있다.

해설

지방행정 역량의 차이와 복지 재정의 불균형성 등에 따라 일정한 복지행정 수준에 미달되는 지방정부가 나타나게 되며 지방자치단체 간 경쟁 심화로 지역이기주의가 팽배될 수 있다.

정답 ③

08) 최근의 사회복지 동향으로 옳지 않은 것은?

① 노인양로시설 사업은 중앙정부로의 환원이 결정되었다.

② 장애인거주시설 사업은 중앙정부로의 환원이 결정되었다.

③ 아동복지시설 사업은 중앙정부로의 환원이 결정되었다.

④ 제3기 지역사회복지계획이 준비되고 있다.

⑤ 협동조합의 설립은 5인 이상의 조합원 자격이 있어야 한다.

해설

노인양로시설, 장애인거주시설 등은 중앙정부로 예산이 환원되었으나 아동복지시설은 아직 환원되지 않은 상태이다.

정답 ③

09) 지방분권화에 따른 지역사회복지 환경의 변화로 민간 사회복지부문 전반에 걸쳐서 요구되는 것을 모두 고른 것은?

> ㄱ. 사회복지종사자들의 직무능력 개발과 책임성 강화
>
> ㄴ. 복지관련 연계망 구축기반 마련
>
> ㄷ. 지역사회의 종교·시민단체 등과의 상호협조 강화
>
> ㄹ. 공공부문에 대한 견제와 협력의 강화

① ㄱ, ㄴ, ㄷ   ② ㄱ, ㄷ   ③ ㄴ, ㄹ   ④ ㄹ   ⑤ ㄱ, ㄴ, ㄷ, ㄹ

해설

지방분권화는 자치조직으로 민간과 공공기관의 유기적인 협력과 상호연계를 해 나가야 한다.

지방 분권화로 인한 사회복지계의 과제로서 민간부문의 역량 강화를 위해 ㄱ, ㄴ, ㄷ, ㄹ과 같은 역할을 해나가야 한다.

정답 ⑤

10) 사회복지전담 공무원에 관한 설명으로 옳지 않은 것은?

① 1987년에 저소득 취약계층에게 전문적인 복지서비스를 제공하기 위하여 사회복지전문요원으로 최초 배치되었다.

② 1992년에 사회복지사업법의 개정을 통해 법적 근거를 마련하였다.

③ 2000년부터 모든 사회복지전문요원이 별정직 공무원으로 전환되었다.

④ 사회복지사 자격을 가진 사람으로 하며 그 임용 등에 필요한 사항은 대통령령으로 정한다.

⑤ 사회복지를 필요로 하는 사람들에 대하여 그 생활실태와 가정환경 등을 파악하고 사회복지에 관하여 필요한 상담과 지도를 행한다.

해설

2000년 1월부터 사회복지전담 공무원의 직렬은 별정직에서 일반직 사회복지직으로 전환되었다.

정답 ③

중요도 ★★★   (10회 기출)

11) 지방자치제가 지역사회복지에 미치는 영향으로 옳지 않은 것은?

① 중앙정부중심의 복지행정으로부터 지방정부중심의 복지행정으로 전환이 이루어진다.

② 지방정부의 권력강화로 복지예산이 확대되며 이로 인해 민간의 참여가 약화된다.

③ 지방정부와 지역사회주민들이 지역의 복지에 대한 책임의식을 갖고 주체적으로 참여한다.

④ 지역의 특성에 맞고 그 지역주민의 복지수요에 부응하도록 독자적인 계획을 수립하고, 차별화된 정책 수립이 가능하다.

⑤ 재정자립도의 격차는 지방자치제와 지역사회복지사업의 문제점을 발생시켜 지역 간 복지 불평등을 초래할 수 있다.

해설

지방정부의 권력이 강화되고 책임도 강화되어 지역에 따라 예산이 다르게 쓰일 수 있다.
또한 민간의 참여가 강화되며 지역별 양극화를 가져올 수 있다. 민간복지단체의 육성이 강화되어 주민의 자발적 참여에 의한 자원봉사 또는 민간 참여가 활발해지게 된다.

정답 ②

중요도 ★★   (9회 기출)

12) 사회복지전담 공무원에게 일어날 수 없는 일은?

① 장애인 복지카드를 발급한다.

② 국민 기초 생활 보장수급자 현황 자료를 작성한다.

③ 관내 복지관에 지도점검을 다녀온다.

④ 6급으로 승진한다.

⑤ 건강보험료 체납자 명단을 정리한다.

건강보험료 체납자 명단 정리는 국민건강보험공단 직원의 업무내용이다.

정답 ⑤

　　(9회 기출)

13) 지방분권화가 지역사회에 미칠 수 있는 영향은?

> ㄱ. 주민 참여를 높인다.
> ㄴ. 지방정부 간 복지예산의 불균형을 초래한다.
> ㄷ. 지역사회 욕구에 맞는 복지프로그램 개발을 향상시킨다.
> ㄹ. 기초생활보장이 강화된다.

① ㄱ, ㄴ, ㄷ　　　② ㄱ, ㄷ　　　③ ㄴ, ㄹ　　　④ ㄹ　　　⑤ ㄱ, ㄴ, ㄷ, ㄹ

ㄹ 기초생활보장이 약화된다.
지방분권화로 복지행정 역량의 차이와 복지재정의 불균등성에 따라 일정한 복지행정수준에 미달되는 지방정부가 나타나게 되고, 이에 따라 복지서비스 수급권에 대한 자격요건이 통일성이 없이 지역에 다라 복지수급권이 제한되거나 복지수급 자격요건이 엄격하게 적용되어 복지급여의 수급 여부가 결정 될 수 있다.

정답 ①

　　　　　　　　　　　　　　　　　　　　　　　　　　　　　　　　　　　　　　　(8회 기출)

14) 지방차지, 지방분권이 지역사회복지 미치는 영향이 아닌 것은?

① 지역주민이 주체적인 참여를 할 수 있는 기회 제공
② 요구에 부응하여 정책대안 제시
③ 지방정부의 사회복지서비스 기획 능력 강화
④ 민간부분의 실질적 참여 확대
⑤ 일률적이고 획일적인 서비스 제공

지방자치, 지방분권화로 인해 일률적이고 획일적인 서비스 제공이 아니라 주민의 욕구에 반응하는 맞춤 서비스를 제공할 수 있다.

정답 ⑤

제12장 민간 지역사회복지 실천의 추진체계

〈사회복지협의회〉

중요도 ★★★★   (17회 기출)

01) 사회복지협의회에 관한 설명으로 옳은 것은?

① 읍 · 면 · 동 중심의 공공부문 전달체계와 지역사회보고체계를 구축하고 운영한다.

② 관계법령에 따라 10명 이상 40명 이하의 규모로 위원회를 구성해야 한다.

③ 시 · 군 · 구 단위에 의무적으로 설치하여야 한다.

④ 사회복지시설 및 기관 중심의 지역사회복지 증진을 위한 법정단체이다.

⑤ 사회보장급여의 이용 · 제공 및 수급권자 발굴에 관한 법률에 근거하여 설립된다.

해설

사회복지협의회는 한국사회복지협의회, 광역단체 사회복지협의회, 지역사회복지협의회로 조직되어 있다. 사회복지사업법에 법적 근거는 마련되어 있지만 설립이 의무인 것은 아니다.

정답 ④

중요도 ★★★   (14회 기출)

02) 사회복지사업법령상 우리나라 사회복지협의회에 관한 설명으로 옳지 않은 것은?

① 사회복지 소외계층 발굴 및 민간사회복지자원과의 연계 · 협력 업무를 수행한다.

② 사회복지에 관한 조사 · 연구 및 정책건의를 수행한다.

③ 사회복지관련 기관 · 단체 간의 연계 · 협력 · 조정 업무를 수행한다.

④ 시 · 군 · 구 기초자치단체에 의무적으로 설립하여야 한다.

⑤ 민간 사회복지의 증진을 위한 법정단체이다.

해설

사회복지협의회는 자주적 민간기구로 민간단체 자치적으로 운영한다.
시, 군, 구 기초자치단체에 사회복지협의회를 설치하는 것은 임의 규정이다.

정답 ④

03) 한국 사회복지협의회에 관한 설명으로 옳지 않은 것은?

① 민간과 공공의 연계, 협력, 조정을 기초로 한 협력기관

② 복지수요 사정에 따른 지역사회보장계획 수립

③ 보건, 복지 전달체계의 효율적 관리

④ 사회복지관련 기관, 단체 간의 연계. 협력, 조정

⑤ 사회복지사에 대한 전문지식 및 기술의 개발

해설

사회복지협의회는 지역사회 안의 사회복지시설, 사회복지에 관심을 갖고 있는 민간단체나 개인의 연합체로서, 지역사회가 요구하는 사회복지의 욕구를 효과적으로 달성하기 위하여 상호협력 및 조정하는 민간단체이다.

①, ②, ③: 지역사회보장협의체

⑤: 한국사회복지사협회

정답 ④

04) 우리나라 사회복지협의회에 대한 설명으로 옳지 않은 것은?

① 사회복지사업법에 법적인 근거를 두고 있다.

② 시, 군, 구에도 설치할 수 있다.

③ 민간과 정부의 협력기구이다.

④ 지역사회의 특성에 적합한 역할을 수행한다.

⑤ 민간의 업무를 협의, 조정한다.

해설

사회복지협의회는 지역사회복지에 관심 있는 민간단체들 간의 자율적 협력, 조정 단체이며, 공공과 민간 간 협력을 위한 기구는 지역사회보장협의체이다.

정답 ③

〈지역사회복지관〉

(17회 기출)

`중요도 ★★★`

01) 다음 사례의 ㄱ, ㄴ과 관련한 사회복지관의 역할을 순서대로 옳게 나열한 것은?

> ㄱ. A종합사회복지관은 인근 독거노인의 복합적이고 장기적인 욕구를 사정하고 통합적인 서비스 제공 및 점검계획을 수립하였다.
> ㄴ. 이후 독거노인의 생활을 지원하기위해 주민봉사단을 조직하여 정기적인 가정 방문을 실시하고 있다.

① 지역사회보호, 주민조직화   ② 사례개입, 당사자 교육
③ 서비스 연계, 자원 개발 및 관리   ④ 서비스 제공, 복지네트워크 구축
⑤ 사례관리, 주민조직화

`해설`

사회복지관의 3대 기능은 사례관리, 서비스제공, 지역조직화이다. 사례관리는 사례발굴, 사례개입, 서비스연계 역할과 관련이 깊으며, 서비스 제공은 가족기능 강화, 지역사회보호, 교육문화, 자활지원과 관련이 깊다. 지역조직화는 복지네트워크구축, 주민조직화, 자원개발 및 관리와 관련이 깊은데, 이 중 주민조직화는 주민이 지역사회 문제에 스스로 참여하고 공동체 의식을 갖도록 주민조직의 육성을 지원하고, 이러한 주민협력 강화에 필요한 주민의식을 높이기 위한 교육을 실시하는 사업이다.

정답 ⑤

(16회 기출)

`중요도 ★★★★`

02) 다음 사업을 모두 수행하는 지역사회 복지기관은?

> • 주민복지증진사업, 주민조직화 사업
> • 사례 발굴 및 개입
> • 아동 · 청소년 사회교육, 문화복지사업

① 사회복지관   ② 지역사회보장협의체
③ 지역자활센터   ④ 지역아동센터
⑤ 자원봉사센터

`해설`

사회복지관의 3대 기능은 사례관리, 서비스 제공, 지역조직화이다. 주민복지증진사업, 주민조직화 사업은 지역조직화 기능에 해당하며, 사례 발굴 및 개입은 사례관리 기능, 아동 · 청소년 사회교육, 문화복지사업은 서비스 제공 기능에 속한다.

정답 ①

중요도 ★★

03) 우리나라 사회복지관에 관한 설명으로 옳지 않은 것은?

① 사회복지관 사업이 지방이양사업으로 선정되어 재정지원방법이 변경되었다.

② 사회복지관 5대 사업이 사례관리기능, 서비스 제공기능, 지역조직화기능 등 3대 기능으로 개편되었다.

③ 사회복지관 운영은 사회보장기본법에 근거한다.

④ 사회복지관 평가제도가 실시되고 있다.

⑤ 사회복지관의 운영원칙은 지역성, 전문성, 책임성 등이 있다.

해설

사회복지관 운영은 사회복지사업법에 근거한다. 1983년 개정된 사회복지사업법을 토대로 사회복지관 설립 및 운영을 지원하는 근거가 마련되었다. 　　　　　　　　　　　　　　　　　　　　　　　　　　　　　　　　　　정답 ③

중요도 ★★

04) 최근에 개정된 사회복지사업법령에 따라 달라진 사회복지관의 기능으로 옳은 것을 모두 고른 것은?

> ㄱ. 서비스 연계 등을 포함한 사례관리 기능
> ㄴ. 지역 지도자 발굴 등을 포함한 지역전문화 기능
> ㄷ. 자원개발 및 관리 등을 포함한 지역조직화 기능
> ㄹ. 지역의 욕구사정 등을 포함한 지역평가 기능

① ㄱ, ㄴ, ㄷ　　　② ㄱ, ㄷ　　　③ ㄴ, ㄹ　　　④ ㄹ　　　⑤ ㄱ, ㄴ, ㄷ, ㄹ

해설

ⓛ 지역 지도자 발굴 등을 포함한 지역전문화 기능 ⓔ 지역의 욕구사정 등을 포함한 지역평가 기능은 사회복지관의 기능이 아닌 지역사회의 기능에 해당한다. 　　　　　　　　　　　　　　　　　　　　　　　　　　　　정답 ②

중요도 ★★★★

05) 사회복지관에 관한 설명으로 옳은 것은?

① 일반주의 실천을 실행하는 곳으로 일반 지역주민들에게 서비스를 우선 제공하여야 한다.

② 종합적 사회복지서비스를 제공하는 기능보다는 조직화사업 기능에 더 초점을 맞추어야 한다.

③ 효율적인 서비스 제공을 위하여 자율성의 원칙에 따라 운영되어야 한다.

④ 취약계층의 가족기능을 보완하고 부양가족을 지원하기 위한 사업은 지역사회조직사업에 해당 된다.

⑤ 시설 종사자의 근무환경 개선에 관한 사항에 대한 의결권은 운영위원회에 있다.

중요도 ★★★   (10회 기출)

06) 사회복지관의 각 분야별 단위사업내용이 아닌 것은?

① 지역사회조직사업 – 일시보호서비스   ② 가족복지사업 – 가족기능보완

③ 자활사업 – 직업기능훈련   ④ 지역사회보호사업 – 보건의료서비스

⑤ 교육문화사업 – 어르신 여가문화

해설

일시보호서비스는 지역사회보호사업에 해당한다.   정답 ①

중요도 ★★   (9회 기출)

07) 다음에서 유추할 수 없는 것은?

> 사회복지관의 정부 지원예산은 지방자치단체가 편성하고 진행하게 되었다. 하지만 사회복지관이 재정에서 정부 지원예산의 비중이 높다는 것은 여전히 문제가 될 것으로 전망되며, 사회복지관 위탁 과정의 투명성 제고도 과제로 제기되고 있다.

① 사회복지관은 운영원칙 중의 하나는 통합성이다.

② 사회복지관의 재정자립 문제가 대두되고 있다.

③ 정부에서 사회복지관의 분야별 단위사업 구성에 대해 개입한다.

④ 사회복지관은 위탁을 통해 운영되는 경우가 많다.

⑤ 사회복지관 운영업무는 지방 정부로 이양되었다.

통합성의 원칙은 사업을 수행함에 있어 지역 내 공공 및 민간 복지기관 간에 연계성과 통합성을 강화시켜 지역사회복지 체계를 효율적으로 운영해야 한다는 원칙이다.

정답 ①

08) 우리나라 사회복지관의 변화로 옳지 않은 것은?

① 1900년대 사회복지관사업이 태동하였다.

② 1970년대 정부지침에 의해 국고보조금 지원이 시작되었다.

③ 1980년대 저소득층 영구임대아파트 내에 사회복지관 건립이 의무화되었다.

④ 1990년대 사회복지사업법에 근거한 사회복지관 평가가 시작되었다.

⑤ 2000년대 사회복지관 운영비가 분권교부세로 충당되었다.

1988년에 사회복지관의 운영, 건립에 관한 국고 보조사업지침이 마련되었다.

정답 ②

09) 사회복지관 사업이 지역성이 원칙을 제고하기 위한 방안으로 옳지 않은 것은?

① 정부 및 지자체에 대한 재정의존 강화

② 서비스 중복, 누락 방지를 위한 지역사회 기관 간의 서비스 통합 추구

③ 지역주민의 욕구를 정확하고 신속하게 반영

④ 옹호와 주민조직화 기능 활성화

⑤ 주민들의 참여 방안 강구

사회복지관은 지역사회의 특성과 지역주민의 문제나 욕구를 신속하게 파악하여 사업계획 수립시 반영하여 지역사회 문제를 해결하고, 이에 따른 서비스를 제공하여야 하며, 지역주민의 적극적 참여를 유도하여 주민의 능동적 역할과 책임의식을 조장하여야 한다. 지역성 재고를 위해서는 정부 및 지자체에 대한 재정의존도를 낮추는 방안을 모색해야 한다.

정답 ①

〈재가복지봉사센터〉

중요도 ★★★★ (11회 기출)

01) 재가복지봉사센터에 관한 설명으로 옳은 것을 모두 고른 것은?

> 가. 지역사회보호 사업을 실천하는 대표적 기관
>
> 나. 급식 지원 서비스, 말벗 서비스, 이·미용 서비스 등 생활지원서비스 제공
>
> 다. 조사 및 진단 기능의 수행
>
> 라. 직접적 서비스 제공기관으로 자원동원 기술은 사용하지 않음

① 가, 나, 다 　　　　② 가, 다 　　　　③ 나, 라

④ 라 　　　　⑤ 가, 나, 다, 라

해설

재가복지봉사센터는 직·간접적인 서비스 제공기관으로서, 재가복지서비스의 내실화와 대상자, 대상자 가정의 욕구와 문제해결을 위해 지역사회 인적·물적 자원을 동원하고 활용한다.
라. 직접적 서비스기관은 맞지만 자원동원기술도 사용한다.

정답 ①

중요도 ★★ (8회 기출)

02) 재가복지 담당자의 업무에 해당하지 않는 것은?

① 주간보호 　　　　② 후원자 개발

③ 일상생활 기술 훈련 　　　　④ 입소자 생활계획 수립

⑤ 가정 봉사원 파견 서비스 연계

해설

재가보호는 보호를 필요로 하는 사람들이 자신의 가정에서 보호를 받는 것이다. 입소자 생활계획 수립은 시설보호 서비스를 제공하는 지역사회복지실천가의 업무에 속한다.

정답 ④

〈사회복지공동모금회〉

중요도 ★★★★

01) 자원 동원 기관에 관한 설명으로 옳지 않은 것은?

① 사회복지공동모금회의 신청사업은 프로그램사업과 긴급지원사업으로 나누어 공모 형태로 진행된다.

② 기업의 사회공헌센터를 통한 기여 형태는 현금, 물품, 인력 등으로 다양하다.

③ 기부 식품 등 제공사업은 이용자에게 기초 푸드뱅크 · 마켓을 통해 기부물품을 제공하고 있다.

④ 자원봉사센터는 자원봉사활동기본법에 근거하여 자원봉사자를 양성 · 배치하는 역할을 수행한다.

⑤ 사회복지공동모금회는 노블레스 오블리주 실천을 위한 아너 소사이어티(honor society)를 운영하고 있다.

해설

자원동원기관

사회복지공동모금회의 신청사업은 사회복지 증진을 위하여 자유주제 공모형태로 복지 사업을 신청 받아 배분하는 사업으로 프로그램사업 및 기능보강사업으로 나누어 공모형태로 진행된다. 프로그램사업은 지역사회 변화와 지역주민의 삶의 질 향상을 중심으로 사회복지기관 등에서 계획하여 진행 예정인 사업으로, 최초 지원을 포함하여 총 3회(3차년도)까지 연속지원 가능하다. 기능보강사업은 시설 개 · 보수, 장비구입 등의 사업으로 연속지원이 불가하다

정답 ①

중요도 ★★★★

02) 공동모금회의 모금방법 중 시민 걷기대회를 개최하고 언론사 홍보를 통해 사회복지공동모금의 필요성과 중요성을 홍보하면서 재원을 확보하는 방식에 해당하는 유형은?

① 지역배분형   ② 개별형   ③ 기업중심형

④ 단체형   ⑤ 특별사업형

해설

특별사업형에 해당한다.

① 지역을 단위로 배분

② 일반 개인을 대상으로 하는 모금

③ 회사, 공장 등 사업체와 그 근로자를 대상으로 하는 모금

④ 재단, 협회 등의 단체가 대상이 되는 모금형

⑤ 특별한 프로그램 등의 일시적 행사나 프로그램을 통해 모금

정답 ⑤

중요도 ★★★★

03) 우리나라의 사회복지공동모금회에 관한 설명으로 옳은 것은?

① 설립 근거법은 사회복지사업기금법이다.

② 조직은 시 · 도별 지회형식에서 독립법인형식으로 변경되었다.

③ 모금방식은 기간을 기준으로 크게 연말집중모금과 연중모금으로 분류한다.

④ 배분사업은 신청사업과 지정기탁사업의 2가지로 구성된다.

⑤ 전체 모금액 중 개인모금액이 차지하는 비중이 법인모금액보다 크다.

해설

③ 모금은 연말집중 모금과 연중모금 캠페인으로 이루어진다.

오답노트

① 사회복지사업법에 근거한다.

② 독립법인 형식에서 지회형식으로 변경되었다.

④ 배분사업은 신청사업, 제안기획사업, 테마기획사업, 긴급지원사업, 지정기탁사업 등으로 나눠져 있다.

⑤ 기업에 의한 모금액 비중이 개인보다 크다.

정답 ③

중요도 ★★★

04) 사회복지공동모금회에 관한 설명으로 옳은 것은?

① 민간재원뿐만 아니라 공공재원까지 동원함을 목적으로 한다.

② 지역사회의 재원을 동원하고 배분하는 전문기관이다.

③ 에너지 빈곤층을 위해 정유회사에서 유류를 기부하는 것은 모금활동으로 볼 수 없다.

④ 모금사업은 연말에만 집중모금을 통해 이루어진다.

⑤ 기업모금이 전체모금에서 차지하는 비중이 상대적으로 적다.

해설

사회복지공동모금은 지역사회주민의 복지욕구를 충족시키기 위해 과학적이고 전문적인 모금 캠페인을 통하여 사회복지에 필요한 자원을 공동 마련하여 복지사업에 적절히 배분하는 활동이다.

오답노트

① 민간재원을 효율적이고 공정하게 관리 및 활용하기 위하여 설립되었다.

③ 모금활동은 금전뿐만 아니라 물품의 모금활동도 이루어지고 있다.

④ 모금형태는 일정기간 집중모금과 연중모금이 있다.

⑤ 기업모금은 적은 노력과 시간으로 많은 금액의 모금이 이루어져 그 비중이 크다.

정답 ②

05) 다음의 사회복지공동모금회 배분사업에 해당하는 사업은?

> 취약한 사회복지현상의 역량강화를 위한 지역사회복지 사업으로 모금회에서 주제
> 를 정하고 배분하는 사업

① 신청사업(일반신청)　　　② 제안기획사업　　　③ 테마기획사업
④ 긴급지원사업　　　　　　⑤ 지정기탁사업

해설

역량강화를 위한 지역사회 복지사업으로 모금회에서 주제를 정하고 배분하는 것은 테마기획사업에 해당한다.

정답 ③

06) 지역공동모금의 특성이 아닌 것은?

① 민간성　　　　　　　　② 공개성　　　　　　　③ 자원동원의 효율성
④ 지방정부의 책임성　　　⑤ 복지 교육성

해설

사회복지공동모금회는 민간 사회복지전달체계에 속하므로 지방 정부의 책임성을 특성으로는 옳지 않다.

정답 ④

<〈자원봉사센터〉

(12회 기출)

중요도 ★★★

01) 자원봉사센터의 목적이 아닌 것은?

① 다양한 자원봉사자들의 참여를 촉진하고 개발 · 육성한다.

② 자원봉사를 필요로 하는 기관과 단체들에게 자원봉사자를 공급한다.

③ 지역사회 자원의 조직화와 소통 · 조정 · 연계를 한다.

④ 자원봉사에 대한 인식을 증진시키고 자원봉사자의 위상을 제고시킨다.

⑤ 자원봉사 활동에 드는 비용을 모금한다.

해설

자원봉사 활동에 드는 비용은 자부담이 원칙이다. 자원봉사활동에 드는 비용을 모금하는 것은 사회복지 공동모금회의 목적이다.

정답 ⑤

(10회 기출)

중요도 ★★

02) 우리나라의 자원봉사센터에 관한 설명으로 옳지 않은 것은?

① 한국자원봉사협의회는 보건복지부장관의 인가를 받아 설립한다.

② 시 · 군 · 구 자원봉사센터는 자원봉사 수요기관 및 단체에 자원봉사자 배치 사업을 한다.

③ 자원봉사활동을 효율적으로 추진하기 위하여 필요하다고 인정할 때에는 국가기관 및 지방자치단체가 운영할 수 있다.

④ 지방자치단체는 자원봉사센터의 조직 및 운영 등에 관한 사항을 조례로 정한다.

⑤ 자원봉사센터는 자원봉사활동 개발 · 장려 · 연계 · 협력 등의 사업을 수행하기 위하여 설치된 기관이다.

해설

한국자원봉사협의회는 정관을 작성하여 행정안전부장관의 인가를 받아 등기함으로써 설립한다(자원봉사활동기본법 제17조 제3항).

정답 ①

〈지역자활센터〉

중요도 ★★★★

01) 지역사회 복지기관에 관한 설명으로 옳지 않은 것은?

① 지역자활센터에서는 조건부수급자만을 대상으로 자활의욕 고취를 위한 사업을 추진한다.

② 사회복지관은 경제적 지원, 일상생활 지원 등의 지역사회보호 사업을 수행한다.

③ 자원봉사센터는 자원봉사를 필요로 하는 기간과 단체에 자원봉사자를 공급한다.

④ 자활기업은 저소득층의 탈빈곤을 위한 자활사업을 운영한다.

⑤ 사회복지공동모금회는 취약한 사회복지현장의 역량강화를 위해 준제를 정하여 사업을 배분하기도 한다.

해설

자활사업 대상자는 조건부수급자, 자활급여특례자, 일반수급자, 특례수급가구의 가구원, 차상위자, 근로 능력이 있는 시설수급자 등이다.

정답 ①

중요도 ★★★★

02) 자활사업에 관한 설명으로 옳은 것은?

① 자활사업은 생활보호법이 시행되면서 본격적으로 이루어졌다.

② 광역자활센터는 2013년 12월 기준 16개 광역 시·도에 설치되어 있다.

③ 자활사업 활성화를 위해 민관협력체계인 자활기관협의체가 운영되고 있다.

④ 자활센터에서는 사례관리가 시행되고 있지 않다.

⑤ 자활사업 참여 대상자는 차상위계층만 해당된다.

해설

자활기관협의회는 시장, 군수, 구청장이 조건부 수급자 등 저소득층에 대한 자활지원사업의 효율적인 추진을 위해 직업안정기관 자활사업실시 기관 및 사회복지 시설 등의 장으로 구성된 상시적 협의체이다.

오답노트

① 자활사업은 국민기초생활보장법이 시행되면서 이루어졌다.
③ 자활사업은 중앙자활센터, 광역자활센터, 지역자활센터로 이루어져 있으며 외부기관으로 보건복지부, 시·도, 시·군·구, 읍·면·동, 고용노동부, 고용센터 등과 연계해 자활사업활성화를 진행하고 있다.
④ 자활센터도 사례관리를 실시하고 있다.
⑤ 자활사업 참여 대상자는 조건부수급자, 자활급여특례자, 일반수급자, 급여특례가구원, 차상위자, 시설수급자 등이 참여할 수 있다.

정답 ③

03) 자활사업에 관한 설명으로 옳지 않은 것은?

① 자활사업은 근로능력이 있는 저소득층이 스스로 자활할 수 있도록 자활능력 배양, 기능 습득지원 및 근로기회를 제공한다.

② 시·군·구 및 시·도는 수급자의 자활을 체계적으로 지원하기 위해 지역자활지원 계획을 3년마다 수립한다.

③ 자활근로사업은 근로유지형, 사회서비스일자리형, 인턴형, 시장진입형으로 구분 한다.

④ 지역자활센터는 빈곤층의 기초생활을 보장하면서 종합적 자립자활서비스를 제공하 여 삶을 개선하는데 목적이 있다.

⑤ 근로의욕고취·직업적응훈련이 필요한 수급자 및 차상위계층인 자는 직업적응훈련 의 자활급여를 받을 수 있다.

해설

시·군·구 및 시·도의 자활지원계획은 매년 1·2월에 수립해야 한다.

정답 ②

04) 자활사업에서 '자활기업의 법적 인정 요건이 아닌 것은?

① 조합 또는 부가가치세법상의 1인 이상의 사업자로 설립한다.

② 모든 구성원에 대해 일정금액 이상의 수익금 배분이 가능해야 한다.

③ 자활기업 구성원 중 기초생활보장 수급자가 1/2 이상이어야 한다.

④ 자활 근로사업단의 공동체 전환 시 사업의 동일성을 유지해야 한다.

⑤ 자활기업은 1인이 구성한 경우 개인 창업으로 관리한다.

해설

자활기업체 구성원 중 기초생활보장 수급자가 1/3이상이어야 한다.

정답 ③

〈사회적 경제주체〉

01) 사회적 경제 영역에 관한 설명으로 옳지 않은 것은?

① 협동조합은 협동조합기본법에 따라 조합의 권익옹호와 지역사회에 공헌하는 사업조직을 말한다.

② 마을기업은 주민이 지역자원을 활용한 수익사업을 통해 지역공동체를 활성화 한다.

③ 사회적 기업은 취약계층에게 일자리를 제고하며 사회적기업육성법에 따라 영리를 추구하지 않는다.

④ 자활기업은 저소득층이 상호와 협력하여 공동상업자의 형태로 탈빈곤을 도모한다.

⑤ 사회적 경제는 사회적 목적과 민주적 운영 원리를 가진 호혜적 경제활동조직이다.

해설

사회적 기업은 취약계층에게 사회서비스 또는 일자리를 제공하여 지역주민의 삶의 질을 높이는 등의 사회적 목적을 추구하면서 재화 및 서비스의 생산·판매 등 영리활동을 수행하는 기업을 말한다.

정답 ③

02) 지역사회복지 영역에서 사회적 경제에 관한 설명으로 옳지 않은 것은?

① 사회적 가치 실현을 중요시한다.

② 사회적 기업은 사회적 일자리 창출을 목적으로 한다.

③ 사회적 기업은 이윤창출이 제한된다.

④ 마을기업은 지역공동체에 기반하여 활동한다.

⑤ 협동조합은 조합원 자격자 5인 이상으로 설립한다.

해설

사회적 기업은 취약계층에게 사회서비스 또는 일자리를 제공하여 지역주민의 삶의 질을 높이는 등의 사회적 목적을 추구하면서 재화 및 서비스의 생산·판매 등 영업활동을 수행하는 기업을 말한다(사회적기업육성법 제2조 제1호). 영리기업이 이윤추구를 목적으로 하는 데 사회적 기업은 사회서비스의 제공 및 취약계층의 일자리 창출을 목적으로 하는 점에서 영리기업과 큰 차이가 있다. 특징으로는 취약계층에 일자리 및 사회서비스 제공 등의 사회적 목적 추구, 영업활동 수행 및 수익의 사회적 목적 재투자, 민주적인 의사결정구조 구비 등을 들 수 있다.

정답 ③

03) 사회적 경제의 주체에 관한 설명으로 옳은 것을 모두 고른 것은?

ㄱ. 마을기업은 지역공동체 이익을 추구하고 지역자원을 활용한다.

ㄴ. 사회적 기업은 사회적 목적을 추구하며, 영업활동을 하는 기업은 아니다.

ㄷ. 협동조합은 조합원의 권익 향상과 지역사회 공헌을 목적으로 한다.

ㄹ. 지역자활센터는 수급자와 차상위계층의 자활을 촉진하며, 사회복지법인만이 신청할 수 있다.

① ㄱ, ㄷ   ② ㄴ, ㄷ   ③ ㄴ, ㄹ

④ ㄱ, ㄴ, ㄷ   ⑤ ㄱ, ㄴ, ㄷ, ㄹ

해설

㉠ 마을기업은 지역주민 또는 단체가 해당지역의 인력, 향토, 문화, 자연자원 등 각종 자원을 활용하여 생활환경을 개선하고 지역 공동체를 활성화하며 소득 및 일자리 창출을 위하여 운영하는 기업이다.

㉢ 협동조합은 재화 또는 용역의 구매·생산·판매·제공 등을 협동으로 조합원의 권익을 향상하고 지역 사회에 공헌하고자 설립하는 마을 중심의 기업을 의미한다.

정답 ①

〈지역아동센터〉

(15회 기출)

중요도 ★★★

01) 지역사회복지 추진기관에 관한 설명으로 옳은 것은?

① 빈곤아동의 통합사례관리를 하는 드림스타트 사업은 민간영역의 사업이다.

② 희망복지지원단은 지역주민 맞춤형 통합 서비스체계 구축을 목적으로 지역사회가 보유한 자원과 서비스를 총괄적으로 조정한다.

③ 사회복지공동모금회의 지정기탁사업은 개별 사회복지 기관이나 시설에서 공모사업에 신청함으로써 배분된다.

④ 지역사회아동의 돌봄서비스를 제공하는 지역아동센터는 보호프로그램만 제공한다.

⑤ 지역주민 맞춤형 가족지원서비스를 제공하는 건강가정지원센터는 읍·면·동에 설치되어 있다.

해설

2012년부터 시·군·구에 설치 운영된 희망복지지원단은 복합적 욕구를 가진 대상에게 복지·보건·고용·주거·교육·신용·법률 등 필요한 서비스를 맞춤형으로 제공하여 주민의 복지체감도를 향상시킨다.

정답 ②

(12회 기출)

중요도 ★★★

02) 지역아동센터 사업에 대한 평가를 한다고 할 때 속성이 다른 하나는?

① 투입 예산　　　　　　　② 자원봉사자 수

③ 센터 종사자 수　　　　　④ 아동의 학교 출석률

⑤ 센터 규모

해설

아동의 학교 출석률은 프로그램 활동의 산출에 해당된다. 산출에는 교육참여, 인원수, 상담서비스 횟수, 교육자료 배포수, 서비스 제공시간, 서비스이용자 수가 속한다.

사업평가는 투입예산과 운영의 결과와 과정 등을 평가하는 것으로 보기 중 아동의 학교 출석률은 방과후와는 관계없는 내용이다.

정답 ④

중요도 ★★

03) 지역아동센터 운영의 근간이 되는 기본개념으로 옳지 않은 것은?

① 정서적 지원   ② 교육적 기능수행

③ 지역사회 연계   ④ 문화서비스 제공

⑤ 빈곤, 위기아동의 가족내 보호개념 실현

해설

지역아동센터는 지역사회 내 방임아동을 보호 · 지도하거나 교육, 문화, 복지, 지역자원 연계프로그램 등을 통해 지역아동에게 복지서비스를 제공한다. 빈곤 · 위기아동의 가족내 보호개념 실현이 아닌 보완 및 자원하는 기능을 한다.

정답 ⑤

제13장 지역사회복지운동

01) 다음 설명은 아른스테인(S. Arnstein)이 분류한 주민참여단계 중 어디에 해당되는가?

> • 행정기관과 주민이 서로 간의 관계 확인
> • 행정기관이 일방적으로 주민들을 교육, 설득시키고 주민은 단순히 참여하는 수준
> • 주민참여에서 권력분배 정도가 가장 낮은 수준

① 주민회유(placation)   ② 협동관계(partnership)

③ 정보제공(informing)   ④ 권한위임(delegated power)

⑤ 조작(manipulation)

해설

지역사회복지 주민참여의 단계별 이해

조작(manipulation)은 행정과 주민이 서로간의 관계를 확인한다는 것에 의의를 찾을 수 있다. 그러나 공무원이 일방적으로 교육 · 설득시키고 주민은 단순히 참석하는 수준으로, 주민참여에서 권력분배 정도가 가장 낮은 비참여 단계에 해당한다.

정답 ⑤

02) 최근 우리나라의 지역사회복지 동향에 관한 내용으로 옳은 것은?

① 중앙정부 중심의 지역사회복지서비스 전달체계 구축

② 복지재정 분권화로 인한 지역 간 사회복지 불균형

③ 다양한 서비스 공급 주체의 참여 축소

④ 서비스 이용자의 권리 제한

⑤ 지역사회 복지네트워크의 중요성 감소

해설

각 지방자치단체의 재정자립도의 격차는 지방자치제와 지역사회복지사업에 문제를 야기하여 지역간 복지 불평등을 초래하고 있다.

정답 ②

03) 지역사회복지 운동에 해당하지 않는 것은?

① 지역사회의 변화를 주도하는 조직운동

② 노동자 계층의 소득수준을 높이는 민중운동

③ 지역사회복지의 확산과 발전을 위한 생활운동

④ 복지권리의식과 시민의식을 배양하는 사회권 확립운동

⑤ 지역사회 관련조직 간의 유기적인 협력이 이루어지는 연대운동

해설

지역사회복지 운동은 노동자 계층의 소득수준을 높이는 민중운동이 아니라 주민 전체에 두고 있어 포괄적이며, 지역사회 주민의 삶의 질을 향상시킴을 목적으로 하는 의식적이며 조직적인 활동이다.

정답 ②

04) 지역사회복지에 관한 설명으로 옳지 않은 것은?

① 전문 또는 비전문 인력이 지역사회 수준에서 개입한다.

② 지역성과 기능성을 포함하는 지역사회 내에서 이루어진다.

③ 지역사회 내에 존재하는 각종 제도에 영향을 준다.

④ 공공과 민간의 협력이 강조되고 있는 추세이다.

⑤ 개인 및 가족 등 미시적 수준의 사회체계와 대립적인 위치에 있다.

해설

지역사회복지는 지역의 개인, 가족 등과 대립적 위치에 있는 것이 아니라 상호협력체계를 형성하고 있다.

정답 ⑤

05) 지역사회복지운동에서 아른스테인(Arnstein)의 주민참여 단계 중 형식적 참여에 속하는 것은?

① 대책치료(therapy)   ② 여론조작(manipulation)

③ 주민회유(placation)   ④ 주민통제(citizen control)

⑤ 권한위임(delegated power)

해설

형식적 참여는 참여가 이루어지지만 실질적인 효과는 없는 단계로 회유, 상담, 정보제공이 있다.

정답 ③

중요도 ★★★

06) 우리나라 지역사회복지 운동에 관한 설명으로 옳지 않은 것은?

① 1990년대 이후 활성화 되고 있다.

② 지역화폐운동은 사회복지 운동이 아니다.

③ 지역사회복지서비스 이용자도 주체가 될 수 있다.

④ 마을 만들기는 지역사회복지 운동의 하나이다.

⑤ 생활운동의 의미를 지니고 있다

해설

지역화폐운동도 사회복지운동이다.

정답 ②